U0031856

聖典 REFERENCE

幻獸事典

DICTIONARY OF THE MONSTER

事典

草野 巧 |作者| 林哲逸 |譯者|

作者◎草野巧

1956年出生於栃木縣。畢業於早稻田大學文學系文藝學科。在擔任雜誌、書籍的編輯後,成為自由作家。著有《圖解鍊金術》、《妖精事典》、《能量寶石事典》、《水滸傳一百零八將的簡介》、《圖說怪獸天地》等等。

譯者◎林哲逸

現為專職譯者。譯作有《惡魔事典》、《武器事典》等等。

目 錄

※由於同一種幻獸在各國可能會有不同的形貌與稱呼，為了避免混淆，本書在特定項目後會標示其羅馬拼音以示區別，例如中國的龍唸法為「Ryuu」，歐美的龍則是「Dragon」；日本的鬼唸法為「Oni」，歐美的鬼則是「Ghost」，敬請視所須參照。

本書使用說明圖示

本書搜羅了世界各地的幻獸，以英文字母循序編排介紹，讀者可依全書右頁標示的英文數字、中文筆劃索引／英文字母索A～Z索引找尋想瞭解的幻獸資料。從古代神話、宗教典籍到近代小說或故事，總計網羅了1002種幻獸。書中所稱的「幻獸」，指的乃是具有奇怪型態的怪物、妖精、精靈和妖怪。至於存在於世界各地的神祇，只收錄了形體與人類不同者。然而若依照這個定義，符合此範疇的幻獸數量可說幾近於無限大，因此本書僅收錄在文獻中具一定篇幅描述者。

●日文名稱

幻獸原則上是依其原文的發音轉換成片假名。若有慣用的日文譯名則從之。

●發源地

為該幻獸的發源地。起源十分明確者直接標示國名，曖昧不明或在現代的國境分界下無法界定國名者，則以地區名代替。（例如：愛奴標示為日本、西台王國標示為土耳其。）

●英文名稱

該幻獸的原文或英譯名。至於日本或中國的幻獸則以日文羅馬拼音來標示。

Aghasura 　印度

アガースラ
阿迦修羅

會化身為名叫阿迦俱羅的大蛇，為魔族阿修羅（Asura）之一。印度神話中頗受歡迎的英雄黑天3（Krishna）在旅行途中經過阿迦修羅的領土時，被化身為巨蛇的阿迦修羅張開嘴巴偽裝成的洞穴引誘入內。最初黑天並未察覺而誤入其口中，快到胃袋時才因為惡臭而發覺這是陷阱。他急忙逃出後與阿迦修羅交戰，最後終於打倒阿迦修羅。

同時收錄在本書中的其他幻獸，敬請視所需參照。

●粗體字

在補充說明的項目後方標上小數字，表示注釋順序，統一放在352～365頁。

注釋●

Abaddon　歐洲

アバドン

亞巴頓

《新約聖經‧約翰啓示錄》第9章提到之掌管地獄無
底洞的墮天使。亞巴頓是希伯來語，希臘語則稱爲
「亞玻倫」（Apollyon）。在啓示錄中並無描寫其形
貌，只說他在世界末日時會從地獄放出具有人臉蠍尾
的毒針、戴著金冠冕的蝗蟲大軍，讓人類受苦難五個
月。在魔法書中則多將他形容成全身長滿鱗片，具有
鐮刀般的翅膀與熊腳的男子。另外也有人說他就是地
獄的無底洞本身。

Abraxas　歐洲

アブラクサス

阿卜拉克薩斯

諾斯替教[1]（Gnosticism）的神祇，具有人身公雞
頭，雙足爲蛇。該教派的護身符常將祂畫作右手持
盾，左手持鞭的形象。諾斯替教認爲一年365天每一
天均有代表的精靈，而阿卜拉克薩斯則是統領這些精
靈的神。雖然正統的基督宗教認爲阿卜拉克薩斯爲生
出邪惡物質界的元凶，視之爲惡魔，但多數人卻是爲
了守護自己不被邪惡侵害而呼喚祂。據說有名的猶太
祕教（Cabala）咒語「阿卜拉卡達卜拉」
（Abracadabra）的語源就是阿卜拉克薩斯。

Aburasumashi　日本

油すまし（あぶらすまし）

油瓶怪

出沒於熊本縣天草群島附近的妖怪。時常帶著油瓶，
假裝成若無其事的樣子，突然出現在行山路的旅人面
前嚇唬他們。外型似人，不過頭部特大，穿著包住全
身的蓑衣，拄杖而行。平時不知躲於何處，每當有人
談論「聽說以前有個提著油瓶的妖怪出現在這附近」
時就突然現身嚇人，大喊著「妖怪就在你們面前！」
據說是由偷油賊死後的鬼魂變成的妖怪。

Achelous

希臘

アケロオス
阿謝洛奧斯

希臘神話中的阿謝洛奧斯河（Achelous River）之神。
上半身爲人形，下半身爲蛇一般的細長魚身，頭上長
有公牛角，有一頭蓬鬆亂髮與鬍鬚，能自由地化作公
牛或大蛇。在希臘神話中，由於英雄赫拉克勒斯
（Heracles）向卡利敦（Calydon）公主蒂阿涅依拉
（Deianeira）求婚時，阿謝洛奧斯早已向她求過婚，
兩人爲此而開戰。阿謝洛奧斯化身公牛迎戰，卻敵不
過勇猛的赫拉克勒斯而落敗，頭角還被折下一根。據
說祂傷口滴落的血液孕育出海上怪物**賽倫（Siren）**。

Achlis

北歐

アクリス
畸足麋鹿

根據老普林尼[2]（Pliny the Elder）的《博物誌》
（Historia naturalis）之描述，這是一種棲息於斯堪的
那維亞（Scandinavia）半島的草食性動物。外型近似
麋鹿，牠的特色是絕不躺下，睡眠時則靠在樹上休
息。因爲畸足麋鹿的後腳沒有關節，一旦躺下就無法
站起，所以要捕捉這種動物非常簡單，只要在牠們睡
覺用的樹幹上砍個缺口，讓牠們倚靠時倒下即可。另
外，畸足麋鹿的上唇非常大，因此能邊後退邊吃草。

Aegipan

希臘

アイギパン
愛基潘

希臘神話中司掌牧場與家畜的
牧神——**潘（Pan）**的一種。
上半身爲男子，下半身爲山
羊，頭上有山羊角。祂的外型
雖與其他潘無異，卻有段特別
的故事：巨人**泰風（Typhon）**偷走了最高神宙斯（Zeus）的阿基里斯腱，而愛基潘
則幫宙斯奪回。當時祂爲了躲過泰風的追趕而變成一隻上半身爲山羊下半身是魚的
怪物，宙斯爲了紀念此事而將祂升爲星座，這就是**魔羯座（Capricorn）**的由來。

Aegir 北歐

エーギル

阿戈爾

北歐神話中掌管海洋的巨人，平時居住在海底的宮
殿。此宮殿匯集了所有沉入海底的財寶，裡頭的黃金
所綻放出的璀璨光芒讓宮殿完全不需要照明。在海上
興風作浪或是平息風暴對他來說只是小事一樁。另
外，他的九個女兒常常誘惑水手，將他們的靈魂帶入
海底。而阿戈爾的妻子——蘭（Ran）擁有一張大
網，可以一口氣捕捉無數的人。而這些被帶到海底宮
殿的人類靈魂則會受到阿戈爾的盛情款待。

Afanc 英國

アーヴァンク

河狸怪

外型類似河狸的巨大怪物。擁有足以與鱷魚或巨蟒匹
敵的蠻力及銳利的爪牙，數名成人聯手也敵不過牠。
平時躲在河川裡，一旦有人靠近就偷襲並撕裂其身
體。性好美麗的少女，不會殘酷地殺害而是讓她待在
身旁服侍。在某些故事中，河狸怪甚至會安心地躺在
捉來的少女膝上睡覺。

Agares 歐洲

アガレス

阿加雷斯

這是傳說中所羅門王撰寫的魔
法書《雷蒙蓋頓》（Leme-
geton）裡頭列舉的72名惡魔
之一，別名「阿加洛斯」
（Agaros）。乃是統治地獄東

方、統率31個軍團的大公。受召喚時以乘鱷的瘦弱賢者之姿出現。擅長尋找失蹤
者，精通與語言相關的知識，能給予召喚者此能力。與瘦弱的外表不符，能招來大地
震、破壞都市。過去曾是天界的力天使（Powers，天使〈Angels〉9階中的第5階）。

Agathion

歐洲

アガシオン
魔靈

類似於神燈裡的精靈鎮尼（Jinn），乃封印在瓶子、
符咒、戒指等物中的魔寵（Familiar）之總稱。能讓魔
術師與女巫們隨心所欲地召喚，目的一達成就消失於
無形。從咒殺到幫忙做家事，不管什麼命令都能實
現，非常方便。與精靈同類，和一般動物形魔寵的差
別就在於其不具實體。出現時的外型不一，有時是小
動物，有時則像是妖魔。

Aghasura

印度

アガースラ
阿迦修羅

會化身為名叫阿迦俱羅的大蛇，為魔族阿修羅（Asura）
之一。印度神話中頗受歡迎的英雄黑天[3]（Krishna）在
旅行途中經過阿迦修羅的領土時，被化身為巨蛇的阿
迦修羅張開嘴巴偽裝成的洞穴引誘入內。最初黑天並
未察覺而誤入其口中，快到胃袋時才因為惡臭而發覺
這是陷阱。他急忙逃出後與阿迦修羅交戰，最後終於
打倒阿迦修羅。

Aini

歐洲

アイニ
艾尼

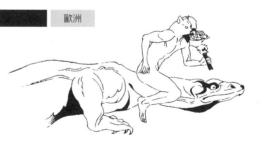

傳說中所羅門王撰寫的魔法書《雷
蒙蓋頓》中列舉的72名惡魔之一，
又名為「艾姆」（Aim）或「哈拜
利」（Haborym）。身體似人，具
有貓、蛇、人三顆頭顱。現身時跨
騎在毒蛇或蜥蜴上，手持火把。火把具有讓世間化為火焰地獄的能力，能燃燒一
切事物。他同時也詳知法律，是誘惑人類、招致混亂的高手。身為地獄的侯爵，
統率了26個軍團。

Ainsel

エインセル

恩賽爾

住在英格蘭北部的尖耳妖精少女，名字爲「我自己」的意思。某日半夜，一名農家少年在暖爐旁嬉戲，妖精少女突然現身並自報其名，少年聽了笑著說「我也叫恩賽爾」，兩人就此玩耍了起來。不久，少年不小心燙傷恩賽爾害得她哭泣，一臉凶惡的妖精母親因此出現責問是誰傷害女兒。恩賽爾就回答「是恩賽爾啊」，少年因此逃過一劫。

Akajita

赤舌（あかじた）

赤舌

棲息於河川，愛幫助弱者的妖怪。老是吐出赤紅的舌頭，故名之。《畫圖百鬼夜行》中將他畫成獅鼻三爪四足的怪獸模樣。據說他曾在津輕[4]的水路出現過。某年大旱，水路上游的村人想獨佔用水而關閉了水門，但不管怎麼關，過了一晚就會恢復原狀。最後才知道原來是赤舌爲了幫助下游村民，趁夜偷偷把門打開。

Akaname

垢なめ（あかなめ）

舐垢怪

躲在浴室或廢屋裡，半夜沒人活動時才出現，默默地舐著沾附在浴室裡的污垢，浴室越髒的家庭越容易招引這種妖怪。鳥山石燕[5]（Toriyama Sekien）的《畫圖百鬼夜行》中，將他畫成腳上有鉤爪、披頭散髮、伸長舌頭在浴室中四處尋找污垢的孩童。江戶時代（1603～1867年）的怪談集《百物語評判》則稱他爲舐污怪（Akaneburi），並說明他是堆積的塵垢幻化而成的妖怪。

Akanguâmajimun
日本

アカングァーマジムン

嬰魔怪

出現於沖繩的一種外型類似人類嬰兒的怪物。在沖繩語中，魔怪（**Majimun**）指的是一種貌似普通家畜的怪物。沖繩魔嬰則是由早夭的嬰兒變成，外型與一般嬰兒無異，會爬著出現在人類面前。與其他魔怪一樣，總是伺機爬過人類的跨下。一旦被這種怪物穿過胯下就會被奪走靈魂，或是下半身癱瘓，一輩子站不起來。遇到他們時只要將兩腳左右交叉，他們就會知難而退。

Akashaguma
日本

赤シャグマ（あかシャグマ）

赤髮童子

四國地方的妖怪。住在富人家中，屬於**座敷童子**（**Zashikiwarashi**）的一種。長了一頭蓬亂如雞毛撢子的赤紅頭髮，遍體通紅，樣子和孩童一樣。夜晚會出現在祖先牌位前、到廚房吃剩菜，或是趁一家人都睡著時在客廳裡大吵大鬧，打擾安眠的人。但他與座敷童子一樣，是會爲這家人帶來福氣的妖怪。據說有赤髮童子居住的家庭能常保繁榮，一旦童子離開就會家道中落。

Akkorokamui
日本

アッコロカムイ

阿科羅卡姆伊

愛奴人傳說中棲息於北海道噴火灣中的巨魚。身長110m以上，有四片長達40m的魚鰭。渾身煥發紅光，不僅在海中，巨魚所在之處連天空都染得如夕陽西落，遠望就知道牠在何處。隨意靠近的話會有連船帶人被吞下腹的危險，因此愛奴人絕不輕易接近紅光處。

Akubouzu 日本

灰坊主（あくぼうず）

灰坊主

棲身於日本秋田縣圍爐灰燼裡的妖怪。據說會在挖掘灰燼時現身，因此這種行為在當地是被禁止的。有些地方傳說則認為挖掘灰燼時出現的是**天邪鬼**（**Amanojaku**）。而岩手縣則認為他會在吃一膳飯（供奉在祖先牌位前的飯），二度進出浴室時出現。另外裸體進廁所也會招來灰坊主，因此被認定為不好的行為。不過雖名為灰坊主，卻不是坊主（日文中乃和尚之意）的模樣，至於他的真實樣貌則無人知曉。

Akuroou 日本

惡路王（あくろおう）

惡路王

棲身於岩手縣岩手山的殘暴巨人，經常騷擾附近的村里。曾擄走岩手山的女神意圖非禮，觀音菩薩於是命令武將坂上田村麻呂（Sakanoue-no-Tamuramaro）前往救助，巨人最後被斬首而死。據說其頭顱被砍下後飛到秋田縣一帶，因此在當地留下了鬼首的傳說。後來田村麻呂把惡路王的頭顱獻給鹿島神宮（Kashima Jinguu，位於今茨城縣桂村），今日神宮中仍有仿造其頭顱刻成的木像。另外，歷史上的惡路王是勇猛反抗大和朝廷的蝦夷族大酋長。

Akutengu 日本

惡天狗（あくてんぐ）

惡天狗

潛心修行希望進入極樂世界的人，若心存不軌就無法悟道，死後就會墮入天狗道成為**天狗**（**Tengu**）。不過因為無法悟道而成為天狗者，只要生前心存善念就會變成善天狗，暗地幫助修行僧，並保護行經險惡山路上山參拜的信徒。至於惡天狗則會妨礙其他修行僧，讓別人和自己一樣墮入天狗道，因此為一心向善的信徒所恐懼。

Al Borak

ブラーク

女首聖獸

載著伊斯蘭教的始祖穆罕默德到地獄天國遊歷的聖
獸。腳程極快，能瞬間繞行全世界。具有馬的身體和
人類女性的面孔，雙耳爲騾，尾巴如孔雀般華麗，身
體閃耀著銀光並點綴有鑽石翡翠等寶石。據說牠的速
度非常快，出發時不小心碰倒的水壺，繞世界一圈回
來居然還來得及扶正。

Alberich

アルベリッヒ

阿貝利希

於中世紀德國英雄史詩《尼伯龍根之歌》（The
Nibelungenlied）中登場的矮人。能化身成青蛙、蛇
等具有魔性的生物。在故事中爲尼伯龍王的屬下，在
戰鬥中敗給齊格飛（Siegfried）而失去隱形斗篷
（Tarnkappe），並與齊格飛締結從屬契約，奉命爲
他守護寶物。阿貝利希在日耳曼系民族條頓人的神話
中則是冥界之王，一般認爲他與莎士比亞作品《仲夏
夜之夢》（A Midsummer Night's Dream）中的妖精王
奧伯龍（Oberon）擁有相同的起源。

Alcyone

アルキュオネ

阿爾奇歐妮

希臘神話中惹怒神明而被變成鳥的女性。她原本是色
薩利（Thessaly）國王席克斯（Ceyx）的妻子，兩人
非常恩愛，以宙斯、赫拉（Hera）互稱。女神赫拉聽
到後非常憤怒，把兩人都變成了鳥。就算如此，兩人
仍恩愛如昔，平靜地在冬日海岸旁的愛巢中養育下一
代。把和平安詳的時代唸作「Halcyon」就是由此典
故而來。

Allocen　　　歐洲

アロケン
安洛先

傳說中所羅門王撰寫的魔法書《雷蒙蓋頓》中列舉的
72名惡魔之一。別名「安洛瑟」（Alocer）、「安林
恩」（Alloien）。臉色赤紅，雙眼放出火光，普通人
直視他的眼睛就會見到自己的死相而失明。出現時，
身穿戰甲乘著戰馬，威風凜凜。除了占星術以外，他
還會教人文法、邏輯學、修辭學、音樂、天文學、幾
何學和數學等知識。乃是地獄的侯爵，統率地獄36個
軍團。

Alp　　　德國

アルプ
夢妖

德國的**夢魔**（**Night-Mare**），同時也具有**吸血鬼**
（**Vampire**）的特質，會趁人睡覺時變身成貓、鳥等
動物接近。擁有能隱身的帽子，有時也會隱形來到人
前，但帽子一旦被奪走就會失去隱形能力。會伸長舌
頭或變成霧、蛇等從睡著的人口中侵入體內，給予極
大的痛苦，據說這種痛苦是與夢妖性交時造成的。夢
妖為男性，因此通常是侵襲女性，但有時也會向男性
或小孩下手。

Amanchû　　　日本

アマンチュー
阿曼丘

居住於沖繩的巨人，阿曼丘乃天人之意。遠古以前，
天地之間非常接近，沖繩的人們只能像青蛙一樣趴著
生活。阿曼丘覺得人類很可憐，就以雙手雙腳撐住天
地，把天空推上去，天與地就這樣分開了。有一次，
他拿著扁擔以兩端挑起太陽與月亮玩耍，一不小心把
板子折斷了，太陽與月亮就這樣落到遙遠的兩端。巨
人因為太過悲傷而流淚，在地上形成一道河流，稱為
「淚川」。

Amanojaku　　　日本

天邪鬼(あまのじゃく)

天邪鬼

外型像是小一號的**鬼（Oni）**，個性極端扭曲，愛做與人期望完全相反的事。擅長化身成人類或模仿人說話。在童話故事《瓜子姬》[6]中綁架了從瓜中誕生的瓜子姬，化身成她欺騙她的養父母，最後遭人識破，手腳被切斷埋進田裡。德島縣有另一個傳說：海岬神想架橋，去拜託天邪鬼幫忙，但是他不斷地搗蛋使得工程不得不暫停。

Amanshaguma　　　日本

アマンシャグマ

阿曼沙古瑪

天邪鬼（**Amanojaku**）的一種。乃是世界誕生之初就住在熊本縣一帶的巨人。當時大地與天空的距離比現在近得多，低矮的天空都快垂到地上。阿曼沙古瑪有天午睡醒來，起身時不小心撞到天空，就生氣地拿起棒子朝天空用力一戳，天空被他這麼一戳就變成了現在的高度。雖是天邪鬼的一種，但並沒有他惡作劇的傳說。

Amdusias　　　歐洲

アムドゥシアス

安度西亞斯

傳說中所羅門王撰寫的魔法書《雷蒙蓋頓》中列舉的72名惡魔之一。平常以**獨角獸（Unicorn）**的姿態出現，也能變身成人。不管何時何地都能演奏古典樂讓人聆聽，但是人類看不到樂團的樣子，所以不知樂音從何而來。另外，這音樂具有操作樹木的能力，枝幹樹葉會隨著音樂起舞。在地獄裡是指揮29個軍團的大侯爵。

Amefurikozou 日本

雨降り小僧（あめふりこぞう）

降雨小僧

外表如孩童的妖怪，爲能控制降雨的「雨師」（乃雨神之意）的隨從。鳥山石燕的《今昔畫圖續百鬼》將他畫成頭戴前方有大裂縫的無柄傘，手提燈籠的肥胖小孩。與雨師一樣具有控制降雨的能力，經常在雨中奔馳。此外，人類一旦戴上降雨小僧的傘帽就再也拿不下來。據說雨師是源自於中國的神，外型似蠶。

Amemet 埃及

アメミット

阿姆米特

埃及神話中列席於奧賽利斯（Osiris）法庭的怪物。頭部爲鱷魚，身體與前腳爲獅，後腳爲河馬。奧賽利斯的法庭會測量死者心臟的重量，藉此判斷死者生前所行之善惡，決定他能否上天國。阿姆米特總是在天秤旁靜靜等待，在死者被判有罪的瞬間一口吞下他的心臟。古埃及人認爲死者一旦失去心臟就無法上天國，因此非常畏懼阿姆米特。

Amikiri 日本

網切り（あみきり）

切網怪

會切斷常用於夏天的蚊帳等網子的妖怪。鳥山石燕的畫集《畫圖百鬼夜行》將他畫成尖嘴鳥頭，兩手似剪，長身有節的樣子。雖有一對剪刀手，但並沒有腳，下半身像蛇一般細長，總是扭著身體從外廊偷偷潛入房間。也會在漁夫多的海邊剪斷漁網。據說與剪掉女性長髮的**剪髮怪**（Kurokamikiri）關係密切。

Amon

アモン
亞蒙

傳說中所羅門王撰寫的魔法書《雷蒙蓋頓》中列舉的
72名惡魔之一。具有梟首狼身蛇尾，據說他在地獄中
爲勢力龐大的侯爵。亞蒙原本是埃及的神祇，被中世
紀歐洲的惡魔學收爲惡魔。通曉過去與未來之事，能
教人戀愛的奧祕與和好的方法。若召喚者請求也能以
人形現身，但口中會不停吐著火焰。

Amphisbaena

アンフィスバエナ
雙頭蛇

身體兩端都是頭的雙頭毒蛇，名字爲雙向可行的意
思。西元一世紀的羅馬人老普林尼在其著作《博物
誌》中，說明這種蛇爲衣索比亞的毒蛇，並推測牠之
所以有兩顆頭可能是爲了要充分噴毒。雙頭蛇的圖像
在歐洲經常被拿來用在徽章上，有些繪有雙足，有些
則像龍（Dragon）一樣擁有翅膀。

Amphitrite

アンピトリテ
安芙朵琳蒂

希臘神話中海神涅落斯（Nereus）的女兒，海之**寧芙
仙子（Nymph）**。外表非常美麗，統御海洋與海中
怪物。據說波賽頓（Poseidon）能成爲海洋霸者就是
因爲娶了安芙朵琳蒂爲妻的緣故。她同時也是人魚海
神**屈東（Triton）**的母親。另外，在她與波賽頓的婚
禮上，具有馬、牛、羊、鹿和獅子等不同種類頭顱的
海怪都列席參加，可見她在海洋的權威非常大。

Amy

アミィ
亞米

傳說中所羅門王撰寫的魔法書《雷蒙蓋頓》中列舉的
72名惡魔之一。他會應召喚者的願望以各種姿態出現
在世上。只要以靈魂爲代價，就能向他學到占星術等
學問。在地獄時全身被火焰包覆，因此沒人知道他的
真實樣貌，據說他是地獄的總統，且是地獄王國的王
族。另外，從他身上的火焰可看到遠地或未來的景
象。

Anaji

アナジ
穴風

冬天從西北方吹向西日本向西日本的魔風。雖然穴風
只是較激烈的強風罷了，但當地人認爲它是從死者所
在之異界的方位吹來，因此非常不吉利。這種風不只
會破壞建築物，還會奪走人的靈魂。古代打鐵師傅稱
作穴師（Anashi），有人認爲穴風一詞是從此詞演變
而來。由於打鐵時必須將大量的空氣送進爐內，恐懼
穴風的觀念，或許就是這種強風吹入爐裡使火焰熊熊
燃燒的情景，與西北方的不吉印象結合後產生的。

Ananta

アナンタ
阿難陀

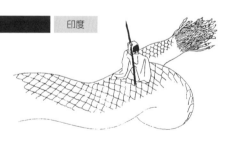

於印度神話中登場的蛇神**那迦**
（**Naga**）王之一。乃擁有千
頭的龍，其名字爲無限的意
思，只現身於世界開始與終結
的時候。印度神話中，在世界
誕生之前宇宙還是一片混沌，在這個時代，三大主神之一的**毗濕奴**（**Vishnu**）把
阿難陀當作船，躺在牠身上睡覺。等這個世界終結之後，從所有人類與那迦族滅
亡到下個世界創造的這段時間，毗濕奴又會到在海上漂浮的阿難陀身上睡覺。

Andras
アンドラス
安托士

傳說中所羅門王撰寫的魔法書《雷蒙蓋頓》中列舉
的72名惡魔之一。頭爲梟首，身體是有翼**天使
（Angels）**，現身時騎乘勇猛的黑狼，右手持火焰之
劍。安托士是徹底的破壞者，經常表現出想毀滅全世
界的欲望。會引起紛爭，造成人們之間的不和，並以
此爲樂。如果召喚者受他賞識，則會被授與殺害憎恨
對象的方法。

Andrealphus
アンドレアルフース
安德雷斐斯

傳說中所羅門王撰寫的魔法書《雷蒙蓋頓》中列舉的
72名惡魔之一。外型爲美麗絕倫的孔雀，有時也會以
人類的姿態出現。詳知數學、幾何學、天文學等學
問；擅長詭辯，會以充滿威嚴的聲音教導召喚者。能
把人變成鳥並讓人自由飛翔，也可以只將人的臉部變
成鳥。不過這些要求的代價是必須獻出活人作爲祭
品。

Androsphinx
アンドロスフィンクス
安德洛斯芬克斯

獅身人面，鎭守在金字塔前的怪物，通常被簡稱爲**斯
芬克斯（Sphinx）**。爲他定名的是西元前五世紀的希
臘人希羅多德[7]（Herodotus）。根據他的分類，鷹頭
獅身稱爲「希洛可斯芬克斯」（Hierocosphinx），羊
頭獅身則是「克力歐斯芬克斯」（Criosphinx）。至
於安德洛斯芬克斯則同時擁有了人類的知性與獅子的
強悍，臉部通常是臨摹當時國王的容貌。

Andvari

アンドヴァリ

安德華利

北歐神話中的**黑侏儒**（**Dvergr**）。住在地底瀑布附近，能在水中變成魚。擁有能無限增加財產的黃金指環，但這枚指環若是落到別人手中，就會詛咒持有者並招來死亡。自從邪神洛奇（Loki）搶走這枚指環之後，其主人就不斷更替，導致許多英雄死在命運之輪下。華格納[8]（Richard Wagner）的歌劇《尼伯龍根指環》（Ring des Nibelungen）就是以這枚指環的傳說為藍本。

Angels

天使（てんし）

天使

在猶太教、基督宗教和伊斯蘭教等宗教中，介於神與人之間的精神性存在體。外型通常為背上長了翅膀的人類男性，不過天使並無性別之分。聖經中說神花了七日創造天地，不過早在天地出現之前，天使就已經存在。另外，據說人類是由土製成，而天使是以火製成。他們的職責是擔任神的使者，有時會幫助人類，有時則會向神報告人類的罪行。

Angra Mainyu

アンラ・マンユ

安格拉・曼鈕

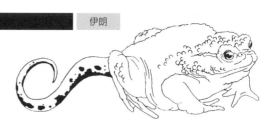

在善惡二元論的瑣羅亞斯德教（Zoroastrianism）神話中，與最高善神阿胡拉・瑪茲達（Ahura Mazda）敵對的最強惡魔，別名「阿里曼」（Ahriman）。在創世之初的戰鬥中落敗而落入無垠的黑暗深淵，後來逐漸恢復力量，把邪惡的事物帶到這世上。他並無固定外型，多以青蛙、蛇、蜥蜴等生物的樣子出現。統領一切邪惡，部下有惡龍**阿日・達哈卡**（**Aži Dahāka**）、艾什瑪（Aēšma）、地獄的惡魔**德弗**（**Daēva**）等等。

Antaeus

希臘

アンタイオス
安泰歐斯

希臘神話中的巨人。只要腳踏在大地之上就能獲得源源不絕的力量[9]，因此無人能敵。安泰歐斯住在利比亞，常強迫路過的人與他比賽角力，但不曾輸過。還把敗者的骷髏擺在父親波賽頓的宮殿裡作爲裝飾。然而，在與前來奪取**革律翁**（Geryones）牛群的赫拉克勒斯交戰時，被人高高舉起使得腳無法接觸大地，結果就這樣被殺死了。

Anubis

埃及

アヌビス
阿努比斯

擁有豺狼頭與人身的古埃及死神，有時也被畫成一頭豺狼。祂在奧塞利斯（Osiris）神話中將奧賽利斯被**塞特**（Seth）粉碎的身體搜集起來，做防腐處理製成木乃伊。在審判死後人類的奧賽利斯法庭裡，負責接下死者的心臟放在「眞理的天秤」上測量。乃是決定死者能否在天國復活的重要神祇。

Aoandon

日本

青行燈（あおあんどん）
青燈鬼

出現於百物語之會的妖怪。所謂的百物語（Hyaku-Monogatari）是聚集數人輪替說鬼故事的遊戲，流行於江戶時代。會場上爲了製造氣氛，會點起一百盞貼著青紙的油燈[10]，每說完一個故事就吹熄一盞燈，因此會場會隨之變暗。在講完一百個故事的同時，會場就完全陷入黑暗之中，據說青燈鬼會在此時現身。然而，青燈鬼並無明確形象，鳥山石燕的畫集《今昔百鬼拾遺》中，將她描繪成站在油燈旁的長髮女鬼。

Aonyoubou　　　　　　日本

青女房（あおにょうぼう）

青女官

棲身於荒廢的宮廷內殿中，化身為女官的妖怪，又名
為青女（Aonna）。蓬眉黑齒[11]，孤身等待他人的來
訪。她不厭其煩地照著鏡子，仔細地在醜陋的臉龐上
化妝，據說是在等待過去的愛人，對人類並無加害的
意圖。據說在京都仍為首都的古代，曾有個侍奉宮廷
的女官遁入山林化為**山女（Yamaonna）**，而這個青
女官就是此類的女怪。

Apis　　　　　　埃及

アピス

阿庇斯

為古埃及都市孟斐斯（Memphis）人所崇拜的具有特
別印記的神聖公牛。希羅多德的史書《歷史》（The
History of Herodotus）中記載道，某日天上射下一道
光芒，讓一生中只能懷胎一次的母牛生下公牛阿庇
斯。據說其身體黝黑，擁有雙重尾毛，眉間有一個四
角形的白斑，背上有老鷹形狀的胎記，舌頭底部附著
甲蟲狀的物體。孟斐斯人通常會將一頭公牛視為阿庇
斯般崇拜，同時他們認為殺了這頭牛的人會發瘋。

Apocalyptic Beasts　　　　　　歐洲

黙示錄の怪物（もくしろくのかいぶつ）

啓示錄的怪物

於《新約聖經·約翰啓示錄》中登場的怪物。身體似
豹，腳似熊，口如獅子。根據〈約翰啓示錄〉的描
述，約翰見此獸從海上來，看到牠有十角七頭，角上
有十頂冠冕，頭上有褻瀆神的名號。據說此獸是不死
的怪物，即使某顆頭受重傷也能夠立刻復元。這種怪
物會在世界末日時大量湧現地上。

Apophis

アポピス

阿波非斯

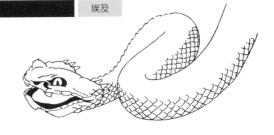

在古埃及神話中，與太陽神拉
（Ra）敵對之地獄的恐怖大
蛇。埃及人認為拉白天乘著船
橫越天際，夜間旅行於冥界，
次日會再度復活。阿波非斯則
會日日夜夜出現在拉的船前妨害祂行船。拉與阿波非斯的戰況若不利，當天天候
就會不佳；如果阿波非斯吞下拉，就會產生日蝕。夜晚的戰鬥尤其重要，因為拉
的船上搭乘了死者的靈魂，如果拉戰敗了死者們就無法上天國。

Apple-tree Man

アップルツリーマン

蘋果樹人

棲身於英國果園中最老的蘋果樹上之蘋果樹精。熟知
該果園的一切，會幫助行善事的人。不過它只會提供
建議，並不現身。在某則民間故事裡，有個長男每日
認真工作卻沒分到財產，於是蘋果樹人就在聖誕夜裡
悄悄告訴他寶物的所在地點。另一方面么弟雖獲得全
部的財產，卻每天放縱玩樂，因此蘋果樹人只告訴他
家畜們所說的壞話。

Apsaras

アプサラス

阿布沙羅絲

印度神話中的天女（Tennyo）。外型性感美麗，以
舞蹈取悅天界眾神。也譯作「水精」，可見她與水的
關係密切。時常化作水鳥到河川湖泊嬉戲。她的美貌
對任何人都有吸引力，當地上的人類想藉由修行超越
諸神時，諸神就會派阿布沙羅絲前去引誘修行者使之
墮落。與伴侶乾闥婆（Gandharva）神一起住在榕樹
（Banyan）或優曇華（Udumbara）等聖樹上。

Arachne

アラクネ

阿拉克妮

希臘神話中惹怒雅典娜（Athena）女神而被變成蜘蛛，必須永遠編織蜘蛛網的少女。阿拉克妮原本住在小亞細亞的城市裡，是個有名的紡織高手。有次脫口說出要是比賽紡織的話，有自信不會輸給雅典娜。聽聞此言的雅典娜十分忿怒，因而向她挑戰紡織。結果阿拉克妮織出的成品毫不遜色，雅典娜因此惱羞成怒，將她變成蜘蛛。

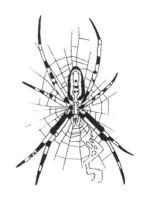

Argus

アルゴス

百眼巨人

希臘神話中的巨人，身上長了一百顆眼睛，據說他從不睡覺。為阿爾戈利斯（Argolis）地方的守護神，據說吃人怪物艾奇德娜（**Echidna**）就是被他打倒的。在希臘神話中，主神宙斯愛上伊那科斯（Inachus）河神的女兒依歐（Io），女神赫拉因為嫉妒而把依歐變成母牛；百眼巨人奉命守護母牛依歐，卻因此被宙斯派去的赫密斯（Hermes）所殺。赫密斯的手杖擁有能讓萬物睡著的神力，百眼巨人因此在睡夢中被殺死。

Ariel

エアリアル

氣精

歐洲的空氣精靈。常被視為十六世紀瑞士化學家帕拉塞爾蘇斯（Paracelsus）所構想的**風精（Shylph）**。亦在莎士比亞的戲劇《暴風雨》（The Tempest）中登場，氣精在該作品中自由地操控地水火風四大元素。能引起劇烈的暴風讓船隻遇難，但船內的乘客卻都毫髮無傷。有人認為他其實是墮天使之一。

Arioch

アリオク
厄利歐奇

墮天使，名字爲如獅者的意思。在中世紀惡魔學中被視爲復仇的惡魔，能幫召喚者完成復仇的願望。在密爾頓[12]（John Milton）的史詩《失樂園》（Paradise Lost）中乃是惡魔軍團的成員，與神軍團對抗。在與最上級的**天使（Angels）**——**熾天使（Seraphim）**亞必迭（Abdiel，背叛惡魔軍團重回神軍團的天使）交戰時慘遭痛擊。關於他的外型並無明確的描述，只知道他的翅膀爲蝙蝠翼。

Asmodeus

アスモデウス
阿斯摩丟斯

擁有強大力量的地獄惡魔。同時擁有公牛、人類和母山羊三顆頭顱，腳掌上有蹼，尾巴似蛇，口能吐火。出現時騎在**龍（Dragon）**背上，手持三角旗與毒槍。名列**所羅門王的惡魔（Spirits of Solomon）**之一，在其中被稱作「阿斯瑪代」（Asmadai）。能教導人工藝或隱形的方法，但也是誘使處女淫亂、新婚夫婦反目的可怕惡魔。原爲天界的**熾天使（Seraphim）**。

Asp

アスプ
阿斯普

眼鏡蛇的一種，牠的視線能讓其他生物陷入沉睡。據說只要被阿斯普看上一眼，無論是什麼生物都會立刻睡著。老普林尼所著的《博物誌》中介紹牠是東北非的生物，復仇心非常強烈。根據此書的記載，阿斯普總是雌雄成對，如有一方遭其他動物捕食，另一方無論任何阻礙，到哪裡都會追到敵人，且必定能成功復仇。

Aspidochelone 歐洲

アスピドケロン

巨島海怪

一種巨大的海中怪物。外表爲海魚或海龜，皮膚像石
頭般堅硬，上面附有海藻，浮在海上時就像一座島
嶼。中世紀歐洲的水手們之間流傳著這樣的故事：某
個水手誤以爲牠是一座島嶼而上岸，並在其背上生火
過夜，後來因爲怪物醒來動身而葬身海底。《天方夜
譚》（Arabian Nights）中的〈辛巴達歷險記〉
（Sinbad the Sailor）也有這種怪物。

Astaroth 歐洲

アスタロト

亞斯他錄

傳說中所羅門王撰寫的魔法書《雷蒙蓋頓》中列舉的
72名惡魔之一，爲外表醜陋，騎著龍（**Dragon**）或
蛇，左手握著毒蛇的**天使（Angels）**。他統治地獄的
西方，統率40個軍團。能授與召喚者過去與未來的知
識，但因爲他身上會散發無比的惡臭，所以召喚者多
半不願將他留在身旁。起源爲古巴比倫的女神伊施塔
（Ishtar），但作惡魔時則爲男性的模樣。

Asura 印度

アスラ

阿修羅

西元前的印度吠陀（Veda）神話中的惡魔。有時也泛
指惡魔全體。吠陀時代的印度諸神被稱爲提婆
（**Daēva**），那時阿修羅族爲了要征服世界而與諸神
展開激戰。此戰爭後來被描寫成帝釋天（Indra）與
阿修羅之間的戰鬥，此故事亦可見於佛經。關於他們
的外表並無多作描述，據說外型大致上與提婆神族相
同，除了手腳的數量以外，與人類也無太多差異。

Atar 伊朗

アータル
神火精靈

瑣羅亞斯德教中的火焰精靈。該教又稱爲拜火教，由
此可知火焰在教義中非常崇高。神火精靈在眾多天使
或精靈中是特別強大、善性特高的一位。他同時也是
個勇猛的戰士，曾爲了實現善的世界而與惡龍**阿日·
達哈卡**（**Aži Dahāka**）展開激戰。除了火以外，他還
象徵著閃電，亦曾擊敗欲使大地乾旱而妨礙下雨的惡
龍。

Atooikozou 日本

後追い小僧（あとおいこぞう）
跟蹤小僧

一種會跟蹤在行山道者身後的妖怪。既不與旅行者交
談，也不會危害他，只是安靜地跟在後面，一旦接近
村里就不見蹤影。被跟蹤者若感覺到被人跟蹤而回頭
望，他就會立刻躲到草木背後，因此難以確認他的外
表。一般認爲他的外型應該是四、五歲大的小孩，不
過也有人認爲他的年紀應該要更大一點。多於白天現
身，且下午出現的比率比早上還高。

Atsuyu 中國

猰貐（あつゆ）
猰貐

中國神話中具有龍頭虎身馬尾的怪物，爲長毛的獸類
中最巨大的一種，全長80m以上。原爲天神，被名爲
危的神祇所殺，後來被中國古代的醫生「巫」救活變
成了邪惡的怪物，常在中原急速奔馳，任意吃人。猰
貐最後被射落九顆太陽的英雄后羿打倒。

Ayakashi
アヤカシ

死靈海蛇

收錄於鳥山石燕的畫集《今昔
百鬼拾遺》中的巨大海蛇，在
關西到九州之間的海域出沒。
牠的身形非常巨大，有時會把
船隻撐起來，被撐起的船隻必

須花兩、三天才能越過。同一時間海蛇身上會釋放出大量的油淹滿船艙，如果不
立即把油舀出就會導致船隻沉沒。在其他故事裡「Ayakashi」則為死於海上的亡
靈之名，牠化身為人類把人拖入海底。

Ayakashi-no-ayashibi
アヤカシの怪火(アヤカシのあやしび)

死靈海火

夜裡出現於對馬地方海面上的鬼火。船隻遇上死靈海
火時，前方會出現巨大的山脈或岩石阻擋去路，無論
如何轉向避過還是會在前方出現。破解的方法就是不
要被幻象所惑，筆直地往前航行幻象就會消失。此
外，這種鬼火也會出現在岸邊。若是感到神奇靠近一
看，就會見到火中有小孩走動。

Azazel
アザゼル

阿撒瀉勒

從天而降與女人交合的墮落天使，因拒絕神命令他服
從最初的人類——亞當（Adam）而被趕出天界。被
描寫成生有羊角，鬍鬚蓬亂的男子。密爾頓的《失樂
園》中說他是地獄軍團的第一旗手。《舊約聖經》的
偽經《衣索比亞以諾書》（Ethiopic Book of Enoch）
中則說他教導人類劍與盾的作法，同時也是能操控風
的魔神。伊斯蘭教的惡魔學則視他為精靈鎮尼
（Jinn）的一種。

Aži Dahāka

アジ・ダハーカ

阿日・達哈卡

瑣羅亞斯德教的邪神**安格拉・
曼鈕**（Angra Mainyu）所生
的邪龍，擁有三頭三口六眼。
棲息於巴比倫的克林塔城，會
使用上千種法術爲非作歹，曾

與**神火精靈**（Atar）展開激戰。後來英雄色雷塔歐納（Thraetaona，又名「費里
頓」〈Feridun〉）前來消滅牠，正欲一劍了結時，發現從牠傷口繃出無數隻蜥
蜴、青蛙等有毒生物。英雄只好放牠一條生路，將之囚禁在達馬萬德山（Mt.
Damavand，伊朗北部）上。

Azukiarai

小豆洗い（あずきあらい）

洗豆怪

出現於小溪旁，會發出洗紅豆般怪聲的妖怪。也叫作
「磨豆怪」（Azukimigaki）、「紅豆沙沙怪」
（Azuki-sarasara）。通常只聞其聲不見其影，有人說
他長得像小老頭，也有人他說是老婦人。只聽到聲音
的話並無大害，但如果想進一步探究其眞面目則會被
作弄，甚至被推入河裡。有些地方則說他會威脅人
「要洗紅豆還是要入我口」。據說在埼玉縣眞的有人
被他擄走。

Ba

バ

身魂

古埃及人認爲於人死後出現的一種靈魂。樣子爲人頭
鷹身，一般認爲靈魂是在人死後才會出現，不過身魂
並非如此。每當人死亡，身魂就會不知從何處飛來，
接收人的靈魂並帶往高空。另外身魂的休息處乃是原
本的肉體，常會爲了休息而回到現世的肉體（屍體）
上，因此埃及人死後軀體才會處理成木乃伊。

Baal 〔歐洲〕

バール

巴力

傳說中所羅門王撰寫的魔法書《雷蒙蓋頓》中列舉的
72名惡魔之一。原本爲古代敘利亞或巴勒斯坦一帶的
豐饒神，只要他死去植物就會跟著枯萎，若是他復活
植物就會結果。中世紀歐洲人認爲巴力是惡魔中最具
代表性的一個，以具有貓、蟾蜍、人類等三顆頭顱的
怪物姿態現身。巴力本身能隨心所欲地變成各種形
貌，也會傳授人變身的方法。在地獄中爲統治東方的
惡魔。

Baba Yaga 〔俄國〕

バーバヤーガ

芭芭雅嘎

住在俄國森林裡的妖怪。外型爲瘦得只剩皮包骨的老
怪婆。乃是一個會吃人的女巫，平時住在森林裡的小
木屋裡。不管是庭院還是室內全都裝飾著人骨。平常
待在房子裡睡覺，出門時則乘坐在細長的石臼上移
動。芭芭雅嘎只要用手上的杵敲打，石臼就會飄浮起
來拖著痕跡前進，而另一邊的左手則會拿著掃帚把移
動的痕跡掃去。

Bahamut 〔西亞〕

バハムート

巴哈姆特

於聖經中登場的巨獸，阿拉伯語的
名稱爲**貝西摩斯（Behemoth）**。
在聖經中是一隻河馬般的怪物，
不過在阿拉伯民間故事中則是一
條支撐大地的巨魚。其身體大得

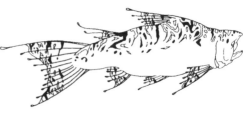

不可思議，七大洋在牠鼻孔中不過像沙粒般渺小。據說有人見過巴哈姆特本尊，
雖然牠以極快的速度游行，卻花了三天以上的時間才完全通過眼前。

B

Bahanda

馬絆蛇（ばはんだ）

馬絆蛇

出沒於中國四川與雲南河川中的**蛟龍（Kouryuu）**，或直接稱作「馬絆」。會攻擊且吃人，因此深受當地人所畏懼。整體的形狀似蛇，只有頭部像鼠或貓，頭頂有星狀斑點。體形非常巨大，移動過後的痕跡宛如拖過小屋一般。身上有腥臭味且濕滑。每當馬絆蛇出現，不僅河川被污染，連空氣也變得惡臭。

Bakegani

化け蟹（ばけがに）

蟹怪

住在日本山梨縣山梨市溪流中的巨大螃蟹。身長4m以上，以附近長源寺裡的和尚為食。每當有新的和尚來就會立刻被牠吃掉，因此長源寺曾一度廢寺。後來有個行腳僧打倒了蟹怪，之後長源寺就改名為蟹澤寺重新開起。據說伊豆地方也有約3.3m長的巨大蟹怪傳說。這隻蟹怪住在兵太瀑布底下的深淵，只要一動就會引起大地震。

Bakeneko

化け猫（ばけねこ）

貓怪

十七世紀後半襲擊肥前國（佐賀縣）藩主鍋島氏一家的貓妖怪。鍋島家第二代的鍋島光茂因為輸了圍棋而懷恨在心，把名叫龍造寺又一郎的年輕人給殺了。又一郎寵愛的貓得知此事，就變成了貓怪到鍋島家作祟。貓怪最初化成小妾想謀殺光茂，卻因為伸手抓池子裡的鯉魚與偷舔燈油而被識破、殺死。光茂在此事之後就深深反省自己的行為，並善待龍造寺一家。

Baku

貘(ばく)

貘

日本傳說中會吃人夢的奇幻動
物。體格像熊，身上有班點，
此外還有象鼻、豬牙、犀牛
眼、牛尾、虎牙等特徵。在人
睡覺時現身並吃掉人作的惡
夢，所有只要有貘來訪就能一夜好眠，因此古代日本有個把繪有貘的卡片藏在枕
頭底下以求安眠的習俗。此外據說牠也能趕走惡靈。貘的傳說起源於中國，但吃
夢的能力似乎是日本的貘所獨有。

Balam

バラム

巴拉姆

傳說中所羅門王撰寫的魔法書《雷蒙蓋頓》中列舉的
72名惡魔之一。擁有三顆頭顱，其中一顆是人頭，另
外兩顆則是公羊與母羊頭，且眼睛會噴火。出現時乘
著凶猛的熊，手腕上停著一頭老鷹。知道過去與未來
的一切事物，會毫不保留的傳授給召喚者。原本是天
國的主天使（Dominations，**天使**〈Angels〉9階中的
第4階），現在則是地獄的公爵。

Balberith

バルベリト

巴力比利土[13]

被稱爲地獄七君主的惡魔之一。外型爲頭戴冠冕的人
類，以乘馬的姿態現身。原本是智天使（**天使**
〈Angels〉9位階中的第2階）中的君主，墮天之後成
爲地獄紀錄保管所的書記官兼管理者。保管所中保管
著人與惡魔之間的契約，巴力比利土在這些契約書上
簽署，並通過契約的認證。此外，他也負責引導與惡
魔締結契約的人進入邪惡的世界。

Balor the evil eye
愛爾蘭

バラー
巴羅爾

塞爾特神話中的巨人族——**弗摩爾族（Fomorians）**的首領。其中一隻眼睛擁有殺人的力量，被瞪視的人全都會死去，因此外號叫作「邪眼巴羅爾」。

這顆擁有殺人力量的眼睛通常都緊閉著，要打開眼睛的話需要許多勇者使用滑輪之類的輔助器具才能打開沉重的眼皮。弗摩爾族原本想統治整個愛爾蘭，但最後還是被眾神消滅。

Balrog
英國

バルログ
炎魔

於托爾金（J.R.R. Tolkien）的《魔戒》（The Lord of the Kings）中登場的惡魔，自遠古以前就住在「中土世界」。外型為黝黑巨大的人類，背上有黑色翅膀，右手持火焰劍，左手持火焰鞭。原本是火焰精靈，隨著黑暗帝王**魔苟斯（Morgoth）**墮落，成為他的手下，之後活躍於多場戰爭中。炎魔是魔苟斯的部下中最勇猛的戰士，曾從蜘蛛怪**昂哥立安（Ungoliant）**手中救出魔苟斯。

Banko
中國

盤古（ばんこ）
盤古

於中國開天闢地的神話中登場的巨人。遠古之初，宇宙混沌得像一顆雞蛋，盤古在裡頭長眠了一萬八千年之後醒來。醒來後伸展手腳弄破了蛋殼，於是輕者上升重者下沉，形成了天地。接著盤古繼續成長，天地也隨著他的成長而分得更開，最後終於固定到今日的位置。不久之後盤古死去，他的身體就變成了太陽、月亮、河川和田野等世界的一切事物。

Banshee[14]

バンシー

泣女

愛爾蘭傳說中預言死亡的女妖精。會以哭聲告知最近
有人即將死去。臉色蒼白，留有一頭長髮，眼眶因為
一直哭泣而紅腫。身穿綠色衣服，披著灰色披風。通
常是獨自現身，但如果即將死去的人很值得尊敬，就
會有數個泣女一起放聲大哭。某些歷史悠久的家族會
有特定的泣女住下來，這種泣女通常是由該家族中年
紀輕輕就死去的少女所變成。

Baphomet

歐洲

バフォメット

巴弗滅

女巫們崇拜的山羊惡魔，又被稱作巫魔會（Sabbat）的
山羊。頭與腳為山羊，擁有人類女性的身體，背上有
鳥的翅膀。起源據說與伊斯蘭教創始者穆罕默德有
關，因此被基督教徒視為異教的惡魔。十四世紀參加
十字軍的宮殿騎士團就被人指控是崇拜巴弗滅的異端
而受到迫害。有時巴弗滅一詞也泛指惡魔全體。

Barbatos

歐洲

バルバトス

巴巴妥司

傳說中所羅門王撰寫的魔法書《雷蒙蓋頓》中列舉的
72名惡魔之一。原本是天國的力天使，墮天之後變成
地獄公爵。他會教人如何以鳥獸聲占卜，或者是告訴
人寶藏的所在位置。此外，他精通過去與未來的事
情，且能使爭吵的人和好。率領地獄30個軍團，出現
時會帶著一隊士兵。

法國

バーベガジ

大腳雪精

住在法國與瑞士交界處山脈上的精靈。身高不到
20cm，夏天時都在睡覺，氣溫零度以下的冬天一
到，就會穿著白色毛皮做成的衣服現身。長著蓬亂的
頭髮與鬍鬚，或許是天氣太冷的關係，這些毛髮看起
來就像是銳利的冰柱。身體雖小腳掌卻很大，能輕鬆
地在雪地上行走，也能在雪上滑行。平常會在山頂附
近挖出蟻洞般深的洞穴並住在裡面。

Barong 印尼

バロン

巴龍

蘇門達蠟、爪哇、峇里島等地民間傳說中的聖獸。別
名「巴龍‧剋克」或「巴那司巴提‧拉賈」（乃森林
王之意）。外型類似日本舞獅，為臉色赤紅的四腳
獸。上顎伸出一對獠牙，全身覆滿白色長毛。原本是
吃人的惡獸，後來變成守護神，保護人類不被邪惡化
身的魔女蘭達（Rangda）或其他魔物侵襲。峇里島
至今仍保存著名為巴龍舞的舞蹈劇。

Barong-as 印尼

バロン・アス

巴龍‧亞斯

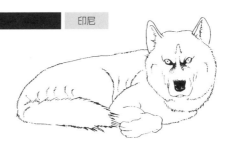

印尼聖獸巴龍（Barong）的
一種。巴龍可隨其型態分成幾
個種類，而巴龍‧亞斯指的是
犬形的巴龍。對島上的居民而
言就像看門狗一樣，能感應到
惡靈的存在並將之趕走。此外還有虎形的「巴龍‧瑪欽」、能趕走人身上病魔的
豬形「巴龍‧幫康」等等。只說巴龍的時候是指能對抗一切惡靈的「巴龍‧剋
克」。

Basan

日本

波山（ばさん）

波山

於竹原春泉齋（Takehara Shunsensai）的奇談集《桃山人夜話》中登場的怪鳥，棲息於四國的深山裡，別名「犬鳳凰」、「啪沙啪沙」（乃振翅聲之意）等等。外型就像一隻巨大的雞，白天躲在深山中的竹林裡。只會在深夜時分來到村落，同時發出巨大的振翅聲。若是有人覺得奇怪而出門一探究竟，會發現外面什麼都沒有。波山口能吐火，但此火不熱，也不會引起火災。

Basilisk

利比亞

バシリスク

王蛇

根據老普林尼的《博物誌》中的記載，北非沙漠中住著一種叫作王蛇的怪蛇。這種蛇身長只有30cm左右，移動時像眼鏡蛇般挺起上半身前進。牠的視線能致人於死地，只要被看一眼就會死去。而吐出的氣息也帶有劇毒，能使草木枯萎，石頭燒爛，甚至讓飛鳥掉落。若想以長槍刺擊，毒性則會透過槍身傳到人身上而使人中毒身亡。但不知道為什麼王蛇會害怕鼬鼠，此外，聽到公雞鳴叫也會讓牠的毒性無法發揮。

Bastet

埃及

バステト

巴斯特

古埃及貓頭人身的半人半獸女神。古代的貓比現代凶猛，而巴斯特的性格也如其象徵般，乃是暴力與戰鬥的女神。此外，在黑暗中發光的貓眼會讓人聯想到太陽，因此有時也被視作太陽神拉（Ra）的分身。希羅多德的《歷史》中說明祂是布巴斯提斯（Bubastis）城信仰的女神，該城若有貓死亡人們就會剃眉毛穿喪服哀悼，而貓的屍體則會被製成木乃伊安置在埋葬所裡。

Bathin 歐洲

バシン
巴欽

傳說中所羅門王撰寫的魔法書《雷蒙蓋頓》中列舉的
72名惡魔之一。別名「巴提姆」（Bathym）、「瑪
提姆」（Mathym）、「馬爾欽姆」（Marthim）等
等。外型爲體格壯碩的人類男性，有蛇尾，騎著蒼白
的馬出現。乃是**路西法（Lucifer）**的親信，通常待
在地獄業火的底層。熟知草藥或寶石的使用法，也能
載人飛行到遠方。另外他敏捷的身手與善良的個性在
惡魔中是數一數二的。

Batsu 中國

魃（ばつ）
魃

住在中國北方，能引起旱災的神。鳥山石燕的《今昔
畫圖續百鬼》將祂畫成獨手獨腳，全身長滿細毛的怪
物。在中國神話中，魃乃是黃帝的女兒，她在黃帝與
蚩尤（Shiyuu）的戰爭中施展神力使太陽高照，讓蚩
尤招來的暴風雨平息。然而祂卻在與蚩尤戰鬥的時候
沾染了邪氣，因此無法隨黃帝升天而留在地上。

Beelzebub 歐洲

ベルゼブブ
別西卜

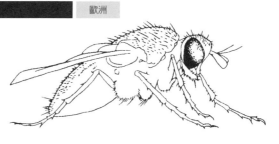

常與魔王**路西法（Lucifer）**
被視爲同一存在的大惡魔。傳
說中他是地獄王國的最高君
主，在地獄的統治權乃是由基
督所賜予。而密爾頓的《失樂
園》則說明他是除了**撒旦（Satan）**（亦即路西法）以外地位最高的惡魔，外貌
高貴，神情也充滿威嚴。不過名字具有「蒼蠅王」的意思，因此外型常被認爲是
翅膀上繪有骷髏符號的巨大蒼蠅。

Behemoth

ベヒモス

貝西摩斯

《舊約聖經》中貌似河馬的巨獸，住在沼澤地區。尾巴如喜馬拉雅杉般粗壯，骨似青銅，足似鐵棒。是神在創人的同時一併創造出的怪物，任誰都無法捕捉到牠，也無法打倒牠。在猶太人的傳說中，因爲牠實在太巨大了，與海怪**利維坦（Leviathan）**一同住進海裡的話水就會滿出來，因此貝西摩斯才會在陸上生活。另外，中世紀的惡魔學認爲貝西摩斯是控制黑暗的惡魔。

Beleth

ベレト

貝雷特

傳說中所羅門王撰寫的魔法書《雷蒙蓋頓》中列舉的72名惡魔之一。外型爲充滿威嚴的國王，騎著蒼白的馬，伴隨著交響樂中的喇叭聲出現。討厭現身於人世，因此出來時總是帶著憤怒的表情。要召喚他相當不容易，不過因爲他能使男女之間的愛情萌芽所以經常被召喚出來。原本是座天使（Thrones，**天使〈Angels〉**9階中的第3階），總是期待有朝一日能重返天國。

Belial

ベリアル

彼列

傳說中所羅門王撰寫的魔法書《雷蒙蓋頓》中列舉的72名惡魔之一。外型爲美麗的**天使（Angels）**，乘著火戰車出現，擁有能授與人社會地位的能力。據說他是神接著**路西法（Lucifer）**之後創造出的天使，在中世紀歐洲人心中可說是最上級的惡魔之一，絕不見容於基督。密爾頓的《失樂園》則說彼列是墮天使當中最淫蕩者，沒有人能像他那麼深愛罪惡。

B

Belphegor

ベルフェゴール
貝斐戈[15]

為了瞭解人類婚姻生活的實際狀況而被派到地上的惡
魔。在中世紀歐洲的民間故事中，惡魔們為了瞭解人
類世界中是否真的存在著幸福的婚姻，而派貝斐戈來
到地上作確認。不過當他在地上經歷了種種事情之
後，確信世上並沒有所謂的幸福的婚姻。貝斐戈通常
以女性的姿態現身，但不知為何，有時也被繪成蹲在
西式馬桶上的有角男性。

Bennu

ベンヌ鳥（ベンヌちょう）
本努鳥

古埃及都市赫利奧波利斯（Heliopolis）崇拜的神
鳥。外型酷似蒼鷺，不過全身金黃。與太陽神**拉**
（Ra）的關係密切，據說祂是以貝奴鳥的姿態於世
界創始之初的渾沌之海中誕生，並飛到方尖石碑本本
石[16]（benben-stone）上停下。祂是世上最初的鳥
類，在祂的啼聲下時間才開始運轉。古希臘羅馬的學
者認為此鳥與**不死鳥（Phoenix）**應該為同一存在。

Berith

ベリト
比利土

傳說中所羅門王撰寫的魔法書《雷蒙蓋頓》中列舉的
72名惡魔之一。別名「比亞珥」（Beal）、「伯夫
萊」（Bolfri）、「伯菲」（Bofry）等等。以一身鮮
紅的戰士打扮，騎著紅馬，頭戴冠冕的姿態現身。老
是說謊，不過只要以魔法命令，他就會回答關於過去
現在未來的一切問題。特別受鍊金術師崇拜，能使所
有金屬變成黃金。在地獄裡的爵位是公爵，統率了26
個軍團。

Beronaga 日本

べろ長（べろなが）

長舌鬼

平安時代（794～1192年）出現於福島縣的長舌妖
怪。能以長舌吸走河水並向村落吐出造成水患，因此
附近村民非常苦惱。恰巧弘法大師[17]路過此地，居民
懇求大師收服此怪。於是大師就向長舌鬼提出比舌頭
長度的要求，長舌鬼不疑有他，將舌頭伸長至對面的
山邊，大師立刻用繩子將他的舌頭綁起來，於是長舌
鬼就再也不能引發大水作怪了。

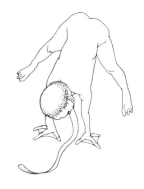

Bhuta 印度

ブータ

步多鬼

印度傳說中的惡靈。由死於事故、刑罰、自殺或暴斃
的人之靈魂變成，或說是由屍體本身變成。步多鬼會
吃墳墓裡的屍肉或排泄物，有時也會攻擊活人，被攻
擊的人會得到重病而死。個性彆扭，不管如何勸說都
不改其邪惡的本性。也有個性不凶惡的步多鬼，但還
是會跟人類唱反調。

Bifrons 歐洲

ビフロンズ

比夫龍

傳說中所羅門王撰寫的魔法書《雷蒙蓋頓》中列舉的
72名惡魔之一。醜惡異常，連召喚他的巫師都不敢正
視。能變成人形，但召喚者若不下達命令就會一直維
持惡魔的樣子。特別擅長降靈術，能在死者墳前點燃
藍白色的鬼火喚出死者靈魂。對占星術或具神祕魔力
的草藥、寶石、植物非常瞭解，能傳授人相關知識。

Big Foot 北美

ビッグフット

大腳

棲息在北美大陸終年積雪的洛磯山脈上的雪人。身高2.5m以上，全身長滿猿猴般的細毛，與人一樣以二足步行。據說體格比西藏的**雪人（Yeti）**巨大，腳印長達40cm。證實大腳真實存在的證據十分豐富，除了錄下的聲音紀錄以外也有影片紀錄。不過缺乏決定性的證據，因此難以確定大腳確實存在。

Binbougami 日本

貧乏神(びんぼうがみ)

窮神

住下就會使該戶人家變得貧窮的妖怪。外型多為穿著破爛衣服的老人。一旦進住，幾年內都不會離去。江戶時代後期寫成的隨筆《譚海》第12卷中提到，曾有人目擊窮神入住與離去的情形，據說窮神只在這兩種情形下會被看到。被窮神纏上的家庭會禍不單行，生活變得非常艱苦；離開時窮神會向家人告知自己的身分，從此之後，該戶人家的生活將不再貧困。

Black Annis 英國

ブラックアニス

黑阿妮斯

英格蘭列斯特郡內登恩丘陵洞穴裡的老妖精。外型像一個老婦人，一邊的眼睛已經潰爛，只剩單眼，臉色像死人般蒼白。平時躲在洞穴旁的橡樹樹蔭裡，一有小孩子靠近就跳出來攻擊，並將他拖回洞穴裡吃掉。除了小孩以外也會攻擊小羊。她住的洞穴被稱作「黑阿妮斯的祕密房子」，是黑阿妮斯用自己又長又硬的指甲挖出來的。

Black Dogs
英國

ブラックドッグ

黑犬

一種魔犬，據說英國各地都曾目睹牠的身影。日文常
譯作「黑妖犬」。身形如一頭小牛，兩眼放出刺眼的
紅光。有時也會幫助人類，但大部分的人見到或碰到
牠就會死去。據說曼島（Isle of Man）上曾有個士兵
只是聽到黑犬的叫聲就死去了。此外，聽說夏洛克的
福爾摩斯系列作品之《巴斯克維爾的獵犬》（The
Hound of the Baskervilles）就是以黑犬傳說為藍本。

Blob
美國

ブロップ

魔點怪

全身由黏液構成的怪物，與**軟
泥怪（Slime）**相似。於好萊
塢電影《幽浮魔點》（The
Blob）中登場。外型像一團紅
色泡沫一般，能把人包住吃

掉。因為是泡沫狀的怪物，所以刀刃切砍或子彈射擊對它都無效，魔點怪就這樣
一步步吃掉人類而變得越來越大。害怕低溫，一旦被冰凍起來就會凝固而無法動
彈，但是這樣並不能消滅它，只要溫度回升，它又會再度活動。

Bodach
英國

バダッハ

伯達赫[18]

蘇格蘭高地的妖精，酷似人形但外型怪異。與怪獸一
樣常被拿來教訓不聽話的小孩，平時會在各處晃蕩，
一見到有小孩不聽話，就會從煙囪爬進家裡把小孩擄
走。當地有另一種叫作伯達赫‧格拉斯的妖精，他的
外型是灰暗陰沉的男子，有他出現的家庭不久後就會
有人死亡。

Boggart 英國

ボガート
幻形怪

住在英格蘭北部人家中的妖精。與另一種妖精**布勞尼
（Brownie）**很類似，全身長滿毛髮，鼻子又尖又
長。不過他比布勞尼更愛惡作劇，會隱形起來把餐桌
上的牛奶或奶油打翻，也常在半夜引起**騷擾靈
（Poltergeist）**現象，把家裡搞得一團糟。因此被幻
形怪纏上的話就只能搬家，不過要趁幻形怪不注意時
偷偷搬走才行，否則他也會跟到新家去。

Bogies 英國

ボギー
惡作劇妖

英國各地愛惡作劇的妖精之總稱。會四處對人惡作劇，
有時候也會使人陷入危險。**淘氣地精（Hobgoblins）**
就是屬於此類，而**赫德利母牛（Hedley Kow）**或尖
叫怪（Skriker）也是類似的妖精。惡作劇妖和幽靈一
樣，絕不會在人前出現。他們對人類的生活充滿興
趣，總是偷偷地出現在人背後。如果覺得背後有人跟
著，多半就是惡作劇妖搞的鬼。

Bokufu 中國

樸父（ぼくふ）
樸父

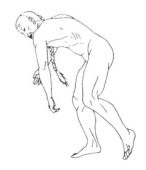

中國神話中幫忙治水的巨人。身高與腰圍均超過千里
（400km）。天地創始之初，大地充滿了洪水。天帝
於是派了樸父與他的妻子到地上治水，但是巨人夫婦
怠惰，沒有認真工作，天帝後來就懲罰他們必須裸體
不飲不食，永遠站在世界東南邊的角落。

Bokuouhasshun 中國

穆王八駿（ぼくおうはっしゅん）

穆王八駿

西元前十一世紀周朝的穆王所擁有的八頭駿馬。分別
是奔跑速度快到毫不著地的「絕地」、連飛鳥也不及
的「翻羽」、速度快過自己影子的「越影」、一夜之
間能跑5000km的「奔霄」、超越光速的「逾輝」與
「超光」、乘雲奔馳的「騰霧」、身上長了翅膀的
「挾翼」等八頭。穆王常乘著這八隻駿馬拉的馬車巡
視中國全土，或是到神仙的住處──崑崙山上拜訪。

Bonnacon 歐洲

ボナコン

火糞牛

到處撒糞以保護自身安全的怪牛。根據老普林尼的
《博物誌》的描述，火糞牛體形與野牛相似，頸上
有類似馬的鬃毛，頭上雖有角卻捲曲，難以在戰鬥
中派上用場。可怕的是牠噴灑糞便的範圍達600m，
碰到糞便者身體會被燒焦。據說牠是怪物利維坦
（Leviathan）與鱷龍（Tarsque）交配後生下的怪
物。鱷龍乃是法國的怪物，也擅長以糞便攻擊。

Botis 歐洲

ボティス

波提斯

傳說中所羅門王撰寫的魔法書《雷蒙蓋頓》中列舉的
72名惡魔之一。通常以醜惡的大蛇模樣出現，但召喚
者也能命令他變成人類，此時他就會變成頭上有角、
口吐獠牙的人形。能詳細告訴人過去與未來的事情，
也能使敵對的雙方和好。在地獄裡統率26個軍團，爵
位乃是大公，也有人認爲他只是伯爵。

Brownie 　　　　　　　　　英國
ブラウニー
布勞尼

住在英格蘭與蘇格蘭人家中的妖精。體形與孩童相
當，全身長滿褐色的毛髮，穿著髒污的衣服。討厭讓
人看見自己所以通常會躲起來，半夜會現身幫忙完成
未做完的家事（打掃或清洗等等），只要給他一杯牛
奶或一片塗蜂蜜的麵包當謝禮即可。但是如果忘了答
謝就會非常不高興，而把家裡弄得一團糟，或是半夜
捏醒睡覺的人。

Bucca-boo 　　　　　　　　英國
ブッカブー
步卡布

英國康瓦耳（Cornwall）地方的妖精，別名「步卡」
（Bucca）。屬於**淘氣地精（Hobgoblins）**的一種，
體形大小與孩童相當，但容貌十分醜陋。自古以來就
是魚獲或穀物豐收之神。漁夫們總是會留一條捕到的
魚在岸邊給步卡布，而農夫們則是留下一部分穀物在
地面。後來演變成告誡小孩用的妖精，會出現在不聽
話的小孩面前，將他帶走並吃掉。

Buer 　　　　　　　　　　歐洲
ブエル
布耶爾

這是傳說中所羅門王撰寫的魔法書《雷蒙蓋頓》中列
舉的72名惡魔之一。外型像是一隻擁有獅頭的海星。
普朗西[19]（Collin de Plancy）的著作《地獄辭典》[20]
（Dictionnaire Infernal）中，將牠描繪成從生滿鬃毛
的獅頭根部，如風車般向外長出五隻馬腳。布耶爾行
動時就像輪子般滾著前進。會傳授人語言學、哲學及
邏輯學的知識，只在太陽位於**半人馬座（Centaurs）**
的方位時出現。

Bugbear 英國

バグベア

怪獸

英國威爾斯地方的吃人妖精，常被當地的父母拿來恐嚇不聽話的小孩。與**地精（Goblins）**一樣，都屬於妖精的一種。外型為全身長滿毛髮的人類，別名「Bugaboo」。父母常假借怪獸的名義教訓不聽話的小孩，說「像你這麼不乖的小孩會被怪獸吃掉喔」之類的話；而怪獸則專以壞小孩為目標，到處蒐巡。

Bullbeggar 英國

ブルベガー

布爾貝格

出沒於英格蘭索美塞得郡（Somerset）的妖精。關於其外型無明確描述，只知道他全身黑色，雙眼赤紅。因此有人根據此特徵判定他可能是**黑犬（Black Dogs）**的一種，不過有傳說表示布爾貝格是以二足步行，且身高非常高大。據說他喜歡嚇人，常突然在夜裡發出可怕的聲音或大笑。在某則故事中，有個男子遭此妖精襲擊，並用榛樹樹枝跟他戰鬥了一整晚，不過一到白天，布爾貝格就突然消失了。

Bunbukutyagama 日本

文福茶釜（ぶんぶくちゃがま）

文福茶釜

住在日本群馬縣館林市茂林寺內，會變身成茶釜的**狸貓（Tanuki）**怪。元祿年間（1688～1704年），該寺博學多聞的高僧守鶴某日不知從何處帶回了一個茶釜，裡頭的茶不管怎麼倒都倒不完，令人感到非常神奇。但過了不久，茶釜中就伸出狸貓的手腳與尾巴，半夜跳起舞來。此外，據說長野縣下伊那郡、宮城縣本吉郡內也有類似的茶釜。

Bune

ブネ
布涅

傳說中所羅門王撰寫的魔法書《雷蒙蓋頓》中列舉的72
名惡魔之一。受召喚時會以長了人、**鷹獅（Griffon）**、
狗三顆頭顱的銀龍姿態出現。精通說話術、知識獲得
術及死亡咒語，能使崇拜自己的人變得雄辯滔滔且充
滿智慧。也能使埋在墳墓裡的屍體起來行動。另外他
本身也能成爲召喚者，召集墳墓裡的惡魔。在地獄統
率了30個軍團。

Bunyips

バニップ
鳥頭蛇

棲息於澳洲河川泉水中的怪
物。有著巨大的蛇身、鳥類的
頭部與堅硬的鳥喙。不過由於
鳥頭蛇會吃人，見過牠的人類
全都被吃掉了，所以沒有人知
道牠的眞面目。據說牠旱季時會挖土躲在洞穴中，到了雨季才開始活動，發出
「噗──噗──」的叫聲，一到雨季牠們的叫聲就會從四面八方傳來。

Buruburu

震震（ぶるぶる）
震震

有大事發生時會突然附身在人身上使人退縮的妖怪。
鳥山石燕的《今昔畫圖續百鬼》將他畫成一個有著一
頭長髮、全身發抖的幽靈。半夜走在寂靜無人的路上
時，若突然感覺到背後有一道寒氣，就是震震進入人
身上所致。日本各地都有這種妖怪，會毫無預警地附
身，因此防不勝防。

Byakko 中國

白虎（びゃっこ）

白虎

中國古代被稱作**四神（Shishin）**的四隻聖獸之一。
外型爲白毛虎。由於中國不產獅子，所以對中國人而
言，老虎才是百獸之王，而白虎更是老虎中最尊貴的
品種。江戶時代中期的百科圖鑑《和漢三才圖鑑》說
老虎要到500歲才能變成白虎，可見白虎在老虎之中
有多麼特別。五行思想中白色代表西方與土，因此白
虎是西方的守護神，同時也是土之**精（Sei）**。

Byouki 中國

貓鬼（びょうき）

貓鬼

詛咒人時使用的**蠱毒（Kodoku）**之一。貓鬼可說是
蠱毒中最凶惡的一種。中國人把死後的靈魂稱作**鬼
（Ki）**，貓死後也同樣會成爲貓鬼，用巫蠱之術可操
縱貓的鬼魂殺人或偷取他人的財物，被貓鬼附身的人
內臟會被咬破，彷彿五臟六腑被撕裂般痛苦。據說這
種巫術在隋朝（581～617年）時非常流行。

Cabracàn 中美

カブラカン

喀布拉坎

於馬雅神話中登場的巨人，爲怪物**維科布‧卡基許
（Vucub Caquix）**之子。「Cabracàn」一詞爲地震的
意思，如名所示喀布拉坎擁有無比的怪力，能輕易地
搗毀群山，據稱能把整片山脈翻過來。其兄**吉帕克納
（Zipacnà）**也是一個巨人，體形與喀布拉坎不相上
下，據說常背靠著山脈睡覺。兄弟倆最後因爲協助想
統治人類的父親與神對抗而滅亡。

Cacus 希臘

カクス
卡庫斯

希臘神話中居住在羅馬人的發祥地——台伯河（River Tiber）一帶的巨人。有三顆頭，口能吐火。會攻擊人類並吞食人肉，因此所住的洞穴中堆滿了人骨。在英雄赫拉克勒斯完成了十二功業的其中一項——奪走革律翁（Geryones）的牛群之後，卡庫斯從英雄那裡偷走了幾頭牛藏在洞穴裡。但是因為牛鳴而被發現，最後被赫拉克勒斯勒死。

Cailleach Bheur 英國

カリアッハ・ヴェーラ
冬之女神貝拉

蘇格蘭或愛爾蘭傳說中的女妖精。為冬天的妖精，長著一張蒼藍醜陋的臉，一到晚秋便帶著一把具有魔力的手杖到森林或公園散步。樹木葉子只要被魔杖碰到就會完全掉光。另外，冬天遮掩陽光、帶來風雪的也是她，但只要春天一來她就會變成石頭，等待秋天再度來臨。萬聖節一到，她又會復活過來，恢復人形。

Caim 歐洲

カイム
蓋因

傳說中所羅門王撰寫的魔法書《雷蒙蓋頓》中列舉的72名惡魔之一。通常以鵂鳥[21]的樣子出現。有時也以人類的姿態現身，戴著鵂鳥頭形的帽子，穿著模仿鵂鳥羽翼與尾巴的衣物。原為天界中最下級的天使（Angels），但在地獄中則是上級惡魔。除了鳥語以外，也通曉所有動物及人類各國的語言，且能傳授人類語言知識。此外，他也擅長以各種語言辯論，詭辯技巧無人能敵。在地獄中統率30個軍團。

Cait Sith

ケット・シー

貓仙

蘇格蘭高地的貓妖精。擁有一對長耳與幾近黑色的墨
綠色毛皮，胸前有代表妖精的白毛。博學多聞，能與
人交談，亦能以二足步行。平時僞裝成普通的貓，有
時會不小心顯露出本性。擅長隱藏自己的蹤影，能在
不被人發現的情況下移動。見到虐待貓的人會給予懲
罰。

Canhel

カンヘル

甘赫龍

阿茲特克傳說中受到基督教影
響產生的神聖龍族。名字是取
自阿茲特克人代代相傳的蛇頭
杖。據說基督教的神耶和華，
在世界誕生以前就創造了名爲
「瑟皮努斯」的甘赫龍。瑟皮努斯召集了其後出現的甘赫龍並爲之施洗，世界就
在這些龍的努力下被創造出來。也有其他傳說認爲，世界最初只有耶和華、耶穌
和甘赫龍存在。

Capricorn

カプリコーン

魔羯

此怪物乃是占星術中魔羯座的由來。牠的前半身爲山
羊，後半身爲魚，並且有兩隻山羊的前腳。在希臘神
話中，當最高神宙斯與怪物**泰風（Typhon）**戰鬥
時，半人半羊神**愛基潘（Aegipan）**因爲幫助宙斯而
被泰風追趕，不得已只好變成魔羯這種怪物躲進海
裡。宙斯得知此事之後爲了紀念，而將牠升上天空變
成星座。

C

Catoblepas

カトブレパス
豬首牛怪

老普林尼的著作《博物誌》中
提到的一種棲息於衣索比亞的
怪物。與蛇怪**王蛇**（**Basilisk**）
相同，被牠的眼睛看到之物都
會死亡。福樓拜[22]（Gustave
Flaubert）的小說《聖安東尼的誘惑》（La Tentation de Saint Antoine）將牠描述
成一種頭似豬的怪物，但由於牠的脖子像腸子一般細長下垂，因此無法抬頭，得
一直趴在地上；此外，牠吐出的氣息也具有毒性，會讓地面的草枯萎。

Cecrops

ケクロプス
凱克洛普斯

希臘神話中建設雅典城邦的半人半蛇怪。上半身爲留
有鬍鬚的男性，下半身爲蛇。他是雅典城之王，被視
爲半神而受雅典人民崇拜。那時候的雅典尚未稱作雅
典，因爲女神雅典娜正與海神波賽頓爭奪國家的所有
權，後來凱克洛普斯選擇了雅典娜，因而將此地命名
爲雅典。

Centaurs

ケンタウロス
半人半馬怪

希臘神話中的怪物。上半身爲人類，腰部以下的軀體
與四腳則是馬。一族之中除了賢人**喀戎**（**Chiron**）特
別優秀以外，大部分的半人半馬怪都性急嗜酒，好色
且粗暴，因此做事經常失敗。例如英雄庇里托俄斯[23]
（Pirithous）的結禮事件——庇里托俄斯邀請領地相
鄰的半人半馬怪參加婚禮，但喝醉酒的人馬怪居然想
侵犯新娘，最後把婚禮搞得一團糟。

Cerberos 希臘

ケルベロス
地獄犬

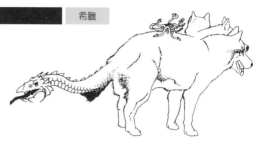

希臘神話中的地獄看門狗。乃是
半人半蛇怪**艾奇德娜**（**Echidna**）
與曾讓全能神宙斯吃過苦頭的怪
物**泰風**（**Typhon**）之子。有三
顆頭，尾巴為龍，背上長了種類

眾多的蛇。據說身上蛇的數量高達50條。食生肉，吼聲似青銅。住在冥府入口黑
帝斯河的對岸，替地獄之王黑帝斯（Hades）守護入口，不讓擅闖地獄或想從地
獄裡逃出來的人通過。

Chac Mumul Ain 墨西哥

チャク・ムムル・アイン
查克・姆姆・艾因

於阿茲特克的預言者奇拉姆・帕拉姆所著的預言書中
登場的怪物，名字乃「長滿鱗片的鱷魚」之意。預言
書中寫著即將有巨大的不幸降臨在阿茲特克人身上，
而這怪物就是所謂的災難之一。預言書中也預告遭受
地震與火災的阿茲特克人逃到海邊時，此怪會從海裡
出現並把阿茲特克人趕走。也有人認為這怪物代表西
班牙人的侵略。

Charadrios 歐洲

カラドリオス
醫護鳥

中世紀歐洲人認為醫護鳥是一種會診斷人病情，吸走
疾病的鳥類。毛色為白色，乃鴴鳥（plover）或鷸鴒
的一種。醫護鳥的診察與治療過程非常簡單，牠來到
病人的房間之後，只要一眼就能判斷病情，若已病入
膏肓就會立刻轉身離開；但若還有痊癒的希望，就會
張開嘴巴將疾病吸走，然後再飛上高空將疾病吐出。

C

Charybdis 希臘

カリュブデス
卡里布地斯

一天之中把海水吸入又吐出三
回，造成巨大漩渦使船隻翻覆
的怪物。希臘神話中說牠住在
位於義大利本土與西西里島間
的麥斯納（Messina）海峽北
側的岩壁附近。總是躲在水裡，所以沒有人知道牠的長相。麥斯納海峽的另一邊
住的是怪物**史琪拉（Scylla）**，只要有人靠近就會發動攻擊。但要是遇上卡里布
地斯的話就必死無疑，所以水手們寧可選擇靠近史琪拉這邊的岩壁航行。

Chemos 歐洲

ケモシ
基抹

於密爾頓的史詩《失樂園》中登場的惡魔。關於其
外型並無明確描述。原本是摩押（Moab）與安曼
（Amman）人信仰的神。但是根據密爾頓的描述，
祂是死海附近民族信仰的邪神，鼓勵猥褻淫蕩的儀
式，使災禍降臨於眾人，最後被猶太王國的約書亞放
逐到地獄。在《舊約聖經·列王記下》中，摩押王向
基抹祈求勝利，不惜獻上王子，由此看來基抹或許真
的是個可恨的邪神。

Cherubim 歐洲

ケルビム
智天使

基督宗教中的智天使。經常被
描繪成嬰兒般的美麗天使，但
他原本是巴比倫的獸神，獅身
人面，背部生有鷹翼。《舊約
聖經·以西結書》中描述他各
有兩對翅膀與手，腳部有車輪。智天使自古以來經常擔任守護者之職，聖經故事
裡，他手持火焰劍守護伊甸園，防止被放逐的亞當與夏娃接近生命之樹。

Chi

螭（ち）

螭

一種棲息於山林沼澤裡的小型龍（**Ryuu**）。頭上無角，色紅或白，亦有藍色者，又說螭是龍或蛟龍（**Kouryuu**）幼年期的姿態。喜好岩石或樹蔭等潮濕的地方，以小蟲或動物爲食，不太出現於人目所及之處。不知是螭喜好潮濕處還是牠能使所在之處變得潮濕，有則故事說螭從某處離開之後該地就乾燥了起來。

Chiichiikobakama

ちいちい小袴（ちいちいこばかま）

奇奇小褲

用來沾塗黑牙齒用鐵漿的牙籤，經年累月下來變成的妖怪。屬於**付喪神**（**Tsukumogami**）的一種。在新潟、岡山、大分各縣的民間故事中皆有出現。柳田國男[24]（Yanagita Kunio）的《日本昔話名彙》中有這麼一則故事：某日有個穿著日式褲裙[25]、兩頰寬廣的矮小男子拜訪一個獨居的老婦人。男子腰際插著短刀，唱起「老婆婆呀，乖乖睡吧」的歌曲。老婦人嚇了一跳，把牙籤燒掉後這類事情就沒再發生過了，而那個男子就是奇奇小褲。

Chimaira

キマイラ

基邁拉

希臘神話中的怪物，別名「蓋美拉」（Chimera）。具有獅子的頭部與前腳以及公山羊的身體與後腳，身體中間長了公山羊頭，尾巴則是一尾蛇。根據阿波羅多羅斯[26]（Apollodorus）的說法，基邁拉住在呂西亞（Lycia）的火山裡，由於火山山頂住著獅子，山腰住著山羊，山腳住著蛇，不知不覺就變成這副模樣了。但他實在長得太怪異了，因此有人以「就像基邁拉一樣」來形容莫名其妙的事情。

C

Chin 中國

鴆（ちん）

鴆

身上含有劇毒——鴆毒的鳥類。大小與白鷺相當，有綠色的羽毛與紅色的鳥喙。好吃毒蛇的頭部。雄的稱爲「雲日」，雌的則稱爲「陰諧」。漢高祖劉邦之妻呂后，曾使用此鳥之毒謀殺欲篡奪太子帝位的趙王如意。鴆毒似乎存在於鴆鳥全身的任何部位，呂后僅以鴆鳥的羽毛在酒中攪拌一下，喝下酒的如意就被毒死了。

Chiron 希臘

ケイロン

喀戎

希臘神話中的**半人半馬怪（Centaurs）**。在野蠻的半人半馬怪中算是特異分子，擅長醫術、藝術與音樂。住在色薩利之皮利翁山（Mt. Pelion）上，乃是阿爾戈號（Argo）的英雄伊阿宋27（Jason）、醫術天才阿斯克勒庇俄斯（Asclepius），還有於特洛伊戰爭中活躍的阿基里斯（Achilles）等人的培育者。原本爲不死之身，但誤中赫拉克勒斯射出的塗有**海德拉（Hydra）**毒液的箭，在痛苦之下放棄了不死的能力。死後宙斯讓牠升上天空成爲星座，這就是人馬座的由來。

Chohakkai 中國

豬八戒（ちょはっかい）

豬八戒

於《西遊記》中登場的怪物，特徵是黝黑的人身與豬首。**繼孫悟空（Songokuu）**之後成爲三藏法師的第二號弟子，陪他上天竺取經。豬八戒原本是天界的水軍大將，但因爲調戲女性而惹怒玉皇大帝，被貶入凡間。因錯投入豬胎而變成這種奇怪的樣子。是個無可救藥的懶惰鬼，不愛勞動，且利用妖術做出許多讓人困擾的事。被悟空他們收服之後，成爲三藏的弟子。

Chonchon 智利

チョンチョン

飛頭

南美安地斯山脈山腳的原住民傳說中的怪物。外型為人類的頭部，除此之外別無其他軀體。住在靈界，能以巨大的耳朵在空中飛行，夜晚會飛到有病人的人家附近，目的乃是吸取病人的魂。因此飛頭來臨是病人即將死去的前兆，但只有巫師能見到他的身影，其他人只聽得到「啾啾啾」的叫聲。

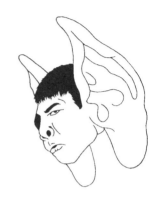

Chouchinbi 日本

提灯火（ちょうちんび）

提燈火

出現在陰暗的夜路上，宛如有人提著燈籠行動的**鬼火**（**Onibi**）。日本各地均有人目擊他的身影。在奈良縣甚至有人見到提燈火排成一列前進，被稱作「小右衛門火」。這種鬼火自古有之，有次有個名叫小右衛門的農民用手杖敲打鬼火，結果瞬間出現了數百盞鬼火將之包圍，小右衛門嚇了一跳趕緊逃開，回去後當晚發高燒不久後就過世了。此後，就將此地的提燈火稱作小右衛門火。

Choumei-no-tori 中國

重明の鳥（ちょうめいのとり）

重明之鳥

中國神話中為紀念堯即帝位而獻上的奇鳥，別名「雙睛」。眼中有兩顆瞳孔，外型似雞，叫聲似**鳳凰**（**Houou**），即使羽毛掉光仍能振翅飛翔。鮮少出現，頂多一年出現數回，但有時會好幾年都不出現。具有驅逐狼虎等猛獸的能力。人們為求此鳥在家中築巢，經常保持家門乾淨。

Chujin

貙人(ちゅじん)

貙人

《搜神記》中介紹的一種能變成老虎的人種。住在揚
子江及漢水流域一帶,變成人時穿著紫褐色的衣服,
無腳跟,變成老虎時則與人一樣具有五指。據說古代
湖南的蠻族在捕虎的陷阱發現一名男子陷在其中,因
為聽信他的理由而放走了他,沒想到男子竟然變成老
虎之身逃掉了。

Cimeries

キメリエス

錫蒙力

傳說中所羅門王撰寫的魔法書《雷蒙蓋頓》中列舉的
72名惡魔之一。外型為黑人士兵,乘著黑馬現身。為
地獄裡的侯爵。非常瞭解非洲的事物,同時也能傳授
人文學的相關知識。能給人臨敵不懼的勇氣,另外也
能的指出埋藏在地底下的寶藏或遺失已久的物品之所
在處。

Cluricaune

クルラホーン

酒窖仙

愛爾蘭家庭酒窖裡的妖精。身高只有一般人的一半,
外型為老人,頭戴著代表獨居妖精的紅帽子,身穿皮
革圍裙,鞋上繫著銀環裝飾。非常愛喝酒,常與該戶
家裡的傭人喝得爛醉。有時也會喧賓奪主,不讓主人
進酒窖。見到有破洞的酒桶,寧可用身體塞住,也不
願意讓酒灑出來。

Coblynau

コブラナイ

威爾斯地精

威爾斯地方礦坑裡的妖精，被認爲與**地精**
（**Goblins**）是同類。身高50cm左右，穿著礦工的服
裝。外型極醜，不過與**礦精**（**Knocker**）相同，會喀
喀地敲打岩盤通知礦工們高品質礦脈的所在。另外，
見到他或聽到他的聲音代表會有好事降臨。與其他礦
坑裡的妖精相同，被看不起的話會生氣地丟石頭。

Cocadrille

コカドリーユ

蜥蛇怪

王蛇的變種。棲息於法國的中
央地帶，此名詞有時也指**雞蛇
怪**（**Cockatrice**）。喬治桑[28]
（George Sand）的《法國鄉
村傳說集》（Légendes
rustiques）形容蜥蛇怪的外型就像是小型蜥蜴，會躲在人眼睛所不能及的地方活
動，經過一個晚上就會長到難以置信的大小。另外牠口中吐出的毒會帶來瘟疫，
非常可怕。要打倒牠只有使沼澤乾涸，或是把牠關在箱子裡讓牠餓死。

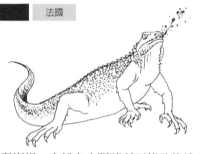

Cockatrice

コカトリス

雞蛇怪

王蛇（**Basilisk**）的變種。棲息於法國的中央地帶，
身體爲帶有雞冠的公雞，翅膀爲龍，並長有蛇尾。與
王蛇相同，生物只要被牠看一眼就會死亡，植物若是
沾到他吐出的氣息就會枯萎，而飛鳥則會因爲牠的劇
毒而墜落。王蛇的弱點是公雞，後來爲了彌補此缺點
而出現了這種形似公雞的雞蛇怪，另一說法是公雞產
在堆肥上的卵就會生出這種怪物。

Corocotta

クロコッタ

半獅犬

一種由鬣狗與母獅生下的神祕動物。西元一世紀左右，羅馬人普林尼曾於《博物誌》中介紹過牠，半獅犬為衣索比亞的動物，能模仿人類或牛的聲音。最大的特徵在於牙齒，半獅犬並沒有牙根，而是上下顎骨隆起變成牙齒，因此絕不掉牙。此外，為了防止磨損，平常總是閉上嘴巴。

Cu Sith

クー・シー

魔犬

蘇格蘭高地的妖精所飼養的看門狗。巨大如牛，全身長滿暗綠色的毛，腳的大小與人類相當，有圓筒狀的長尾巴。英國的妖精通常住在山丘中，而魔犬的工作就是守護山丘，每當有人入侵就會被放出來。甚少吠叫，不過只要一叫聲音就遠達海上。通常跟著妖精行動，有時也會單獨外出，只有單獨出現時會對人類造成威脅。

Cyclops

キュクロプス

賽克洛斯

希臘神話中的獨眼巨人族，眼睛生在額頭的正中央。精於鍛工，宙斯的武器電光與雷霆就是他們打造的。其鍛造場設在西西里的埃特納火山底下，並在鍛造之神赫發斯特斯（Hephaestus）的監督下完成了阿波羅（Apollo）的弓與雅典娜的鎧甲。在史詩《奧德賽》（Odyssey）中，奧德修斯（Odysseus）一行人漂流到一座疑似是西西里的島上，六名部下被住在島上的賽克洛斯族**波呂斐摩斯（Polyphemus）**吞食了。

Cynocephales
南‧東南亞

チノセパリック
犬頭人

中世紀歐洲人認爲住在印度或爪哇島上的犬頭人種。希羅多德的史書《歷史》中曾提及犬頭人，而老普林尼亦說明他們是「披著獸皮、說話如犬吠，以爪子作戰」的種族。十四世紀法國作家曼德維爾[29]（Sir John Mandeville），亦在作品《東方旅行記》中說爪哇島的居民「不論男女都長著狗頭，被稱作是犬頭族」。另外，馬可波羅[30]（Marco Polo）也宣稱曾見過此種族。

Da
中國

鼉（だ）
鼉

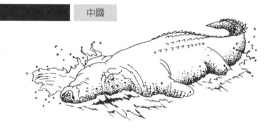

中國河川湖泊中的怪物，別名「豬婆龍」。形似鱷魚，身長6m以上，是河湖中的霸王。能變身成人，在江蘇某則故事中，鼉與狸貓（Tanuki）化身成小偷入侵某戶人家中，意圖綁走該戶人家的女兒。然而抓住牠們殺死後一看，小偷的屍體竟然變成了鼉與狸貓。至今揚子江中仍有鼉的存在，不過鼉實際上只是長約2m的小型鱷魚。

Daēva
伊朗

ダエーワ
提婆

瑣羅亞斯德教中侍奉邪神**安格拉‧曼鈕（Angra Mainyu）**的惡魔之總稱。這些惡魔平日的工作是在地獄裡虐待死者，有時也會爲了毀滅人類而出現在地上。本是地上的惡魔，但被瑣羅亞斯德打入地獄。較知名的提婆有以繩索套住死者頸部拖著走的亞斯圖‧威撒圖與威撒夏，以及負責看守地獄大門，總是喝得爛醉的惡魔昆達等等。

Dagon

ダゴン

大衰

密爾頓的史詩《失樂園》中的海之惡魔。上半身爲人，下半身是魚。原本是古代非利士（Philistine）人的神，聖經中亦載有其名。在洛夫克萊夫特[31]（H.P. Lovecraft）的作品當中是身高9m的巨人，全身長滿鱗片，手腳上均有蹼。在同一部作品中，除了大衰以外，還有許多相同樣貌的怪物登場，而大衰則是該族之王，隨時伺機征服人類世界。

Daidarabocchi

大太法師（だいだらぼっち）

大太法師

日本自古以來就存在的巨人。高聳入天，走過留下的足跡形成了一個個湖泊或沼澤。據說他曾把群馬縣的赤城山當成椅子在利根川洗腳。他的興趣是造山，榛名山與富士山都是他做出來的；製作富士山所需的大量泥土，是他在一旁挖洞取得的，因此形成了日後的琵琶湖。個性有點孩子氣，經常跺腳，形成了許多湖泊。

Daitengu

大天狗（だいてんぐ）

大天狗

天狗（Tengu）中最具神通的一種，別名「鼻高天狗」。大多住在修驗道[32]的山中。身穿山伏[33]（Yamabushi）的服裝與高腳木屐，手持羽毛團扇。臉色赤紅，鼻子極長，背上有翅膀。由自視甚高的高僧死後所變成。變成大天狗之後具有足以打破佛法的強大力量，甚至能隨心所欲地引發地震和戰爭，只需輕輕揮動羽毛團扇即成暴風。

Dantalian 歐洲

ダンタリアン
但他林

傳說中所羅門王撰寫的魔法書《雷蒙蓋頓》中列舉的
72名惡魔之一。頭上長了男女老少的無數張臉，現身
時手持書本。所持的書本中記載著所有祕密的解答以
及過去與未來之事，能回答召喚者的一切問題。此
外，但他林也善於窺知他人的心事，能準確地說出別
人心中所想之事。也能隨意製作出幻影。

Daoine Sidhe 愛爾蘭

ディーナ・シー
山中人

愛爾蘭的妖精。據說是由古代克爾特神話（Celtic
Mythology）中的諸神演變而來。原本的山中人體形
與人類相當，現在的形象雖然小多了，但還是比一般
妖精大。他們像騎士般騎著馬匹，愛好唱歌與舞蹈，
負責擔任騎士與守護妖精國等工作。山中人住在地
下、湖底或海中，有人說行船於海上時，若是見到海
底有道光芒緩緩上升，就可能是山中人回家的情景。

Decarabia 歐洲

デカラビア
單卡拉比

傳說中所羅門王撰寫的魔法書《雷蒙蓋頓》中列舉的
72名惡魔之一。受召喚時以魔法陣中的五芒星之姿出
現，此時僅具有形狀而沒有生命。會應巫師的命令變
成人類，並以裸體男子的姿態現身，巫師若沒有準備
衣物則會一直維持裸體的樣子。非常了解植物與礦
物，能回答所有相關的問題。也能借人鳥形的精靈作
為**魔寵（Familiar）**。

D

Delphyne

デルピュネ

德爾菲妮

上半身爲女性，下半身爲蛇，口能吐火的怪物。在希臘神話中，巨人泰風（Typhon）與宙斯對抗時切走了祂手腳上的阿基里斯腱，並將之藏在科里西安的洞穴裡（Corycian Cave），讓德爾菲妮負責守護。此外，也有說法表示德爾菲妮就是被阿波羅神打倒的德爾斐（Delphi）之巨蟒畢頌（Python）。而德爾斐這個地名便是由德爾菲妮的名字演變而來。

Demons

デーモン

惡魔

基督宗教中的惡魔。「demon」一詞的語源是希臘語的「daemon」（乃魂之意），雖然常與魔鬼（Devils）混同，但嚴格說來，惡魔與魔鬼應屬於不同系統的魔族。但就算沒明確地區分，一般所指的惡魔能力通常比魔鬼還要低，數量也比較多。像是爲數眾多的魔寵（Familiar）等邪靈，甚至是貓狗類的動物也包含其中。也就是說，惡魔在階級上低魔鬼一層，而魔鬼底下多半率領著大量惡魔。

Dēv

デーウ

得弗

古代瑣羅亞斯德教的惡魔提婆（Daēva）之後裔，乃夜行性的惡魔。外型十分多樣，但多半體形巨大，能拔起樹木破壞建築物。身體黝黑，有鉤爪，且長相醜陋。生氣時口鼻會吐出煙霧。據說他的身體是由風或火構成。得弗原本幾乎要被英雄塔夫姆拉斯王殲滅，最後以教導人類讀寫文字爲條件而得以倖免。

Devils

デヴィル
魔鬼

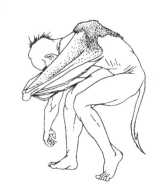

基督宗教的惡魔。雖然常與**惡魔（Demons）**混同，但魔鬼的語源其實是源自於希臘文「diabolos」（乃敵之意），嚴格說來兩者是屬於不同系統。魔鬼和普通的**魔寵（Familiar）**不同，地位比惡魔來得高，甚至有說法表示魔鬼底下率有大量的惡魔軍團。此外，這個詞也用來稱呼**路西法（Lucifer）**或**別西卜（Beelzebub）**等魔鬼。每個魔鬼都有各自獨特的模樣，不過他們多半與野獸相似，長了蹄與爪子，或是全身覆滿獸毛。

Dhampir

ダンピール
半吸血鬼

在東歐及俄國的民間傳說中，半吸血鬼乃是**吸血鬼（Vampire）**與人類生下的孩子。亦稱作「vampiir」。吸血鬼具有不死的能力，單以人類的力量是無法殺死他們的，只有半吸血鬼能夠殺死吸血鬼。或許是血脈相連的緣故，半吸血鬼擅長找出吸血鬼的所在位置。他們的外貌與人類無異，生下不久後就會夭折，能活下來的話則運用其天賦以驅除吸血鬼為職。死後也會成為吸血鬼。

Dodomeki

百々目鬼（どどめき）
百百目鬼

手腕上長有一百顆鳥眼的女妖怪。原本是人類，憑著手長之便當起了扒手，因此賺進一大筆錢，不久後手腕上就開始長出鳥眼。話說日本古代把中心有洞的錢幣稱作「鳥眼」，據說每偷一次錢，就會有一群鳥眼的精靈附著在手臂上。女子最後終於變成手臂上長了一百顆眼睛的妖怪——百百目鬼，出現在夜晚的街頭向人訴說自己悲慘的命運，最後露出長了一百顆眼睛的手臂嚇人。

D

Dökkálfar

デックアールヴ

黑暗精靈

北歐神話中住在地底的妖精之總稱，普遍譯作「黑暗精靈」。「álfar」乃精靈（Elf）之意，爲後來「elf」的語源。不同於住在天上的**光明精靈（Ljosalfar）**，黑暗精靈住在人類世界的地底下，常與**黑侏儒（Dvergr）**被視爲同一存在。在容貌上也與黑侏儒沒什麼差異，他們顏色黝黑，矮小而醜陋。性格不佳，會對人類惡作劇或害人受傷，有時也會讓人生病。

Dokukakujidaiou

独角兜大王（どくかくじだいおう）

獨角兜大王

《西遊記》中的牛頭妖怪，住在金兜山金兜洞裡的美麗樓閣中。樓閣在故事中是一個陷阱，獨角兜大王會在附近吹起寒風，使旅人入內休息，並讓他們穿上預先準備好的保暖衣物。然而這些衣物其實是繩索，一穿上就會被緊緊綁住無法逃脫。由於大王的腕力很強，再加上他擁有能吸入任何事物的金剛琢，因此與**孫悟空（Songokuu）**戰得不相上下。獨角兜大王的眞面目乃是一頭青牛，爲太上老君的坐騎，最後被太上老君收服帶回。

Dokuryuu

毒龍（どくりゅう）

毒龍

棲息於中國的龍。不過並非自古傳承的**龍（Ryuu）**，而是西洋的**龍（Dragon）**經由近東傳入中國。中國龍幾乎都帶有神聖的意義，但毒龍卻個性邪惡，會吐出火焰或毒煙害人。成書於十世紀的《太平廣記》[34]中有則故事說道，西域積雪山上的池子裡住著一頭毒龍，牠把百人之多的商隊全數殺光。不過毒龍似乎不敵高僧或具神通的人，最後通常會被這些人收服。

Domovoï 俄國

ドモヴォーイ

德莫否伊

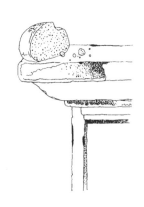

住在俄國家庭裡的精靈。喜歡待在家裡的暖爐旁邊。
外型與人相似，不過包括手掌在內全身都長滿了白
毛。有個住在地下室裡，名叫德莫威哈的妻子。能帶
給人類幸福，總是在人不知情的情況下幫忙完成農
事，或是發出叫聲提醒不幸事件即將發生。因此俄國
農村的人習慣在暖爐旁擺一片麵包，意在吸引德莫否
伊住進來。

Doppelgänger 全世界

ドッペルゲンガー

分身[35]

在眼前見到自己分身的奇異現
象。「Doppelgänger」一詞乃
是德文，不過此現象可見於世
界各地。又說是靈魂分離出現
在自己眼前所造成的現象，據
說見到分身者會逐漸衰弱最終導致死亡。也有說法表示見到分身的瞬間會因爲過
度震驚而死。女性似乎比男性容易遇到這種狀況，此外，只有自己能見到分身，
所以他人多半不知死者的死因。

Dorotabou 日本

泥田坊（どろたぼう）

泥田坊

鳥山石燕的畫集《今昔百鬼拾遺》中，住在田地裡的
獨眼妖怪。由於住在田裡所以滿身污黑，頂上無毛
髮，只有三根手指頭。出現時會從地面伸出上半身，
悲傷地呼喊著「還我田來、還我田來」。據說過去有
個老人住在北國以農業爲生，一生努力工作買了田地
後死去。但是他好吃懶做的兒子卻不喜歡工作，整天
只知道喝酒，把老人留下的田地全都賣掉。泥田坊就
是由忿忿不平的老人鬼魂變成的。

D

Double eagle

双頭の鷲(そうとうのわし)

雙頭鷹

常見於腓特列二世統治的神聖羅馬帝國或奧匈帝國的徽章上之雙頭老鷹。除了建設莫斯科的庫秋卡曾在當地見過飛於空中的雙頭鷹以外，鮮少被目擊。雙頭鷹多出現於徽章上，其姿態為身體正面朝前，張開雙翼，兩顆頭各朝向左右邊。與羅馬人信奉的雙頭神雅努斯（Janus）一樣，雙頭鷹也擁有看透過去與未來的能力。

Dragon

ドラゴン

龍

歐洲的龍之總稱。外型像是巨大的蜥蜴，背上長了蝙蝠般的翅膀。名字是由希臘羅馬時代的詞彙「Draco」演變而來（乃蛇之意），由此可知龍原本的模樣應該與蛇類似。隨著時代演進，龍也漸漸從二足蝙蝠翼演變到現在的四腳造型。性格邪惡，能從口中吐出火焰。此外也擁有神祕的魔力，淋到龍血者可擁有不死之身，而吃到龍肉者則能獲得預知未來的能力。

Dryads

ドリュアス

德莉亞斯

希臘神話中的橡木寧芙仙子（Nymph）。外型乃是美麗的女性。橡木從她們誕生時就開始生長，並隨著她們死亡而枯死。由於橡木在樹木中被認為是特別神聖的樹，且德莉亞斯們受到眾神的寵愛，因此古希臘人通常不會砍伐橡木。神話中有名男子因殺死了橡木上的德莉亞斯而受到詛咒，無論吃多少東西都不會滿足，甚至為了購買糧食而出賣女兒，最後是吞食自己的身體而死。

Dullahan

ドュラハン
無頭騎士

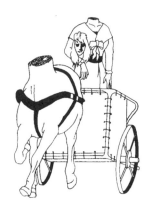

愛爾蘭與英國的不祥妖精。出現在人將死之際。外型
爲無頭的女性，有時也會把頭抱在腰際。現身時駕著
由無頭馬科西巴瓦[36]（Coiste-bodhar）拉的二輪馬
車，馳騁於村鎮的四周。在村鎮中繞行一番之後，就
會在目的地的家門前停下，屋內的人若聽到有人來訪
而出門迎接，無頭騎士就會對他們潑上一桶鮮血。

Dvergr

ドヴェルグ
黑侏儒

北歐神話中的矮人，也就是英語中的「Dwarf」。原
本是從原始巨人**尤彌爾（Ymir）**屍體中冒出的蛆
蟲，後來從神那裡得到了人類的智力與外型。黑侏儒
的外型醜陋，住在地底一個叫作史法特阿爾海姆
（Svartálfheim）的妖精國裡。他們是製造金屬器具
的天才，曾做出許多神奇的武器與財寶獻給諸神。例
如百發百中且會自動飛回手上的永恆之槍（Gungnir）
或能打碎一切事物的錘子等等。

Dvorovoi

ドヴォロヴォーイ
得弗洛否伊

住在俄國庭院中的精靈。由住在家中的精靈**德莫否伊**
（Domovoï）演變成。外型像人但全身毛茸茸，對人
類雖不親切但也不殘酷。平常很安靜，但心情不好時
會在庭院裡搞亂。討厭白色的動物毛皮，搞亂時只要
把白毛皮拋向他們，就會安靜下來。有時也會與人類
談戀愛，也曾與人同居。

Each Uisge　　　　　　　　　　　愛爾蘭

アハ・イシュケ

厄哈・烏斯吉

傳說中棲息於愛爾蘭或蘇格蘭高地地區的海中或鹽水
湖裡的馬怪。通常出現於晴朗的午後，並靠在岸邊吃
草，吸引少年少女們靠近騎乘。但是這頭馬怪背上有
不可思議的黏著力，一旦騎上去就無法下來。少年少
女們最後會被拖入水中吃掉，只留下馬怪不吃的肝臟
部位於次日浮上岸邊。

Echidna　　　　　　　　　　　　希臘

エキドナ

艾奇德娜

希臘神話中上半身爲美女下半身爲蛇的怪物。棲息於
阿卡迪亞（Arcadia）的洞穴內，露出美麗的上半身將
路過的旅行者誘入山洞吞食。最後被**百眼巨人**
（Argus）所殺，但她生前曾生下無數的怪物。其中較
有名的是地獄的看門狗**地獄犬（Cerberos）**、勒納
（Lerna）沼澤的九頭水蛇**海德拉（Hydra）**、混種怪
物**基邁拉（Chimaura）**、被伊底帕斯（Oedipus）打倒
的人面獅身怪**斯芬克斯**、涅墨亞的獅子**（The Nemean**
Lion）、看守黃金蘋果的龍拉頓（Ladon）等等。

Echo　　　　　　　　　　　　　希臘

エコー

愛珂

希臘神話中的森林**寧芙仙子**
（Nymph），爲非常愛說話
的美麗女性。因爲幫助宙斯偷
情而被憤怒的天后赫拉懲罰，
使得她無法正常說話，與人對
談時只能重複對方的話。後來，她愛上了青年納西瑟斯（Narcissus），卻因爲只
能重複所問之話而不被理睬。大受打擊的愛珂逃進森林的洞穴裡再也不出來，最
後過度悲傷而消失於無形，只剩下不斷反覆回答的聲音。

Edimmu
伊拉克

エディンム
埃提姆

古代蘇美、巴比倫的死靈。由死於非命者和死後未妥
善埋葬或舉行追悼儀式者的靈魂所變成。出現時會附
身在人身上，並爲人帶來疾病與災厄。大部分的埃提
姆遺骨均已喪失，無法好好埋葬祭祀，因此只能視他
們爲惡魔予以驅除。無固定形體，能變成任何形狀，
不過多半會變成蛇蠍類的不祥之物。

Eingana
澳洲

エインガナ
艾因加納

澳洲原住民彭加彭加族神話中的
精靈**虹蛇（Rainbow Serpent）**。
從世界創始之際就已經存在，當
時整個世界只有他一個人孤獨地
躺在無垠的沙漠中。後來因爲無

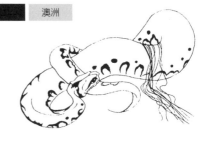

聊，就憑一己之力創造出世上的一切事物，最後創造出人類。但人類不知感恩地
想逃離他身旁，艾因加納因此在人類的腳跟上綁上繩索，直到現在繩索仍在艾因
加納的掌握中，一旦放開人類就會死亡。

Ekiki
中國

疫鬼(えきき)
疫鬼

是中國人對帶來瘟疫的**鬼（Ki）**之總稱，亦稱作「瘟
鬼」。只要疫鬼來到，該地就會流行瘟疫。由於沒有
明確的形體，因此其外型或說是像人或說是像獸。傳
說疫鬼會沿著牆壁移動，因此最好不要倚靠在有病人
家裡的牆壁上。此外，疫鬼害怕紅色豆子，食用摻入
紅色豆類的粥或紅豆飯就能有效地趕走他們，在門楣
上掛紅布也能發揮同樣的效果。

Elf

エルフ
精靈

傳說中，居住於歐洲山丘上或地底的妖精。隨著時代的演進，在一般人的觀念中多認爲他們是矮人般的大小，但在原本的傳說中，精靈的外型與身高與人類並沒有太大的差異，不論男女均年輕貌美，讓人一見傾心。背上的凹陷是與一般人類區別的特徵。喜好音樂，常群聚在山丘上跳舞作樂。據說也有部分的精靈會住在人類家裡惡作劇。

Ellyllon

英國

エサースロン
愛沙斯隆

英國威爾斯地方的小妖精，開朗而好照顧人，與**精靈**同類。最喜歡一種叫作「妖精的奶油」（fairy butter）的毒菇汁，因此這種毒菇所在之處附近一定能看到愛沙斯隆的居所。見到有麻煩的人就無法棄之於不顧，半夜會召集許多同伴來到人類家裡一邊嬉鬧一邊做家事。據說受他幫忙的家庭會越來越富有，一旦有人偷看他們嬉鬧的情景就會離去，雖然不會報復卻也不會再出現。

Empusa

歐洲

エンプーサ
恩普莎

中古歐洲的女巫之王——女神赫卡蒂[37]（Hecate）的隨從，爲專門輔助女神的**夢魔（Night-Mare）**（或說是女巫）。外型接近人類，但一腳是由青銅製成、另一腳則是驢子的糞便。手指的尖爪似鷹，背上有蝙蝠翼。常化爲美女誘惑旅行者，並予以吞食，或潛入寢室讓男子做惡夢，同時吸食男子的血，但只要怒罵她，她就會尖叫逃走。

Enagakure　　日本

柄長くれ(えながくれ)

長杓鬼

日本愛媛縣海域的**船幽靈**（**Funayuurei**）。以人類的
模樣集體出現靠近船隻，此起彼落地喊著「給我長
杓」。所謂的長杓是指附有長柄的杓子，如果眞的依
言交給他們，長杓鬼就會立刻拿它舀水入船直到船沉
沒。因此出海前必須先準備好無底的長柄杓。奄美大
島、福島縣等地均有類似的妖怪，只不過奄美大島的
幽靈是要人交出水桶。

Enkidu　　伊拉克

エンキドゥ

恩奇杜

於古巴比倫的《吉爾伽美什史詩》（Epic of
Gilgamesh）中登場的**山男**（**Yamaotoko**），爲創造
女神阿露露（Aruru）以黏土創造出來的。力大無
窮，與吉爾伽美什擁有同等的怪力。原本像野獸般在
草原上吃草飲水過活，遇見吉爾伽美什之後，兩人因
爲比腕力不分勝負而成了莫逆之交。曾與吉爾伽美什
聯手打倒杉樹林裡的怪物**芬巴巴**（**Hunbaba**），後來
又打倒了神創出的巨牛，不過也因此惹怒了神而被殺
死。

Enkou　　日本

猿猴(えんこう)

猿猴

棲息於西日本一帶的河川，外型類似猴子的**河童**
（**Kappa**），特徵是身體表面濕潤黏滑。猿猴會讓靠
近河川的人或馬溺斃，不過只要身上攜帶猴毛就能免
除一難。有時也會化成人類惡作劇，廣島市猿猴川上
的猿猴橋有這麼一則故事：某男子在橋上納涼時，有
位老婦走來攀談，但老婦在談話的過程中卻變得越來
越年輕，最後變成一個年輕姑娘挑逗男子。此時有人
在一旁大喊「是猿猴」，女子聞聲立即跳下水消失了。

Enraenra

煙羅煙羅(えんらえんら)

煙羅煙羅

寄宿在煙裡的日本妖怪。煙的形狀不定，無時無刻都
在改變，但如果煙裡出現令人毛骨悚然的形狀，就表
示煙羅煙羅現身了。鳥山石燕的《今昔百鬼拾遺》稱
之爲「煙煙羅」（Enenra），把他描繪成會從煙霧中
浮現可怕臉龐的妖怪。並說明幽緩上升的煙霧恰似在
風中飄蕩的羅（網目略粗的布料），故以此命名。

Enraou

閻羅王(えんらおう)

閻羅王

佛教的地獄及餓鬼道（貪心者死後落入的世界）之
王，又稱爲「閻魔王」、「閻魔羅王」。源自於古印
度的死神閻魔（Yama），隨著時代的演進，逐漸被
賦予恐怖的形象，最後變成了住在地獄裡的閻羅王。
通常被描繪成穿著鮮紅外衣，頭戴冠冕，留有長髯，
非常有威嚴的模樣。知曉死者生前一切行爲並據以裁
決功過，以決定死者之後的去處。

Ent

エント

樹人

托爾金的著作《魔戒》中最古老的生物之一。外型與
一般樹木無異，以枝枒爲手，根部爲腳，手腳的數目
和膚色依照個體而有所差異。故事中提到，在遠古以
前一般樹木都能自由行動，樹人就是當中最具代表性
的種族。他們可說是樹木的保護者，給予樹木工作並
限制它們不能爲非作歹，同時也不讓外人進入樹林裡
砍伐。

Enteishinnoushi

中國

炎帝神農氏(えんていしんおうし)

炎帝神農氏

中國神話中的帝王，三皇五帝時代（即神話時代）的
三皇之一。牛首人身，教人以鋤頭農耕，因此被稱爲
「神農」。具有火德（五行思想中的五種德行之
一），所以又稱爲「炎帝」。據說他嚐遍了地上所有
植物，只爲了試驗是否有毒性及療效。因此他也是最
早的藥品發現者。

Erinnyes

希臘

エリニュス

復仇女神

希臘神話中的三女神，名字分別是阿勒克托
（Alekto）、麥格拉（Megaira）、提西福涅
（Tisiphone）。三位女神皆爲擁有一頭灰色蛇髮的醜
陋老太婆。住在地獄裡，一旦發現犯下殺害親人重罪
的人，不管罪人逃到天涯海角都會追上，並且將他逼
瘋。例如麥錫尼王阿迦門農（Agamemnon）之子俄
瑞斯特斯（Orestes）爲報父仇而殺了母親克呂泰涅斯
特拉（Clytemnestra），復仇女神們得知之後，就化
成身上長滿蛇的猛犬追殺他。

Eurynome

歐洲

エウリノーム

歐瑞諾姆

以《地獄辭典》一書聞名的普朗西所構想出的惡魔。
歐瑞諾姆乃尖耳銳鼻的老人，頭上長了細長的角，瞪
大的雙眼中射出銳利的目光。外型與人類相近，但手
指腳趾均非常細長且帶有尖爪。除了背上披著狐狸毛
皮製成的披風以外，身上不著一物。外貌整體說來並
不特別具有威嚴，卻是支配所有死者的高級惡魔。

Fachan 英國

ファハン
法坎

蘇格蘭高地的妖精。又名為「吉里赫」。獨眼獨腳獨
臂，手臂長在胸前。頭頂光禿，下巴長了長長的鬍
鬚，身上纏著鹿皮當作衣服。有人說他們是類似邪惡
地精（Goblins）的小怪物。也有人說他們是塞爾特
神話中的巨人**弗摩爾族（Fomorians）**的後代，身體
像巨人般巨大。

Fafnir 北歐

ファーブニル
法夫尼爾

北歐地方傳說中的惡龍，最後
被英雄西格爾（Sigurd，德國
名則是齊格飛）打倒。根據成
書於十二世紀的《佛爾頌英雄
傳》（Volsunga Saga）的描

述，法夫尼爾帶有劇毒，走路能撼動大地。文中對於牠的外型並無詳細的描述，
只知牠就像是巨蛇長了腳的樣子。毒龍的心臟有神奇的功效，西格爾吃了之後變
得聽得懂鳥語，同時也成為世界上最聰明的人。

Familiar 歐洲

使い魔（つかいま）
魔寵

聽從巫師命令行事的精靈或動物之總稱。不只是下級
精靈，連貓狗等常見的動物也常被當作魔寵使喚。而
魔寵中不具實體的精靈則稱為**魔靈（Agathion）**。這
種魔寵與《天方夜譚》中登場的神燈精靈相同，平時
被封印在瓶子或戒指中，需要時才被呼喚出來做事。
由於什麼事都能交代魔寵去辦，因此女巫們也常讓魔
寵幫忙作家事。

Far Darring

ファー・ジャグル

紅衣仙

愛爾蘭的妖精。與**鞋仙**（Leprechaun）、**酒窖仙**（Cluricaune）等妖精相似，或拼作「Far Darrig」，乃穿紅衣者的意思，體形與小孩相當，身穿紅衣紅帽。會拜訪人家要求人讓他在火爐旁取暖，如果拒絕請託就會有不祥的事件發生。若答應他則會每晚來訪，該戶人家也會因此而變得幸運。有時也會做出把屍體放在人背上之類的可怕惡作劇。

Faunus

ファウヌス

佛諾努斯

羅馬神話中的田園之神。與希臘神話中的**潘**（Pan）一樣，上半身為人，下半身為山羊，頭上長了羊角，因此常被與潘或**撒泰爾**（Satyrs）視為同一存在。具有預言的能力，在羅馬人與埃特魯里亞（Etruria）人交戰時曾預言羅馬人會占優勢，引導他們獲得最後的勝利。有時也被認為是財寶之神，或說他是**夢魔**（Night-Mare）的一種。

Fay

フェイ

仙女

熟知魔術的美麗女妖精。據說法國與英國境內有許多仙女存在。她們的外型與普通人類女性無異，多住在森林中的泉水旁。仙女們熟知魔術、草藥、寶石等知識，並靠這些知識獲得莫大的財富，也藉此青春永駐。不像女巫那樣令人畏懼，據說幫助灰姑娘的也是一位仙女。而騎士故事中有名的仙女有**仙女摩根**（Morgan le Fay）與**薇薇安**（Vivian）等等。

Fenoderee 英國

フェノゼリー

費諾德利

曼島上的妖精。全身毛茸茸，體格碩大，力氣非常大。原本是妖精**布勞尼（Brownie）**，但由於太熱中於與人類的少女跳舞而忘記了妖精們的秋收慶典，因而被其他同伴趕出去。與布勞尼一樣會幫忙農場的工作，不過一做起事來就會不顧一切，繞遍島上所有農場幫忙。與其他妖精相似，給他食物作為報酬就會收下，送他衣服則會離去。

Fenrir 北歐

フェンリル

芬里爾狼

於北歐神話中登場的巨狼。張開嘴巴時上下顎可觸及天地，不斷地從眼睛與鼻子裡冒出火焰來。與世界蛇**約爾孟甘德（Jormungand）**及女怪海爾（Hel）是兄妹，為邪神洛奇的孩子。個性非常凶暴，因此眾神拜託**黑侏儒（Dvergr）**們做出魔法繩（Gleipnir）綁住牠，使之無法作怪。但是當世界末日來臨時，芬里爾就會掙脫繩索，毀滅人類世界。

Fîdama 日本

フィーダマ

火魂

日本沖繩縣的火球妖怪。是由人死後的靈魂所變成，據說會飄往冥界。模樣與日本各地傳說中的**人魂（Hitodama）**相同，不過有時也會像鬼火一樣呈現球狀，或者是類似鳥類、蝴蝶的形狀。不知為何會棲息在廚房沒加蓋的瓶子裡，而這些藏在家裡的火魂有時也會飄出來引起火災。據說**西薩獅（Shîsâ）**就是用來嚇阻火魂入侵的雕像。

Firedrake

ファイアー・ドレイク

火龍

棲息於英國的**龍（Dragon）**。口能吐火，守護著藏
在洞穴或墳墓裡的寶物，據說是由火焰精靈或死者的
靈魂變成。如名所示，火龍全身被火焰包圍，當牠從
天而降時整個天空被照得有如白天。如果在陰天厚厚
的雲層上看見一道奇妙的光飛過，很有可能就是火龍
經過此地。另外也有人說火龍是冷雲與熱雲交會時生
出來的。

Flauros

フラウロス

佛勞洛斯

傳說中所羅門王撰寫的魔法書《雷蒙蓋頓》中列舉的
72名惡魔之一。外型似豹，多被呼喚出來對抗其他巫
師召喚來攻擊自己的惡魔。會傳授人擊退惡魔的方法
或親自出面迎戰，也能與人類交戰，會燒死敗在自己
手下的人。此外，佛勞洛斯通曉未來之事，會為人詳
細解說。不過根據其他惡魔的說法，佛勞洛斯只要一
離開召喚時的魔法陣就會滿口胡說八道。

Focalor

フォカロル

佛卡洛

傳說中所羅門王撰寫的魔法書《雷蒙蓋頓》中列舉的
72名惡魔之一。擁有人類的外型，但背上長了怪物**鷹
獅（Griffon）**的翅膀；或說是以騎著鷹獅的人類之
姿出現。會百般不願地聽從召喚者的命令。他頭髮似
海草身上有鱗片，乃是海洋的支配者，同時也是可怕
的殺人魔，殺死對手後會棄屍於海中。除此之外，也
能掀起海浪使人溺斃。原是座天使，夢想著有朝一日
能重返天國。

Fomorians

フォモール族（フォモールぞく）

弗摩爾族

塞爾特神話中的巨人族。自古就棲息於愛爾蘭，與外
來的神族之間爲了爭奪島的統治權而有過無數的戰
爭。頭部爲山羊、牛、馬等獸頭，外貌醜陋，個性也
十分邪惡。弗摩爾族中特別有名的有只有身體的奇哥
爾（Cichol）、沒有腳的肯科斯、視線能殺人的**巴羅
爾**（**Balor the evil eye**）等等。弗摩爾族的後裔後來
變成妖精在蘇格蘭住了下來，直到現在見到外來者仍
會向他們丟石頭。

Foras

フォラス

佛拉斯

傳說中所羅門王撰寫的魔法書《雷蒙蓋頓》中列舉的
72名惡魔之一，別名「佛卡斯」（Forcas）。受人召
喚時會以普通人的樣子出現。徹底瞭解石頭與草藥在
魔法上的效力及醫療上的功用，除了傳授人這類知識
以外，也能教人修辭學、邏輯學、數學，甚至是隱身
術。此外，他也會讓徹底崇拜自己的人長壽。在地獄
裡統率29個軍團。

Forneus

フォルネウス

佛鈕司

傳說中所羅門王撰寫的魔法書《雷蒙蓋頓》中列舉的
72名惡魔之一。以全身覆滿鱗片的人類之姿現身，有
時也會抱著溺死者的屍體出現。只有受到命令時才會
以人類的樣子出現。原本是座天使之一，現在則是地
獄的公爵。能傳授人所有與語言、修辭學、科學、藝
術等有關的學問。能消除敵對者之間的恨意，使兩人
相互愛戀。

Frankenstein

フランケンシュタイン
科學怪人

於英國作家瑪麗・雪萊38
（Mary Wollstonecraft
Shelley）的小說《科學怪人》
（Frankenstein）中登場的怪
物。「Frankenstein」其實是

製造出此怪物的大學生之名字，不過各地卻常以此名來稱呼該怪物。科學怪人是
以人的屍體做成，身高2m以上。因爲是以多具屍體爲材料，因此身上有許多縫
補的痕跡，而皮膚上也可見到透明的血管與肌肉。小說中的怪物因爲耐不住沒有
同伴的孤獨而變成了殺人魔。

Fukki

伏犧（ふっき）
伏犧

中國神話中的男神。上半身爲人，下半身爲蛇。據說
祂原本與中國造人神話中的女神**女媧（Joka）**是人類
的兄妹。當大洪水發生時，所有人類皆滅絕，只有祂
們乘著葫蘆做成的船存活下來，後來兩人結婚，成爲
了人類的始祖。另一種說法則表示伏犧爲**雷神
（Raijin）**之子，制訂八卦，並教人類使用火來烤熟
食物。

Funayuurei

船幽靈（ふなゆうれい）
船幽靈

夜裡航海時成群攻擊船隻的幽靈。據說死於海難的人
若無法獲得超渡就會變成船幽靈。船幽靈見到船隻經
過就會聚集起來靠在船隻的舷上，向船員乞討杓子。
如果眞的如他們的要求交出杓子，就會用它舀水入船
使船隻沉沒。因此船員們會準備無底的杓子應付。據
說有些船幽靈也會變成船的樣子，使載有活人的船隻
遇難。

Funyou 中國

賣羊（ふんよう）

賣羊

春秋時代（西元前722～西元前481年）發現於山東的土之精（**Sei**）。根據四世紀左右的志怪小說集《搜神記》的記載，魯國大夫季桓子掘井時挖出一個土瓶，瓶中裝了類似羊的生物。季桓子感到不可思議，於是派人請教孔子。孔子說明這羊怪是土之精，古人稱之為賣羊。

Furaribi 日本

ふらり火（ふらりび）

飄火

看起來像是被一團火焰包圍的鳥。鳥山石燕的《畫圖百鬼夜行》中將飄火畫成火焰中的似鼠怪鳥。飄火雖為鳥形，但飛行速度奇慢，只能像蚊子般飄搖不定地慢慢飛行。飛行時會發出光芒的怪鳥其實並不少見，在日本各地山間村落之中就謠傳著有隻身上有12道橫斑的古老山雞渾身發出火焰。只是飄火嚴格說來並非會發火的鳥類，而是火的妖怪。

Furcas 歐洲

フールカス

弗爾卡斯

傳說中所羅門王撰寫的魔法書《雷蒙蓋頓》中列舉的72名惡魔之一。外型為外表凶狠、留有長鬍鬚的老人，出現時騎著蒼白的馬匹，手持著長槍或大鐮刀，有時會以這些武器殺人。被殺者會被帶到地獄作為他的奴僕。個性雖然殘暴，卻非常多才多藝，他精通手相、火占術、天文學、哲學、修辭學、邏輯學等學問，並且會鉅細靡遺地傳授給召喚者。

Furfur

フールフール
弗爾弗爾

傳說中所羅門王撰寫的魔法書《雷蒙蓋頓》中列舉的
72名惡魔之一。上半身爲人，下半身爲鹿，頂著顆長
有大型鹿角的鹿頭，背上有翼，尾巴是紅色的蛇尾。
有時也會以**天使（Angels）**的姿態出現。能使夫婦間
的愛意更加濃厚，也能看穿祕密。不過他很會說謊，
如果要他說實話則需以咒語下達命令。只要巫師命令
就能隨心所欲地控制雷電。

Furusoma

古杣（ふるそま）
古樵

在森林中發出伐木聲的妖怪。只有聲音存在，因此可
說聲音就是妖怪本身。常出現在日本各地的山谷處。
據說在樵夫們下山後的夜裡，會從古樵出沒的山區傳
來喀喀的砍木聲，與沙沙的樹倒聲。偶爾還夾雜著
「樹倒了——」的喊叫聲。聽到這些聲者的人均感到
不可思議，但翌日到傳出聲音的地方卻什麼都沒看
到。

Fusuma

衾（ふすま）
衾

日本新潟縣佐渡島上的妖怪。據說外型類似鼯鼠。乃
是喜歡妨礙行人的妖怪，半夜會從背後飛來用布巾包
住人的頭部，而且布巾極其堅固，不管用什麼利刃都
無法割破。不過只要用曾染黑過的牙齒就能輕易地咬
破。不知道是不是因爲這個緣故，一直到江戶時代佐
渡的男子都還有染齒的習慣。

Futakuchionna

二口女（ふたくちおんな）

二口女

後腦勺長了嘴巴的妖怪。後方的嘴巴比臉上的還大，
且會大量地攝取米飯。據說繼母若虐待前妻的孩子，
不讓他吃飯而餓死的話，就會生下二口女這種怪物。
二口女通常會以長髮遮掩住後腦勺的嘴巴，因此表面
上看來與普通女性無異。四下無人時後面的頭髮就會
自動分開，如同雙手一般拿起食物送進嘴裡。

Futsutachi

経立（ふつたち）

經立

由具有靈力的動物變成的妖怪。日本東北地方的人認
為所有動物活到一定歲數後都會變成經立。隨著動物
種類的不同，能力與行動也會有所不同。例如雞老是
被人取走雞蛋，因此變成經立後因為無法忘記這個怨
恨，而啄死飼養者家的孩子。而長期被獵人槍枝威脅
的猴子則會將松脂塗在身上，使毛變得如鎧甲般堅
固，用以抵擋槍枝的子彈，然後到村落裡擄走女性。

Fuujin

風神（ふうじん）

風神

指日本自古以來的風神，如大國主神（Ookuninushi-no-
Mikoto）之子建御名方神（Takeminakata-no-Kami）或
伊邪那岐（Izanagi-no-Mikoto）之子級長津彥（Shinat-
suhiko）等等。佛教傳入後，風神的形象漸漸變成可怕
的鬼神，模樣也變得與鬼（Oni）類似，甚至會從背上的
皮袋吹出風來。帶領許多惡靈在日本各地吹起鐮風、一
目連、北東風、穴風（Anaji）等魔風，帶來疾病與使農
產歉收。若以鐮刀把風切斷就能使風神的力量減弱。

Fuuseijuu
中國

風生獸（ふうせいじゅう）

風生獸

烈火不侵，外型如豹的怪物。又名為「風狸」。根據
宋代的道教百科《雲笈七籤》的記載，風生獸棲息於
炎州（吐魯番）。或說牠長得像貂。大小與狸貓相
當，全身覆滿青毛，即使入薪火之中也不會被燒傷，
刀砍亦不死。如以鐵鎚不斷敲擊其頭部雖能使之暫時
死去，但風一吹過又會再度復活。風生獸的腦極補，
食者能延命500歲。

Gaap
歐洲

ガアプ

慨布

傳說中所羅門王撰寫的魔法書《雷蒙蓋頓》中列舉的
72名惡魔之一。別名「塔布」（Tap）。外型類似人
類，身旁帶著四名王者，於正午時出現。也有人將他
畫成頭上長了雙角，背上有蝙蝠翼的姿態。只要巫師
要求，就能在兩人之間挑起愛意或憎恨，為人帶來和
平或挑起紛爭，也能讓人隱形或瞬間移動到某處。為
統治地獄西方的王者，領有60個軍團。

Gabriel
歐洲

ガブリエル

加百列

基督教四大天使之一，在猶太教與伊斯蘭教中也是重
要的天使。據說其身體是由火焰構成，曾降下地獄之
火燒毀所多瑪（Sodom）、蛾摩拉（Gomorrah）兩座
城市。此外，在「天使報喜」（Annunciation）故事
中向聖母瑪麗亞報告她體內懷有耶穌的天使也是他。
由此可知加百列是守護嬰兒的天使，在嬰兒留在子宮
中的期間守護著嬰兒的靈魂。另外，他也會在世界末
日時吹響喇叭令死者復活，為最後的審判做準備。

F
G

Gaki
日本

餓鬼（がき）

餓鬼

在佛教世界中，人死後墮入餓鬼道變成的怪物。外型
與人類相近，但腹部極端膨脹，其餘部分則非常瘦
弱。餓鬼道乃在精神上與物質上充滿貪欲者死後墮入
的世界，雖沒有像地獄那麼痛苦但也有許多刑罰。最
基本的刑罰就是飢渴，餓鬼們總是不斷徘徊尋找食物
與水。有時也會出現在人類世界向人索討。

Gallas
伊拉克

ガルラ

迦剌

古代蘇美與阿卡德（Akkad）神話中的冥界精靈。聽
從冥界女王埃蕾什基伽兒（Ereshkigal）的命令行
事，有時也會聽命到地上捕捉活人。捕捉人類時會團
體行動，對妨礙的人毫不留情。據說迦剌可分為善惡
兩種，或說分為大小兩種，一種像槍一樣細長，另一
種則像蘆葦筆一樣細長，但正確的外型究竟為何並無
明確描述。

Gamygin
歐洲

ガミギン

加麥基

傳說中所羅門王撰寫的魔法書《雷蒙蓋頓》中列舉的
72名惡魔之一。以小馬或驢子的姿態現身，專長為降
靈術，能呼喚出死者的靈魂，對有事想問已世者的人
而言非常有用。據說特別擅長呼喚死於海中的靈魂。
加麥基有時也會以人類的樣子出現，能回答人所有關
於學問的問題。乃是地獄的大侯爵，統率30個軍團。

Ganconer

ガンコナー
甘寇納

愛爾蘭的妖精。會一個接著一個地誘惑女性，因此又被稱作求愛惡魔。以青年之姿現身，叼著菸斗出現在人煙稀少之地，一出現就向年輕女性求愛，而被求愛的女性個個都會愛上甘寇納。但過不了多久他就會消失得無影無蹤，這些女性最終會因為受不了失戀的煎熬而死去。也有人說他的樣子其實是個老人，只是靠著魔力操縱女子們的愛情。

Gandharva

ガンダルヴァ
乾闥婆

波斯神話中的怪物。擁有黃金的腳踵，一口就能吞下十二個人，最後被英雄庫魯撒斯巴打倒。在印度神話中也見得到他的蹤影，在當中乾闥婆是上半身長有翅膀的人類，下半身為鳥足之半神，並明確地說明他是男性。與人類間的關係相當友好，在天界中負責為眾神演奏音樂。天界的舞孃 —— 妖精**阿布沙羅絲**（**Apsaras**）是他的妻子，夫婦倆住在神聖的榕樹上。

Ganesa

ガネーシャ
伽尼薩

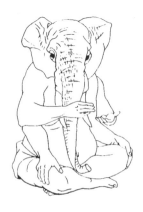

印度的人身象頭神。別名「群主」（Ganapati）。具有四隻手臂，大腹便便，兩根尖牙的其中一根有缺損。此外，祂的坐騎是一隻老鼠。據說伽尼薩為濕婆神之妻帕瓦娣（Parvati）以自身的皮屑造成，最初為人形，在一次與濕婆的爭執中被砍下頭顱而死，後來安上象頭才再度復活[39]。印度人奉祂為商業之神，至今仍香火鼎盛。

Gangikozou
岸涯小僧（がんぎこぞう）
岸涯小僧

出現於河邊，以銳利的鋸齒狀牙齒發出撕裂聲啃噬著
魚的妖怪。牙齒形狀類似雁木（念做「gangi」，即
鋸子），故取同音字稱為岸涯（Gangi）小僧。鳥山
石燕的畫集《今昔百鬼拾遺》將之描繪成除了腹部和
胸部以外全身長滿毛髮，手足間有蹼，長有尾巴，近
似猴子的樣子，並說明他的牙齒像挫刀一樣銳利。外
型與**河童（Kappa）**非常相近，但頭上並無盤子。有
人認為岸涯小僧說不定與山口縣附近一種稱作**猿猴
（Enkou）**的河童是同類。

Garappa
ガラッパ
葛拉帕

住在鹿兒島縣與奄美大島一帶的**河童（Kappa）**，別
名「葛烏魯」或「葛拉魯」。和普通的河童一樣頭上
有個盤子，特徵是身體極細，手腳極長，達體長的兩
倍以上。春分前後40開始住在河川或海邊，到了秋分
前後則改住到山上。據說只要有人說他壞話，必定會
傳入他耳裡並且前來報復，另一說葛拉帕口臭非常嚴
重，聞到者均難以忍受而昏倒等等。不過如果能與他
交好，就能釣到非常多魚。

Gargoyle
ガーゴイル
石像鬼

歐洲的基督教教堂牆壁上常見的怪物形石像。有的是
長了翅膀的龍，有的是人與鳥的混合體，種類非常
多。之所以做成可怕的造型是因為要趕走邪靈，同時
也告誡信徒要虔誠，否則就會被石像鬼吃掉。原本的
用途是做為下雨時的排水口，雨水會集中到石像處流
出。

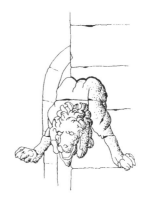

Garm

ガルム
加爾姆

北歐神話中看守冥界尼弗爾海姆（Niflheim）入口的
猛犬。外型就像一匹猙獰的狼，胸前沾滿被殺者的
血。住在冥界入口附近的葛尼帕赫利（Gnipahelli）
洞穴裡，負責趕走任意靠近冥界的人。被視為北歐神
話中最凶猛的狗。當北歐神話中的最後戰爭「世界末
日」（Ragnarök）來臨時，牠會釋放冥界之風向人類
世界發動攻擊，最後會與提爾（Tyr，乃是星期二
Tuesday的字源）神交戰，並且雙雙陣亡。

Garuda

ガルダ
迦樓陀

印度神話中鷹頭人身的神鳥，具有鳥喙、羽翼、人足
與利爪。能隨意變換身體的大小。為古代印度史詩
《摩訶婆羅多》中最偉大的鳥王，因為在與**毗濕奴**
（Vishnu）、因陀羅的戰鬥中發揮出對等的實力，而
得到眾神的友情，後來以毗濕奴坐騎的身分活躍。此
外，由於毗濕奴乃是太陽神，所以迦樓陀也被稱為太
陽鳥，以牠的金翅膀由東到西運送太陽。

Gashadokuro

ガシャドクロ
巨骸

由眾人的怨念聚集起來形成的巨大骷髏妖怪。奈良時
代（710～784年）與平安時代，勞役死亡的屍骸被棄
置於都城外圍。而這些骷髏的靈魂聚集起來，就變成
了巨大的骷髏妖怪——巨骸。巨骸常漫步於夜裡的荒
野，使趕夜路的旅人們受到驚嚇。另外，佛教故事集
《日本靈異記》中亦有一則巨骸受到不相識的行人祭
拜，而心懷感恩向之道謝的故事。

Gawairo　日本

カワイロ

河夷羅

日本岐阜縣傳說中住在河川或池塘裡的**河童**
（**Kappa**）。會變成小孩與人比賽相撲，雙手相連，
一扯便會整隻脫落，特徵與普通河童並無不同。比較
特別的是河夷羅頭上的盤子裡盛有毒液，毒液滴入河
中河水就會變得黏糊糊的，使得入河的人無法離開水
中，河夷羅就趁此機會奪走人的尻子玉[41]。岐阜縣另
有一種叫作「河衣羅」（**Gawaera**）的河童，外型類
似猴子，會作怪騙人。

G

Geflügelterlindwurm[42]　歐洲

リンドブルム

翼龍

能飛空的有**翼龍**（**Dragon**）之總稱。無翼的則稱爲
「**Linddrache**」。翼龍鱷魚般的長嘴巴裡長了整排尖
銳的牙齒，背上長了蝙蝠般的翅膀，尾巴上有箭頭狀
的突起。中世紀以後常將牠繪於紋章上，具有雄赳
赳、毫不寬恕的意思。翼龍與天空的關係密切，據說
閃電或流星就是牠們發出的光芒。

Genbu　中國

玄武（げんぶ）

玄武

古代中國傳說中的**四靈獸**
（**Shireijuu**）之一，是一種具
有神性的怪物。乍看之下是烏
龜，但其實是龜蛇的綜合體，
古代的壁畫或陶壺上經常繪成

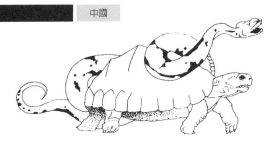

龜身上纏繞著蛇的形象。在中國的五行思想中被視爲北方之神，北方代表著黑
色，因此稱爲「玄」（黑色），背著龜甲長於防守，故稱爲「武」。古代人認爲
世上有360種甲殼昆蟲類，而玄武乃此類之首。

Geryones

ゲリュオネウス
革律翁

於希臘神話中登場的巨人。亦稱作「Geryon」。外型為三個腹部相連的男子，每個人都各有一對手腳。住在厄流特依亞（彩虹島）上，並任命**雙頭犬**（**Orthrus**）看守自己所飼養的牛隻。但赫拉克勒斯卻前來偷走牛群（十二功業之一），雙方因此在安泰姆斯（Anthemus）河畔對戰，最後被赫拉克勒斯的弓箭射死。

Ghost

ゴースト
鬼魂

歐美對幽靈、亡靈、死靈等的總稱。外型就像人用一大張白布把全身包住似的。不具實體，能化成各種模樣。鬼魂多半是對這世間留有遺恨而想要報復，或者是因為生前之罪而無法上天國者所形成。不過鬼魂似乎也有壽命，通常經過400年後就會消失。另外，鬼魂也有其他稱呼，如「Specter」、「Phantom」等等。

Ghul

グール
食屍魔

阿拉伯的吸血鬼。據說是墳場裡的屍體被**鎮尼**（**Jinn**）入侵後變成的活屍。由於是屍體變成的，所以和吸血鬼德古拉、人類的樣子非常接近。男性食屍魔十分醜陋，但女性則相當美麗，經常藉著性的魅力誘惑男性然後吃掉他們。也有傳說表示食屍魔與**夢魔**（**Night-Mare**）很接近，他們會從鑰匙洞穿入男女的房間裡，啃噬他們的心臟，藉以獲得性的快感。

Giba

馬魔（ぎば）

馬魔

乃是一種只攻擊馬匹的魔物。以身穿紅色衣服頭戴金色頭飾的美女姿態現身，騎在金綠色的小馬上，毫無預兆地從天飄降。馬魔一現身就朝路上的馬匹撲去，接著美女嫣然一笑，魔物就此消失於無形。而被魔物撲上的馬匹則會發狂似的往右旋轉三圈後暴斃。馬魔經常出現在春夏交替、天氣變化劇烈的日子，專門攻擊四、五歲的公馬。

Gigas
希臘

ギガース

吉格斯

於希臘神話的巨人戰爭中登場的怪物。蓬髮長鬚，雙足為大蛇。身穿金光閃耀的鎧甲，手持長槍，體形巨大，擁有無敵之力，對於征戰之事毫不畏懼。阿波羅多羅斯在《希臘神話》（Bibliotheke）中列舉了厄匹阿特斯（Epialtes）、克呂提奧斯（Klytios）、米瑪斯（Mimas）等14個吉格斯之名。當中最強的就是阿克磊奧斯（Alkyoneus）。另外，吉格斯們只要不離開領地帕倫尼（Pallene）就絕對不會敗北。

Girtablulu
伊拉克

ギルタブリル

基塔布碌碌

古巴比倫神話中的半人半獸怪。上半身與腳部為人，腰部為蠍子，尾巴為蠍子。基塔布碌碌是一種聖獸，牠手持弓箭的形象曾被描繪在新巴比倫王朝的界碑上。《吉爾伽美什史詩》裡則說牠是通往天界冥界的馬修山上的守護者。當吉爾伽美什來到此山時，基塔布碌碌只看了他一眼，就看穿他是半人半神。

Glashalabolas

グラシャラボラス

格剌希亞拉波斯

傳說中所羅門王撰寫的魔法書《雷蒙蓋頓》中列舉的72名惡魔之一。別名為「卡喀里諾拉斯」（Caacrinolaas）。以犬身鷹獅（Griffon）翼的樣子出現。有時也會變成犬牙蝙蝠翼的中年男子，但因為口中有獠牙而無法流暢地說話。能傳授人一切學問及過去與未來的知識，也能賦予人隱形的能力，不過他也會唆使人殺人。統率地獄36個軍團。

Gllylus

グリルス

複面鷹

一種不能飛的怪鳥。外型與老鷹相仿，腹部生有人臉，背上則有虎頭，因此無法順利拍動翅膀。或說牠身上長的是山羊或公鹿的臉，而且還帶有美麗的犄角，看起來就像是鳥類版的基邁拉（Chimaira），非常不利於飛翔。因此複面鷹只能像雞一樣在地上走動。

Gnome

ノーム

侏儒

瑞士的鍊金術師帕拉塞爾蘇斯構想出代表土元素的人形精靈。不過現在多被與黑侏儒（Dvergr）或礦精（Knocker）視為同一存在，是一種住在地底的妖精。身長約12cm，服裝華美，帶著紅色的三角帽，身穿藍色的上衣。男性都留著及胸的長鬚，女性則是人人肌膚光滑美麗，但過了350歲後就會開始長出細毛。他們與其他住在地底的妖精相同，熟知金銀的礦脈所在。

Goblins

ゴブリン

地精

住在英法等國的洞穴或礦坑底下的妖精。外型與人類
相同，容貌極醜，即使成年也只有30cm高。性格邪
惡，老是嚇人或惡作劇，因此其他妖精若被誤認成地
精的話會很生氣。地精也會住進人家裡，牛奶裡如有
木屑掉入必須馬上清理掉，因為這種邋遢的家庭正是
地精的最愛。

G

Gogmagog

ゴグマゴグ

歌革瑪各

很久很久以前，在英國還被稱作阿爾比恩[43]（Albion）
的時代，英國西南部住著一個巨人族。這些巨人們身
材高而大，手持棍棒就能搗毀帆船，但人數卻在逐漸
減少。而歌革瑪各就是巨人們的領袖。後來一個來自
於義大利，名叫布魯圖（Brutus the Trojan）的特落伊
人，想在英國建立起人類國度，因而與巨人對抗，據
說他就是活躍於特落伊戰爭中的英雄埃涅阿斯
（Aeneas）的後代。

Gogyanaki

ゴギャナキ

哭嬰爺爺

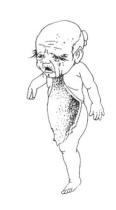

出現在日本德島縣或高知縣山區的**子泣爺爺**
（Konakijijii）。只有一隻腳，會發出像嬰兒般的哭
聲，漫無目的地四處晃。有時也會變成嬰兒的樣子出
現。見者若心有不忍將之抱起，就會忽然變重，且被
緊緊黏住無法擺脫。此外，也有說法表示此怪物一哭
就會引起地震。哭嬰爺爺與子泣爺爺有許多相似點，
在某些地區甚至會把兩者視為同一存在。

Gohoudouji 　日本

護法童子(ごほうどうじ)

護法童子

祈禱師對抗附身在人身上的妖怪時所驅使的鬼神，簡稱爲「護法」。這些鬼神多以童子的姿態出現，故稱爲護法童子。祈禱師讓護法童子附身在附有妖怪的病人身上，使兩者交戰藉此趕走妖怪。例如於《信貴山緣起繪卷》中登場的名爲「劍之護法」的護法童子，便穿著以劍編成的衣物，右手持劍，左手持索，把附在醍醐天皇（即位於897年）身上的怪物趕走。

Golem 　西亞

ゴーレム

魔像

猶太律法學者44做出的能自行活動的土偶。以泥與水混合做成身體，然後將寫著神之名的紙條放入土偶舌下便能使之活動。魔像不具靈魂也無法理解人的語言，但會遵從命令行動。只要將其口中的紙條取出就會停止。但若忘記取出紙條就有可能會作亂。神以泥土創造出亞當，因此尚未被賦予靈魂的亞當可說是這世上最早的魔像吧。

Gomory 　歐洲

ゴモリー

格莫瑞

傳說中所羅門王撰寫的魔法書《雷蒙蓋頓》中列舉的72名惡魔之一。乃是72名惡魔中唯一以女性姿態出現者。外型乃是一個紅髮美女，頭戴金冠，身穿白蕾絲與黑絨布的衣服，騎著駱駝現身。通曉過去與未來之事，能指示人埋藏黃金的地點。最大的特色是能讓人獲得女性的青睞。因此有許多男性爲此召喚她現身。

Gongo

ゴンゴ

公哥

棲息於日本岡山縣岡山市河川裡的**河童（Kappa）**。或說外型類似小孩，頭上有盤；或說外型似龜，左右手相連，一扯就會一併脫落。作小孩模樣時喜歡相撲，見到有人靠近就會向他們挑戰。也會把來河裡玩耍的小孩拉進水中使之溺死。據說只要喊著「公哥公哥，下次再來淋水」就不會被攻擊。

G

Gorgon

ゴルゴン

蛇髮女妖

希臘神話中的怪物三姊妹。頭髮為無數的蛇。名字分別是斯塞諾（Stheno）、歐律亞爾（Euryale）和**梅杜莎**[45]**（Medusa）**，只有梅杜莎並非不死之身。見到她們容貌的人就會變成石像，但見到鏡中倒影則無妨。英雄柏修斯（Perseus）就是趁她們睡覺的時候，利用黃金盾牌上的倒影接近，才成功砍下梅杜莎的首級。

Gozu-Mezu

牛頭／馬頭(ごず／めず)

牛頭／馬面

在佛教的地獄裡拿著鐵棒懲罰罪人們的鬼怪。牛頭的樣子為牛面人身，而馬面則是馬面人身。人死時，曾虐待過或吃過牛的人會由牛頭前去迎接，虐待過馬的則是馬面。在日本的傳說中，人死後會有火焰馬車前來迎接，而拉車的就是牛頭馬面。另外，地獄中除了牛頭馬面以外，還有擁有羊、豬、鹿、虎、獅等各種動物頭的怪物。

Graiae

希臘

グライアイ

葛萊艾[46]三姊妹

希臘神話中的怪物三姊妹，一出生就是老太婆的樣
子。根據一世紀前後的希臘作家阿波羅多羅斯所言，
三人的名字分別是恩紐（Ｅｎｙｏ）、佩弗立多
（Porphredo或Pemphredo）與蒂諾（Deino）。三人
雖然是分開的個體，卻共用眼睛與牙齒，要看要吃都
必須依序輪流使用。英雄柏修斯利用此一弱點，搶走
她們唯一一顆眼睛，威脅她們幫助自己。

Grangach

澳洲

グランガチ

古蘭蓋奇

澳洲原住民傳說中的河海精
靈。外型類似鱷魚，身上長滿
魚鱗，前肢強健，後腳卻非常
瘦弱。夜晚靜靜地躺在水底休
息，白天則上岸行日光浴。遠
古以前曾與前來捕捉自己的袋貂精靈交戰，當時背部遭撕裂，因此留下凹凸不平
的傷痕。被昆丹格拉族視為祖靈。

Green Man

英國

グリーン・マン

綠人

一種樹木的精靈，在英國各地的森林裡均可見其蹤
影。樹幹為身體，蔓延地面的樹根為腳，長了無數葉
子的枝幹則是手。外表難以與森林中的其他樹木作區
別，因此能到處活動而不被發現。臉部藏在無數葉片
後面，隨時監視著是否有人在森林裡搗亂，一旦發現
就立刻發出大樹倒地聲、樹葉的沙沙聲，或者是枝椏
折斷聲來嚇人，將他們趕出森林。

Gremlin

グレムリン

小精靈

附在機械或器具上的妖精。在二次大戰時，英國空軍少尉發現了有小精靈附身的機械或器物會變得容易故障。戰爭中，每次緊急發動飛機都會出現問題，調查之下才發現，原來小精靈就是飛機故障的元凶，因為他們半夜在停機庫的飛機上玩耍，導致機械耗損。不過也有會幫忙的小精靈，據說富蘭克林47（Benjamin Franklin）從閃電引電時，就是受到小精靈的幫助才得以成功。

Grendel

グレンデル

格蘭戴爾

於英國英雄史詩《貝奧武夫》（Beowulf）中登場的怪物。乃是一個野獸般的巨人，擁有硬如鋼鐵的利爪。最後雖然被打倒而被砍下首級，但因為身形實在過於巨大，總共要四個士兵合力才有辦法把他的首級串在槍上高舉。格蘭戴爾住在丹麥遠離人煙的沼澤底部，戰鬥時雖赤手空拳，但卻刀槍不入，無人能敵。不過他還是敵不過具有魔力的巨人之劍，最後被這把劍打倒。

Griffon

グリフィン

鷹獅

住在遠離希臘的極北之地的怪鳥。具有老鷹的頭部、翅膀與前腳，以及黃褐色的獅子身體與後腳。希羅多德引用當時的傳說，認為鷹獅乃是負責看守金礦的怪獸，曾與前來搶奪黃金的**北地獨眼人（The Arimaspians）**交戰。或許是因為牠融合了老鷹與獅子的特徵而給人英姿煥發的感覺，所以有人認為宙斯與阿波羅的戰車（Chariot，古代的二輪戰車），甚至是亞歷山大的馬車都是牠們拉的。

Gruagach

グルアガッハ

格魯瓦格奇

住在蘇格蘭高地性別不明的小矮人。與**布勞尼**
（**Brownie**）相同，手腳的毛髮非常濃密。會拜訪農
家並幫忙做家事與農事。但或許是親切過頭了，據說
某隻格魯瓦格奇到一戶農家幫忙打麥，約定好每次打
完一定的數量。但某夜農家忘了準備預定的數量，結
果他為了要把倉庫裡的所有麥子打完而過勞死。送他
衣服則會誤以為是餞別的禮物而哭著離開。

Guhin

狗賓（ぐひん）

狗賓

頭為狗，身體為狼的**天狗**（**Tengu**）。在天狗中位格
較低，擔任**大天狗**（**Daitengu**）與小天狗的使者。比
起大天狗或**烏鴉天狗**（**Karasutengu**），狗賓在天狗
之中算是與人較親近的，住在全國各地的無名山丘最
靠近人類的地方，常被視為山神。如果在山中聽見呼
喊聲應該就是狗賓發出的，據說突然傳來的大樹倒地
聲——俗稱的「天狗倒」（**Tengudaoshi**）現象也是
狗賓所為，所以亦稱作「狗賓倒」。

Guivre

ギーブル

基浮龍

刻在米蘭市徽章上的龍。徽章的圖案將牠描繪成彎彎
曲曲如蛇一般的體形，口中銜著人，頭上戴著皇冠。
據說牠原本住在米蘭附近的沼澤裡，為人們所恐懼。
後來被法國貴族維斯孔蒂家族（**Visconti Family**）的
祖烏博蒂打倒，並將沼地填平建立教堂。後來為了紀
念此事而把牠刻在徽章上。據說與法國的**維芙龍**
（**Vouivre**）屬於同一種類。

Gusion

グーシオン

古辛

傳說中所羅門王撰寫的魔法書《雷蒙蓋頓》中列舉的
72名惡魔之一。別名「哥所因」（Gusoyn）、「哥
賽因」（Gusayn）。乃男性惡魔，現身時身穿淡紫色
長袍，非常雄壯氣派。能回答任何問題，熟知過去與
未來的知識，回答時以冷靜沉著的聲音答話。另外，
如果召喚出自己的巫師有仇敵，他也能使原本強固的
敵對之心軟化，轉為友好關係。

G

Gwraig

グウレイグ

湖上仙子

英國威爾斯地方的湖上精靈。
長了一頭非常美麗的金髮，擁
有無數的牛隻。常搭著小船到
湖上嬉戲，因此常有機會與人
類相遇，所以在威爾斯當地留

下了許多此妖精與人類結婚的故事。喜好的食物是麵包與乳酪，甚至會為此與人
類男性結婚。但是絕不能對她們施以暴力，一旦被毆打三次，她們就會回到湖裡
再也不會回來。

Gyakuki

瘧鬼（ぎゃくき）

瘧鬼

中國傳說中會帶來瘧疾的魔物，屬於**瘟神**（Yaku-
byougami）的一種。外型為穿著青衣的小孩。不過
他似乎只會針對某一特定人物，即使出現在人潮聚集
的場所，也只會讓一個人得病。目的達成之後就會高
興得手舞足蹈。或說他逃跑時會變成鳥類，因此即使
發現了也無法捕捉到。志怪小說集《搜神記》中他是
黃帝的曾孫。

Gyou
中國

顯（ぎょう）

顯

中國古代地理書《山海經》48之〈南山經〉中的一種
會帶來乾旱的怪鳥。住在四處噴火、草木不生的活火
山——令丘上。外型類似貓頭鷹，但爲人面，左右兩
邊各有兩顆眼睛，臉的兩側長了人耳。鳴聲喁喁，故
名爲「顯」。此鳥一出現就會發生旱災，預告了人民
即將面臨的痛苦。

Gyoubudanuki
日本

刑部狸（ぎょうぶだぬき）

刑部狸

住在日本愛媛縣，底下領有八百零八隻**狸貓**
（**Tanuki**）的大狸妖。四國原本就是狸妖的天下，因
此當地幾乎沒有稻荷神社（祭祀狐狸神的地方），而
刑部狸更是當中特別具有勢力的一種。後來因爲過於
囂張，惡作劇過了頭，捲進了松山城主的繼承紛爭
裡，而被天海上人趕進久萬山的洞穴裡，就這樣被封
在裡面。之後人們爲了不讓他們再度作怪而年年祭
拜。

Gyuuki
日本

牛鬼（ぎゅうき）

牛鬼

日本各地河川中的怪物，也念作「Ushioni」。各地
牛鬼共通的特徵就是牛身鬼面，而和歌山縣的傳說則
說明其身體如橡膠般柔軟，所以無腳步聲。另外也有
說法表示牛鬼乃是猴頭牛角虎身的怪物。總是潛伏在
水中，每當有人靠近就突然飛跳而出吞噬人影，影子
被食者便會死亡。牛鬼也能化作人形，但水面的倒影
仍是原本的姿態，可藉以看出牠的原形。

Gyuumaou　　　　　　　　　中國

牛魔王（ぎゅうまおう）

牛魔王

《西遊記》中的魔王之一。牛精，別名「大力王」。原形爲巨大的白牛，能變化成種種姿態。曾與**孫悟空**（**Songokuu**）交杯結拜成兄弟，但爲了商借熄滅火燄山用的芭蕉扇一事反目成仇。他可說是《西遊記》中最強大的怪物，雙方在戰鬥過程中變身成老鷹、隼、虎、獅等動物，決戰時牛魔王變成巨大的牛，而孫悟空則化身爲高達數萬公尺的身體與之交戰。

Habetrot　　　　　　　　　英國

ハベトロット

紡紗精

英格蘭地方紡紗人的守護精靈，外型爲一老婦人。手掌因爲每日不斷紡紗而長滿了繭，嘴唇也因爲一再舔絲線而變得又厚又醜。對奉命紡紗的姑娘們是很重要的守護者，若有人不會紡紗就會出手幫忙。據說穿上紡紗精做的襯衫能夠治病。有個領主得知紡紗精之所以如此醜陋是天天紡紗造成的，於是就下令禁止全國少女紡紗。

Hadarniel　　　　　　　　歐洲

ハダーニエル

哈達涅

猶太傳說中負責守護天堂之門的**天使**（**Angels**）。外型雖與普通天使無異，但體形卻大得不可思議，身高爲月球到地球距離的九倍，聲音能傳遍天界20萬個天國。在《出埃及記》（Exodus）的故事中，哈達涅阻擋摩西（Moses）上天國取《舊約聖經》最初的五書與十戒。因此受到神的斥責，而被指派成摩西的引路者。

Hag 英國

ハッグ

老妖婆

黑阿妮斯（Black Annis）或冬之女神貝拉
（Cailleach Bheur）這類在英國民間故事中出現的怪
異老太婆精靈之總稱。她們多半長有一副誇張的鷹勾
鼻及滿臉皺紋，而且指甲又尖又長。日文中常翻譯成
「妖婆」。她們騎著枴杖飛天，或使用魔法捕捉人類
當作食物。整體說來與女巫十分相像，差異點在於女
巫是人類，而老妖婆則是超自然的妖怪。

Hagenti 歐洲

ハゲンティ

哈艮地

傳說中所羅門王撰寫的魔法書《雷蒙蓋頓》中列舉的
72名惡魔之一。別名「哈格尼特」（Hagenit）。外
型為長有鷹獅（Griffon）翅膀與金角的公牛，有時
也能變化成人形。在地獄中統領了33個軍團。專長是
與鍊金術相關的魔法，能把所有金屬變成黃金。也能
把普通的水變成酒，並會傳授召喚者這些魔法的知
識。

Hakuen 中國

白猿（はくえん）

白猿

中國傳說中會擄走女性並強迫她生下孩子的怪物。外
型類似猿猴，全身長滿白毛。活過千年的白猿則會變
成仙人，能說人語。化身成人時多化名為「袁」或
「申」。白猿具有神通，除了肚臍底下15cm處的弱
點，身體剛硬百兵不入。不過喝了酒之後神通就會消
失。

Hakujoushi 中國

白娘子（はくじょうし）

白娘子

被壓在中國杭州西湖畔七重塔下的白蛇精。具有恐怖的神通，會化身成美女誘惑年輕男性並將之吃掉。到了12世紀的南宋，白娘子化爲美麗的女性與名爲許仙的男子結婚；不過被一個名叫法海的和尚識破，以壺將她罩住後終於現出白蛇的原形。後來法海將罩住白蛇的壺埋入地底，並在其上建起七重塔將她封印在其下。

Hakuryuu 中國

白龍（はくりゅう）

白龍

中國神話中侍奉天帝的龍（Ryuu）。幾乎所有的龍都能在天空中飛行，而白龍飛行的速度更是無可匹敵，乘在白龍上其他龍絕對無法追上。白龍有時也會化成魚到地上的泉水裡游水。日本也有關於白龍的故事，瀧澤馬琴的讀本49《南總里見八犬傳》中有段描寫白龍放出光芒捲起波濤往南方飛去的場景，並說明白龍所吐之物到地面會變成黃金。

Hakutaku 中國

白沢（はくたく）

白澤

中國神話中知道所有與魑魅魍魎有關的知識之奇妙怪物。原本的樣子似獅，傳入日本後則變成人臉獸身，全身長滿眼與角的怪物。中國明代百科圖鑑

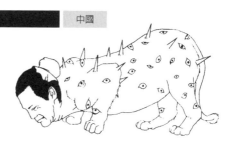

《三才圖會》中說明白澤能說人話，只出現在有德天子當政的時代。此外，白澤也曾出現在上古神話中，向黃帝訴說關於魑魅魍魎的一切事情。而這些知識都記錄在《白澤圖》一書當中。

Halpas

ハルパス

哈帕斯

傳說中所羅門王撰寫的魔法書
《雷蒙蓋頓》中列舉的72名惡
魔之一。外型雖然為象徵和平
的鴿子，但性格好戰，一旦被
召喚出來就會引發戰爭，揮舞
劍戟殺害敵人。能做出戰爭時不可或缺的城堡、武器或彈藥，同時也能召集士
兵。說話聲沙啞，身上傳來陣陣屍臭味，肚子餓的時候也會吃人。有時也以鶴鳥
的外型出現，但性格仍舊不變。

Hamagurinyoubou

蛤女房（はまぐりにょうぼう）

蛤女房

民間故事中化身成女性與人類結婚的蛤蜊精。以前有
個孝順的男子出海釣魚，釣到一顆巨大的蛤蜊，並從
裡頭走出一名美麗的女子。兩人一見鍾情，不久後就
結婚。女子勤儉持家，使得兩人變得越來越富有。而
且女子所作的湯類料理非常美味，男子想知道祕訣為
何，於是就偷窺妻子作菜，沒想到居然見到妻子在鍋
中小便。妻子被見到這種情景後，就變回蛤蜊的原形
回到海裡去了。

Hanuman

ハヌマーン

哈奴曼

印度史詩《羅摩衍那》（Ramayana）中登場的猴將
軍。乃是人身猿首長尾的猴。身體能變得如山一般
巨大，也能變得像貓一般的大小。一跳就飛越500km
的海峽，且滯空四日之久。力大無窮，能舉起巨大的
山脈。故事中哈奴曼對羅摩（Rama）非常忠心，最
後羅摩為了答謝牠，而賜予牠長生不老的能力。在現
實世界中的印度，奴曼也被視作神一般地受人崇拜。

Harionna

針女（はりおんな）

鉤女

出現於海岸附近的女妖怪，爲**濕濡女**（**Nureonna**）的一種。也稱作「鉤女子」（Harionago）。與濕濡女一樣是年輕貌美的女性。全身濕濡地出現在路旁向行人微笑，如回報以笑容的話就會被她伸長的頭髮纏住身體。毛髮尖端附有類似釣鉤般的鉤子，被捉到的話就無法逃脫。個性非常執著，看中的獵物就會緊追不捨，不過只要能逃進屋內緊閉房門靜待到早上的話，鉤女就會自動消失。

Harpy

ハルピュイアイ

鳥身女妖

希臘神話中鳥身女首的怪鳥。別名「哈匹」（Harpuia）。根據荷馬（Homer）所言，鳥身女妖一共有四隻，她們的名字分別是阿耶羅（Aello）、奧克琵特（Ocypete）、克萊諾（Celaino）與波達格（Podarge）[50]。在阿爾戈號的冒歷險故事中，在色雷斯王菲尼亞斯（Phineas）用餐時，鳥身女妖突然飛到餐桌上噴灑排泄穢物，糟蹋了一頓大餐。據說她們原本是**風精**，聽命於宙斯。

Hashihime

橋姬（はしひめ）

橋姬

守護橋的女神，或說是妖怪的一種。能守護村落，防止橋外的瘴疾或妖怪過河。與妖怪戰鬥時，常以鬼女的恐怖姿勢出現。因此橋姬多被視作妖怪的同類而爲人所恐懼。橋姬中最有名的一位是出現於京都的宇治橋上：據說古代京都有個美麗的女性被某男子背叛，最後因爲怨恨而變成鬼女，不僅咒死男性，連行人也不放過。

Hatahiro

機尋（はたひろ）

機尋

鳥山石燕的《今昔百鬼拾遺》中介紹的蛇型布妖。古代女性常在家裡織布賺錢。在某則故事中，有位女性的丈夫在外玩樂不歸，女性怨憤而將織了一半的布剪斷，結果滿腔的恨意就這樣附在布上使布匹變成了蛇，那隻蛇就這麼出去尋找行蹤不明的丈夫，變成了名為機尋的妖怪。鳥山石燕在書中繪了一台老舊織布機上的布匹變成蛇的樣子。

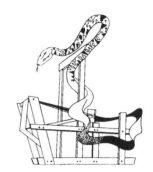

Hecatoncheires

ヘカトンケイル

百手巨人

希臘神話中登場的三個巨人。擁有100隻手與50顆頭，故多譯作百手巨人。他們的名字分別是布力亞流斯（Briareus）、機格斯（Gyges）與寇托斯（Cottus）。百手巨人是烏拉諾斯（Uranus）與該婭（Gaia）的孩子，當宙斯與泰坦神族（Titans）作戰時，他們加入宙斯的陣營，用100隻手投擲岩石攻擊對手。戰鬥結束後他們三人被派到大地底層的地獄擔任守護者，而布力亞流斯則成為海神波賽頓的養子。

Hedley Cow

ヘドリーの牛っこ（ヘドリーのうしっこ）

赫德利母牛

出沒於英國諾森伯蘭（Northumberland）郡的妖精。屬於**惡作劇妖（Bogies）**的一種。非常愛作怪，一整天惡作劇也不會膩。能化身成各種東西，但似乎特別擅長變身成母牛，大部分的時間都以這種樣子出現。會欺負來擠牛乳的少女們，讓她們在原野上跳舞，或把牛奶桶踢倒妨礙工作的進行。也曾變成大石頭，一有人靠近就突然伸出頭尾與四隻腳跑了起來。

Heishiroumushi 日本
平四郎虫（へいしろうむし）
平四郎蟲

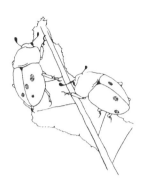

由名叫平四郎的男子之**怨靈（Onryou）**變成的蟲群。於日本山形縣六鄉村的傳說中登場。過去這個村子裡有個天天上山遊玩的男子叫作平四郎，他被人誣陷小偷的罪名，最後遭到斬首。翌年，村子的田裡長出大量的怪蟲，把所有的收成都吃光。村人認為這些蟲是平四郎變成的，因此建了一座小祠堂祭祀他的靈魂以平息他的怨恨。

H

Henkies 英國
ヘンキー
亨奇

歐克尼群島（Orkney Islands）和謝德蘭群島（Shetland Islands）上成群生活的妖精。別名「特羅」（Trow）。喜歡跳舞，但有拖著腳步的怪癖，因此他們跳舞的方式非常奇特，總是扭著身體繃繃跳。這種舞蹈被稱作亨奇舞（Henkie dance），只有女亨奇會跳。因此女性的亨奇常參加人類的舞會。不過由於跳舞方式實在太過奇特，因此經常找不到舞伴。

Hidarugami 日本
ひだる神（ひだるがみ）
饑神

會附身使人飢餓的惡靈。出現於日本各地，關於其外型並無明確描述。或說是**餓鬼（Gaki）**的一種，或說是由餓死者的鬼魂變成。多出現於山中，被饑神附身者會突然因為肚子餓而無力行走，嚴重者甚至會當場昏倒而死去。根據南方熊楠51（Minakata Kumagusu）的〈饑神考〉，和歌山縣內的雲取山上有座餓鬼穴，不管多麼飽足的人，只要窺視洞穴都會被饑神附身而飢餓不堪。

Hihi

日本

狒狒（ひひ）

狒狒

住在山中的怪獸，外型類似大型的猿猴。由長壽的猿猴所變成。喜歡擄走人類的女性。體形比人類大、身高2m以上的狒狒所在多有。根據柳田國男的《妖怪談義》中的描述，狒狒雖然凶猛，但大笑時會翻唇閉目，因此要捕捉狒狒的話，只要先逗牠笑，然後趁牠閉起眼睛的瞬間，以尖錐從牠張開的嘴巴刺入貫通額頭即可。

Hikyou

中國

飛僵（ひきょう）

飛僵

中國傳說中的飛天僵尸（Kyoushi），或作「殭尸」、「僵屍」。所謂的僵尸就是指死後仍能活動的屍體，而年代久遠的僵尸因爲具有神通而具備飛天的能力。飛僵的法力高強，一般人對他們莫可奈何，唯一的弱點就是怕光。對付飛僵時，道士會先使用法術將他壓制在地上，等到天明之後，再將無法移動的屍體火化，如此一來就能徹底消滅他了。

Hippélaphe

印度

イッペラポス

半馬鹿

一種棲息於印度，半馬半鹿的草食性動物。頭上長了公鹿特有的大型犄角，遠望之下體形與馬無異，脖子上覆有馬的長鬃毛。關於馬與鹿特徵的比例有各種說法，有人說牠是單蹄也有人說是雙蹄。古代羅馬人老普林尼在《博物誌》中談論鹿的生態時曾提及名叫特拉蓋諾夫的怪物，有人認爲那就是半馬鹿。

Hippocamp

ヒッポカンプ

海馬

希臘神話中的海中怪物。別名「See Horse」。前半身爲馬，後半身是魚，原本的鬃毛變成了鰭，而前腳的蹄則變成了蹼。爲海神波賽頓所飼養，專爲海神拉車。亦於阿拉伯的民間故事中登場，只不過在裡頭的外型像是普通的馬匹。《辛巴達歷險記》中說明海馬與母馬交配後生下的馬兒非常優秀，是地上難得一見的良馬。

Hippogryph

ヒポグリフ

鷹馬

公鷹獅（**Griffon**）與母馬交配產下的怪物。根據詩人阿里奧斯托[52]（Ludovico Ariosto）的作品《瘋狂的羅蘭》（Orlando furioso）中的描述，這種怪物住在冰封的北國深山處，整體的外型似馬，擁有鷹獅的前腳與翅膀，能在天空飛翔。故事中的英雄魯傑羅（Rugiero）騎著鷹馬飛遍整個歐洲，最後還飛上月球。雖是北國出身，但鷹馬也是太陽的象徵。

Hitodama

人魂（ひとだま）

人魂

人死後從身體跑出來的靈魂之總稱。會發出藍白色的光芒，有著圓形的主體與細長的尾部。江戶時代中期的百科圖鑑《和漢三才圖會》中說人魂飄浮於離地1m的高處，碰到陸地就會破裂而不再發光。外型類似煮爛的年糕，掉落處可見許多黑色的小蟲群聚。傳說中有許多愛惡作劇的年輕人拿石頭丟人魂後急著逃跑，後來卻發現已經死去的人又再度復活過來。

Hitogitsune 日本

人狐（ひとぎつね）

人狐

出現於島根縣的出雲、隱岐等地的狐狸妖。大小與小貓相近，身體細長，呈茶褐色。成群結隊行動，喜歡以後腳站立，伸著雙手環視周遭。被人狐附身的家庭稱作「狐狸入住」，人狐會把從別處銜來的金幣送給這家人，漸漸地這家人就會變得越來越富裕；且人狐也會附身於人身上，被附身者會做出狐狸般的動作，並不停說著意義不明的話。

Hitotsumekozou 日本

一つ目小僧（ひとつめこぞう）

一目小僧

獨眼獨腳的妖怪，外型像個小孩。眼睛非常大，嘴巴裂到耳朵附近。通常於雨天出現，躲在樹叢後突然跳出來嚇人。見到人被嚇得跌倒在地時，就會趨前伸出長舌舔行人的臉。有些地方則視之為山神，此妖怪會在農曆2月與12月拜訪村落的人家以誇耀他巨大的眼睛。只要在家門前掛著網目多的竹籠就能把他嚇跑。

Hitotsumenyuudou 日本

一つ目入道（ひとつめにゅうどう）

一目入道

如大入道（**Oonyuudou**）一般出現在道路上，忽高忽低地變化身高嚇人，乃獨眼妖怪的一種。在靜岡縣有一目入道與三目入道，兩者都是越盯著他瞧就變得越高的妖怪，只要對他喊著「看穿了、看穿了」就會消失。廣島縣的文獻《稻生物怪錄繪卷》中有一則故事，故事中的一目入道是由**狸貓**（**Tanuki**）變成，體形非常巨大，伸手就能穿過圍牆抓人吞入腹。另外京都地方也有**狐狸**（**Kitsune**）變成一目入道的故事。

Hitouban

飛頭蛮（ひとうばん）

飛頭蠻

中國的妖怪，與日本的**轆轤首**（**Rokurokubi**）相近。但轆轤首只是頸子伸長，而飛頭蠻則是頭部與身體分離。根據晉代志怪小說《搜神記》的描述，飛頭蠻的頭部只會在夜間飛離，此時他的身體則處於睡眠狀態。如果以毯子將身體完全蓋住，到了早上頭部就會無法回歸身體，失敗了兩、三次後就會掉落地面。據說頭部飛離是為了吃蟲，而且他的耳朵具有翅膀的功用。

H

Hizama

ヒザマ

火災鳥

日本鹿兒島縣沖永良部島上的一種會引起火災的鳥妖。當地人認為火災發生乃是火災鳥作怪的緣故。火災鳥外型似雞，羽毛呈黑白點狀交雜，兩頰赤紅，見到空瓶或桶子就會鑽進去，因此家中空瓶之類的容器如果不裝水就記得要倒過來以防火災鳥進住。因為稍不留意火災鳥就會引發火災，若要趕走火災鳥則必須請祈禱師舉行儀式。

Hobbit

ホビット

哈比人

英國作家托爾金創作出的矮人。他們是幻想國度中土世界的居民，身高與小孩子相近，只有1m左右。頭髮為茶褐色，腳底長有長毛。動作敏捷而膽小，一感覺到危險就會立刻躲起來。性格開朗，常聚集同伴一起唱歌跳舞，過著快樂的生活。哈比人分為幾個聚落，通常為整個家族住在山丘的洞穴中。

Hobgoblins　　　　歐洲

ホブゴブリン
淘氣地精

住在歐洲各地人家中的守護妖精，或簡稱「Hob」。
是妖精中比較普遍的一種。那些會作些無傷大雅的惡
作劇，給一杯牛奶當作報酬就樂意幫忙做家事的妖精
大多都是淘氣地精。體形類似於人類小孩，全身覆滿
毛髮，具有尾巴，或說下半身為山羊。如果被人嘲笑
的話，就會生氣地作出過分的惡作劇。

Hog Fish　　　　非洲

ホグフィッシュ
豬魚

海中豬首魚身的怪物，在原本
長有魚鰭的地方長出了豬腳。
前半身是豬，臀部為魚尾。體
重重達200kg，肉質吃起來像
是豬肉。由於豬遍布全世界，

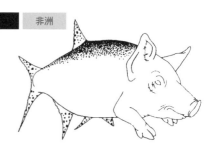

因此剛果的漁民以為世界各地都有豬魚，因而跑遍全世界尋找豬魚的蹤影。與豬
魚相似的還有另一種叫作海豬（Sea Hog）的怪物。

Homunculus　　　　歐洲

ホムンクルス
人造人[53]

鍊金術師師們以特殊技術創造出的人工生命體。十六世
紀的瑞士鍊金術師帕拉塞爾蘇斯認為，把人的精液放
入蒸餾器中密封40天使之腐敗後，就會產生人形的透
明生命體。只要給予生命體人血，並保持與馬體溫相
同的溫度，40天後就會變成人類小孩的模樣。不過體
形很小，只能存活在玻璃容器裡。另外在歌德[54]
（Johann Wolfgang von Goethe）的作品《浮士德》
（Faust）中也有關於人造人製作情形的描寫。

Honeonna 日本

骨女（ほねおんな）

骨女

死後對世間仍有留念，變成骷髏模樣徘徊不去的女
鬼。鳥山石燕的《今昔畫圖續百鬼》中也有關於此女
鬼的描述，並舉出《牡丹燈籠》中的阿露（Otsuyu）
爲例：年紀輕輕就死了的阿露無法忘記愛人新三郎，
變成幽靈後還是一直夜訪幽會。不過在他人眼中是骷
髏模樣的阿露，在故事最後害死了新三郎。

H

Honun 中國

奔雲（ほぬん）

奔雲

住在中國河南桐柏縣內桐柏山附近之虎首人身的怪
物。爲怪物**無支祁（Mushiki）**之子。能操控風雲吞
下巨大的猛獸。夏朝大禹在位時，奔雲與父親無支祁
一起引發大風與雷電，妨礙治水的工程。因此奔雲最
後被大禹所殺。到了十六世紀的明朝，據稱有人發現
奔雲的頭蓋骨，上頭還帶有30cm左右的牙齒。

Hotarukassen 日本

螢合戰（ほたるかっせん）

螢合戰

在流經廣島縣吉田町的多治比
川滿能河的河床上，有許多螢
火蟲聚集飛舞，這種奇妙的現
象就被稱爲螢合戰。螢火蟲每
年夏天都會聚集起來，分成敵
我兩方，彷彿武士交戰般地在空中互相碰撞。由於此地過去曾是毛利元就55
（Mouri Motonari）軍與平佐城的平佐市之丞血戰之地，有許多人在此喪生。因
此當地人認爲這些武士的靈魂附在螢火蟲身上，至今仍在作戰。

Houki 中國

封豨（ほうき）

封豨

於中國神話中的帝堯時代住在
南方楚國的大豬怪。力大無
窮，不僅吃家畜也吃人，搗毀
田地，使人們痛苦不堪。毛皮
厚實，村民用的武器對牠絲毫

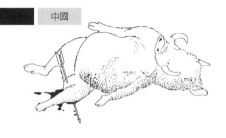

不起作用。最後被曾打倒許多怪物的英雄后羿制伏。后羿以弓箭射中封豨的腿部
將之活捉，然後再將牠的肉切片做成蒸肉料理獻給堯品嚐。

Houkou 中國

彭侯（ほうこう）

彭侯

外型類似黑犬的木精（Sei）。根據成書於四世紀的
志怪小說集《搜神記》的描述，在《三國志》中孫權
掌權的時代，建安郡太守遣人砍伐樟樹，卻發現樹木
缺口中流出血來，並且從中跳出人面犬身的怪物。太
守說明這怪物名叫彭侯，烹煮後可食用，味道似狗
肉。在日本也有與此怪物相關的傳聞，據說乃是棲於
千年古木中的怪物。

Houou 中國

鳳凰（ほうおう）

鳳凰

古代中國的**四靈獸**（**Shireijuu**）之一。據說**四神**
（**Shishin**）中的朱雀就是鳳凰。一般認為鳳凰是一
種五色的美麗鳥類，不過江戶時代中期的百科圖鑑
《和漢三才圖會》則描述牠是一種身高1m以上，混
雜了鸛、燕、雞、蛇、魚、鴛、**龍**（**Ryuu**）等動物
特徵的奇妙鳥類。鳳凰是鳥類之王，飛天時旁邊會有
許多鳥類跟隨，而鳳凰死時所有鳥類都會齊聲悲歎。
據說牠只出現於天下太平的時代。

Housoushin

疱瘡神（ほうそうしん）

疱瘡神

會帶來可怕傳染病——疱瘡（天花）的鬼神。江戶時代後期的隨筆《甲子夜話》中說明疱瘡神具有童子、少女，與老婦等數種不同的面貌，童子或少女傳染的天花範圍較廣，而老婆婆的天花則是病情嚴重。猶如**百鬼夜行（Hyakkiyakou）**般數十人成隊移動，使一村接著一村感染上天花。

Houyhnhnms

フウイヌム

胡育姆人

在英國作家強納生・史威福特[56]（Jonathan Swift）的《格列佛遊記》（Gulliver's Travels）中住在胡育姆國的民族。擁有馬的外型，但是充滿知性，有自己的語言文化及國家，並飼養一種叫作**人面獸（Yahoo）**的野蠻生物為家畜。吃飯時會以屁股著地坐下來用餐，雖是四足動物卻很靈巧，能用前肢穿針引線。不過故事中並未交代胡育姆國究竟在何處。

Hrungnir

フルングニル

芬葛尼爾

出現於北歐神話中的**霜巨人（Jotunn）**。為霜巨人族中最強的勇士，心臟是由石頭構成。傳說中芬葛尼爾拜訪神國時因為酒後口出狂言而惹怒大力神索爾（Thor），索爾因此向他提出決鬥的要求。芬葛尼爾手持石盾防禦，但聽信索爾隨從所說的「索爾會從地下進攻」而把石盾鋪在地面，乘坐其上。結果就這樣被索爾投擲的雷神之槌擊斃。

Humbaba

フンババ

芬巴巴

古巴比倫史詩《吉爾伽美什史詩》中住在杉樹林裡的
怪物。別名「胡瓦瓦」[57]（Huwawa）。他的叫聲能
呼喚洪水，口能吐出火焰與毒氣，巨大的身體倒地時
周遭21km內的樹木都會顫動不止。波赫士（Jorge
Luis Borges）的《想像的動物》（The Book of
Imaginary Beings）中描述他是頭上有野牛角，腳似
禿鷹，尾巴與陰莖尖端是蛇頭的怪物。他是森林的守
護者，最後被吉爾伽美什打倒。

Hyakkiyakou

百鬼夜行（ひゃっきやこう）

百鬼夜行

平安時代夜間出現在都城——平安京的大道上遊行的
妖怪隊伍。雖不知每個妖怪的確切名稱，不過從圖畫
中可看見獨眼的妖怪、身上有角的妖怪、多手的妖
怪，以及獨腳妖怪等種類繁多的妖怪，妖怪們會一直
遊行到早上，並隨著日出而消失。若是不幸碰上百鬼
夜行的隊伍，而被隊伍中的**鬼（Oni）**吐口水的話，
就會變得看不見他們。

Hyakutou

百頭（ひゃくとう）

百頭

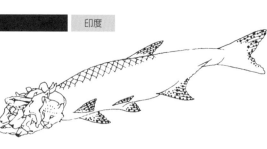

於佛教故事中登場的怪物，是
隻長了犬、馬、虎、猴、豬、
蛇等百種動物頭部的怪魚。百
頭原本是印度一個了不起的思
想家，但由於平時老是瞧不起
弟子，而變成了這種擁有百顆頭顱的怪物，形狀雖奇怪，但卻不會害人，總是靜
靜地在海中用一百顆頭反省自己的過錯。在壽命將近前遇見釋迦，百頭之心終於
獲得寬恕。

Hydra

ヒュドラ

海德拉

希臘神話中住在阿戈斯（Argos）附近沼澤地的九頭
怪蛇。頭被砍下的話會立刻再生，且砍下一顆就會長
出兩顆，因此非常難對付。英雄赫拉克勒斯與這隻怪
物戰鬥時，他的隨從伊俄拉俄斯（Iolaus）想到了一
個好方法，那就是在砍下頭的同時立刻灼燒傷口使之
無法再生，最後果然成功打倒了海德拉。此外海德拉
本身帶有劇毒，接觸到其血液則必死無疑，就算是擁
有不死身者也會痛苦難耐。

H

Hyousube

兵主部（ひょうすべ）

兵主部

日本九州的**河童（Kappa）**。別名「兵主坊」
（Hyousubo）或「兵坊」（Hyoubou）。夏季在河川
旁生活，秋天以後入山。能像鳥一樣邊發出啾啾
（Hyou-Hyou）的聲音一邊飛行。有人認為兵主部一
名正是源自於他發出的聲音。他全身長滿長毛，一入
浴水面就會浮滿掉毛。鳥山石燕的《畫圖百鬼夜行》
中將他繪成頭頂光禿但全身毛茸茸的猴子模樣。

Hyoutoku

ヒョウトク

火男[58]

日本岩手縣的一種醜陋的小孩形妖怪。或說是水神的
使者，只要在灶旁的柱子上供奉火男的面具就能為家
庭帶來富足。傳說中火男是個髒兮兮又凸肚臍的小
孩，從他的凸肚臍中會掉出小粒金子來。某天有位壞
心的老婆婆拿著火鉗戳他的肚臍想挖出更多金子，就
這麼把火男戳死了。後來火男出現在某位好心的爺爺
夢中，告訴他只要把火男的面具供奉起來就能使家族
繁榮。

Ibarakidouji　　　日本

茨城童子(いばらきどうじ)

茨木童子

平安時代出現於平安京的**鬼（Oni）**，身高達羅城門[59]
門頂。根據《平家物語》的記載，茨木童子出現於崛
川上的一条戻橋（Ichijoumodoribashi）上，化身成女
性向路過的渡邊綱[60]（Watanabe-no-Tsuna）要求同
行，童子上馬後立刻變回原狀，抓住綱的頭髮飛上
天。綱不慌不忙地拔出名刀鬚切丸砍斷鬼手而逃過一
劫。數日後，茨木童子又變成渡邊綱的養母來到他房
內，奪走綱扣留的手腕後恢復原貌飛天而去。

Iblis　　　西亞

イブリース

伊普利斯

伊斯蘭教中地位最高的惡魔，相當於基督宗教中的**路
西法**。話說阿拉從土中創出亞當並讓他成為地上的支
配者，命令天使們對他下跪行禮，但伊普利斯拒絕
了，他認為天使是從光裡誕生的，比從土裡誕生的人
類更高等，於是伊普利斯被神詛咒，在最後審判之日
時會落入地獄之中，但在那之前伊普利斯仍是自由之
身，會不斷誘惑阿拉的信仰者墮入邪惡之途。

Ichijama　　　日本

生邪魔(いちじゃま)

生邪魔

沖繩縣對**生靈（Ikiryou）**的稱呼。一般來說，日本
本島的生靈乃是靈魂，且不會以本人的樣子出現。但
生邪魔常以本人的樣子出現在憎恨的對象面前，並贈
送物品給對方，看起來與人類毫無不同，只是收下這
些禮物的人會被附身並染病死去。要驅走生邪魔只要
在被附身的人面前不斷說他的壞話即可。

Ichimokugosensei

一目五先生（いちもくごせんせい）

一目五先生

一種會帶來瘟疫的**疫鬼**。一目五先生為五人一組的**鬼
（Ki）**，當中只有領隊有一顆眼睛，其他人都是瞎
子。他們總是五人一組跟著領隊行動，在村鎮裡四處
走動傳染瘟疫，並靠近睡著者的鼻子吸取精氣。病情
嚴重程度取決於被幾隻鬼吸走精氣，如果五人都吸過
的話就會死亡。不過據說他們不會加害於善人。

Iduna

飯綱（いづな）

飯綱

外型與鼬鼠相似的妖獸，體長
約10cm。四隻腳交錯地長成
一列，有五根指頭，手耳形狀
與人類相仿。會附身在人類身
上，情況與狐上身（被狐狸的
鬼魂附身）相近。聽從宗教術士的命令行動，不過以附身怪（Tsukimono）而
言，牠不像**管狐（Kudagitsune）**或**犬神（Inugami）**那般普遍。被附身的人會發
瘋似的嘮叨個不停且食量爆增，不過只要一溺水就能使飯綱脫離。觸碰到金子就
會使之數量不斷增加。

Idunakeinotengu

飯綱系天狗（いづなけいてんぐ）

飯綱系天狗

眞言祕教的荼吉尼天信仰與修驗道結合產生的**天狗
（Tengu）**。長得像頭髮倒立的**烏鴉天狗
（Karasutengu）**，手持劍與寶珠，背後有熊熊火
焰，腳下纏蛇駕於白狐之上。別名「飯綱權現」。因
守護家庭不受火災損害而受人們信仰。他同時也是咒
術的高手，能傳授人操縱狐狸的法術。但是學此法術
的人多用在邪途，連帶地使飯綱系天狗染上邪惡的形
象。

Ienari 日本

家鳴り（いえなり）

家鳴

指房子或家具突然搖動使人驚嚇的現象。並無實體，與西洋的**騷擾靈**（Poltergeist）很相近。江戶時代的怪談小說集《太平百物語》中有一則關於一群浪人[61]來到一棟鬼屋裡試膽，結果遇到家鳴的故事。害怕的浪人們帶著名叫智仙的僧侶前往，結果房子又再度劇烈晃動，僧侶在搖晃最厲害的時候拿起刀子一戳，瞬間止住了搖晃。眾人調查之後發現地板下有座熊墓，而殺熊的人也因熊的亡魂作祟而死亡。

Ifrit 西亞

イフリート

伊弗利特

阿拉伯的精靈——**鎮尼**（Jinn）之一。鎮尼的階級分為5階，伊弗利特為由上數來第2階的總稱，與小鬼、鬼神之類的精靈類似。有時也會不分階級地拿來稱呼擅長動歪腦筋的鎮尼。於《阿拉丁神燈》（Aladdin's Lamp）中登場的神燈精靈就是伊弗利特，他會幫摩擦神燈的人實現任何願望。神燈精靈形體如煙一般不具實體，能自由變化形體，幾乎沒有做不到的事情。阿拉丁最後靠著這個伊弗利特的能力當上國王。

Iki 中國

縊鬼（いき）

縊鬼

中國上吊自殺者死後變成的**鬼**（Ki），會以死前的模樣出現。由於自殺者受罰不得轉世也不得在地獄任官，所以就變成了縊鬼，每晚回到上吊的地方不斷重複著自殺的動作。一般來說，會選擇上吊來結束生命者，通常懷有強烈的怨恨，因此生人若碰上縊鬼最後也會和他們一樣上吊自殺。

Ikiryou

生靈（いきりょう）

生靈

在活著的狀態下出竅的靈魂之
總稱。靈魂出竅時本人會陷入
沉睡狀態，因此靈魂這段時間
的所作所爲並不會留下記憶，
但卻會帶回之前所到之處的味
道。會變成生靈者多半對他人懷有強烈的嫉妒或恨意。被生靈附身者會受到詛咒
甚者死亡。最有名的例子爲《源式物語》中在六条御息所（Rokujou-no-
Miyasutokoro）登場的生靈，生靈在本人不情的情況下折磨受光源式寵愛的夕顏
（Yuugao）、葵之上（Aoinoue），令她們痛苦萬分。

Ikuchi

イクチ

巨海蛇

棲息於茨城縣周邊海域長達數
公里的巨大海蛇。根據津村淙
庵（Tsumura Souan）的隨筆
《譚海》中的記載，巨海蛇似
乎與鳥山石燕的畫集《今昔百
鬼拾遺》中的**死靈海蛇（Ayakashi）**爲同類的怪物。巨海蛇一旦發現船隻就會直
奔而來。牠飛躍船的上方，身上滲出大量的油注入船中，如果不趕快把油舀出船
很快就會沉沒。其體形比死靈海蛇小，越過船隻只需要幾小時左右。

Illuyankas

イルルヤンカシュ

伊盧延卡

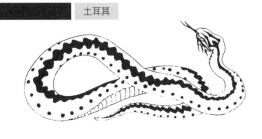

古代西台（Hittite）神話中的
龍神。關於其外型並無明確描
述，不過從屠龍神話的浮雕可
得知應是巨大的蛇狀怪物。常
與風雨之神62交戰，非常強
悍，連風暴神也難以與之抗衡。風雨之神雖是西台神話中的主神，卻曾在與龍神
戰鬥的過程中失去眼睛與心臟，最後是設下陷阱讓龍神喝得爛醉之後才得以將之
殺死。

Imamo 日本
イマモ
現在也

據說在日本熊本縣天草群島下島的路上，如果有人聊起妖怪故事的話，就會出現大喊著「現在也有」的妖怪出來嚇人。妖怪的聲音每次都相同，不過長相卻會隨著話題而改變，因此無從得知他的眞實面貌。例如，若有行人聊起「聽說以前有人在這一帶看到沾滿血的人腳」，就會突然傳來一聲「現在也有」，接著就有一隻沾滿血的人腳在背後追趕。

Imp 英國
インプ
小惡魔

英國森林裡的妖精，別名「Impet」。體形與人類小孩差不多，特徵是全身漆黑，兩眼發紅，雙耳尖翹，有一條長且呈尖鉤狀的尾巴。「imp」一詞具有「接枝」的意思，意味著他是從惡魔繁衍出的小惡魔。性格頑劣，就算幫助別人也會在背後打其他歪主意。例如有一隻名叫湯姆・提特・托托的小惡魔就以幫忙紡織爲條件逼迫年輕女孩跟他結婚。

Incubus 歐洲
インキュバス
男夜魔

中世紀的歐洲人認爲，有一種男性夢魔（Night-Mare）會趁女性睡著後侵犯她們以享受性快感。男夜魔與女夜魔（Succubus）成對，名字在拉丁語中有「壓制在上」的意思。被侵襲的女性會感覺到胸口受壓迫而十分痛苦，但也有說法表示此時女性不僅不痛苦反而很愉悅。女性在與男夜魔交合後也可能會懷孕，不過男夜魔的精液則是在變成女夜魔夜襲其他男性時取得的。

Inenbi

遺念火（いねんび）

遺念火

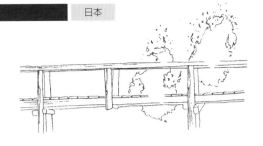

一種出現於沖繩縣的怪火
（Ayashibi）。所謂遺念火，
是由私奔或殉情者的靈魂變
成，因此一定是成對出現。在
沖繩縣那霸市有則傳說：過去
有對年輕夫婦住在首里的市街，妻子每天做豆腐到市街販賣，後來妻子遇上壞人
從金城橋上摔下而死，丈夫聽到後大受打擊，也從橋上跳下自殺。從那之後只要
天色一暗，橋邊就會出現一對鬼火在路上飄蕩。

Inugami

犬神（いぬがみ）

犬神

會附身在人身上的狗之鬼魂，外型與老鼠、鼬鼠等小
動物相似，但普通人無法看見他們。附身的情形與狐
上身相近，常發生於四國與九州地區。犬神是人為創
造出的邪惡鬼魂，會聽從供奉者的命令行事並附身在
人身上。被附身者會嘮嘮叨叨地唸個不停，走路時四
肢著地。此外，犬神也會以血統為媒介，被附身的家
族則稱作犬神一族[63]。只要這家不忘祭祀犬神，就能
常保富有繁榮。

Ipiria

イピリア

伊比利亞

澳洲原住民英格拉人崇拜的蠑
螈精靈。沉睡在沼澤底部，全
身散發七彩的光芒。每年只會
爬出沼澤一次以草與水裏腹，
吃飽之後就把肚裡的東西全部
吹向空中形成烏雲，不久後就會天降甘霖宣告雨季的到來。伊比利亞棲息的沼澤
對原住民而言乃是聖地，若有人不慎闖入則會害旱季持久不退。

Ipos

イポス
因波斯

傳說中所羅門王撰寫的魔法書《雷蒙蓋頓》中列舉的
72名惡魔之一。又有「因悖思」（Ipes）、「埃沛歐
斯」（Ayporos）等別名。平常以**天使（Angels）**的
形象出現，有時也會以獅身鴨頭、兔尾鴨腳的怪物之
姿現身。詳知過去與未來之事，能讓人更有勇氣。但
因波斯喜歡以戰鬥來解決問題，往往會讓變得勇敢的
召喚者捲入麻煩。

Ippondatara

一本ダタラ（いっぽんだたら）
一足鼓風

妖怪的一種，會在下雪的次日早晨於雪上留下單腳的
腳印。腳印長達30cm，經常在熊野（和歌山縣）山
中見到這種腳印。別的地方也有類似的妖怪，例如被
稱爲雪入道（Yukinyuudou）的妖怪或和歌山縣**雪嬰**
（**Yukinbou**）等等。任何情況下都只見足跡不見身
影，不過一般認爲他是單腳獨眼的巨人。名字中的鼓
風64會讓人聯想到打鐵時用的鼓風器，所以也有人認
爲他是由打鐵師的鬼魂變成的。

Ishinagenjo

イシナゲンジョ
海石碎音

發生於長崎縣江之島海域的特殊現象，或說是海岸旁
的妖怪**磯女（Isoonnna）**發出的聲音。與**古樵**
（**Furusoma**）或天狗倒（深夜山上的樹木被砍倒的
聲音）的狀況很類似。據說漁民在濃霧瀰漫的深夜捕
魚時，會聽到某處傳來岩石崩落的巨大聲響，次日到
傳出聲音的地方一探究竟卻毫無異常，這就是海石碎
音。

Isonade 日本

磯撫で(いそなで)

磯撫鯊

棲息於西日本近海的妖怪，外表近似鯊魚，巨大的尾
鰭上長滿無數的細針。會靠近船隻揮動尾鰭將船上的
人鉤落。與磯撫鯊同種類的妖怪還有島根縣的影鱷
（Kagewani），此地區的「鱷」乃是鯊魚的俗稱。影
鱷的外型與磯撫鯊相同，不同的是影鱷會吞下映在海
面上的影子，被吞掉影子的船員就會死亡。

Isoonna 日本

磯女(いそおんな)

磯女

經常出現於九州沿岸的妖怪，會以奇妙的聲音呼喚路
過的男子。上半身為長髮的女性，下半身的外型不
明，只知她總是全身濕答答的。磯女多半是絕世美
女，受她的呼聲引誘而靠近的話，就會被她長及地面
的頭髮纏住，血液被吸乾而死。鹿兒島縣的磯女傳說
則是只要被她望一眼就會染病死去。另外，據說磯女
最常在盂蘭盆節[65]與除夕時出現。

Israfil 西亞

イスラーフィール

伊斯拉菲爾

伊斯蘭教神話中負責進行最後審判的**天使（Angels）**。
身形異常巨大，站立時頭部恰與阿拉的王座齊高。全
身長滿了毛髮、嘴巴與舌頭。他的職責是白天、晚上
各到地獄巡邏三次，但由於地獄的情景太過悲慘，他
每次都會難過得流下眼淚，神若沒有加以制止的話就
會造成洪水。在最後審判時會吹響號角喚醒墳中的死
者。

Issha

イッシャ
伊夏

類似**樹精童子（Kjimunâ）**的精靈，居住在奄美群島中的德之島上。貌似兒童，身穿斗笠與蓑衣，尾巴似玉蜀黍。只要在臀部戴上玉蜀黍並搖動，伊夏就會以爲是同伴招呼而靠過來。如此一來就能跟伊夏結爲好友，一起出海捕魚的話能捕到無盡的魚。不過伊夏會吃掉魚的一顆眼珠，因此所捕之魚只剩一邊有眼珠子。

Issunboushi

一寸法師（いっすんぼうし）
一寸法師

日本童話中的小英雄。《御伽草子》中有則故事：一寸法師生於津國難波（今大阪府），到十二、三歲時身高仍只有一寸，連雙親都懷疑他是怪物轉世。後來法師帶著針製的刀與麥稈製的刀鞘，以碗爲船，撐著筷子前往京都，並在那裏打倒了作亂的**鬼（Oni）**。這個鬼擁有能實現所有願望的萬寶槌（Uchide-no-Koduchi），法師後來藉由萬寶槌的力量恢復普通人的身高，與宰相的女兒結婚。

Itachi

鼬（いたち）
鼬鼠

與**狐狸（Kitsune）**、狸貓（**Tanuki**）一樣，是一種擁有神奇能力的動物，牠能化身成怪火、**大入道（Oonyuudou）**、小坊主等妖怪的模樣出來嚇人。有時也會住進屋頂或地板底下，使入住的家庭發生怪事。例如有好幾隻鼬鼠在半夜聚集，發出人類宴會的喧鬧聲，或者是在暴風雨前夕發出啾啾的怪聲。此外鼬鼠也能用來占卜，若碰到鼬鼠由右而左橫越道路代表會有好運。據說活過百年以上的鼬鼠會變成貂。

Itsumade 日本

以津真天（いつまで）

以津真天

《太平記》卷12之〈廣有射怪
鳥事〉裡登場的妖怪。乃是不
斷叫著「以津眞天、以津眞
天」66的怪鳥。1334年秋天，
這隻怪鳥夜夜飛到京都御所的
紫宸殿上，眾人感到害怕，請神射手廣有（Hiroari）將之射落。根據書中的描
述，以津眞天爲人首蛇身，鉤嘴鋸齒還長有一對利爪，兩翅張開可達5m寬。鳥
山石燕的《今昔畫圖續百鬼》則將牠畫成腹部以後細長如蛇，在雲上飛翔的怪
鳥。

Ittanmomen 日本

一反木綿（いったんもめん）

一反木棉

一反（約11m）長、擁有木棉布外型的妖怪。一反木
棉會在半夜突然飄出纏住行人的身體或脖子，據說鹿
兒島縣高山地方就有人被纏住而死。或傳過去有個武
士被一反木棉攻擊時迅速拔刀斬去，事後發現刀上留
有血跡。不過當時一反木棉瞬間就消失無蹤。

Jabberwock 英國

ジャバウォック

賈巴瓦克

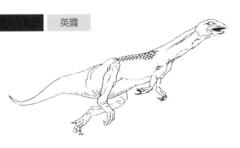

路易斯・卡羅爾（Lewis Carroll）
的小說《愛麗絲鏡中奇緣》
（《愛麗絲夢遊仙境》的續集）
中的怪物。故事中的牠是隻有尖
牙利爪的怪物，但從書中的插畫
可得知牠有一顆魚頭與細長的脖子。外型類似龍（Dragon），全身長滿鱗片，
雙手雙腳像雙足步行的恐龍一般。但牠似乎不怎麼強悍，雙眼雖如熊熊烈焰，走
起路來卻像風中之燭般搖來晃去，最後被戰士輕鬆地砍下頭打倒了。

Jagobabaa

蛇五婆(じゃごばばあ)

蛇五婆

身上纏了大蛇的老妖婆。右手抓著青蛇，左手抓著赤蛇嚇人。鳥山石燕的《今昔百鬼拾遺》中也有她的圖畫，上頭說明她是蛇塚之蛇五右衛門之妻，故名蛇五婆。別名爲「蛇骨婆」（Jakotsubabaa）。據說蛇五右衛門也是蛇妖，被人封在蛇塚之中，蛇五婆爲了守護該蛇塚而威嚇行經蛇塚者不讓人靠近。

Jalandhara

ジャランダーラ

遮蘭陀羅

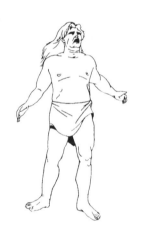

印度神話中的**阿修羅（Asura）**。乃是三主神之一的濕婆神把恆河與海洋結合後產生的怪物，或說他就是濕婆神的破壞欲本身。婆羅門神賜給他統治三界的權力，但遮蘭陀羅因爲自己的力量過於強大而不滿足於此。他向眾神挑戰，把眾神放逐出天界。最後被眾神口中吐出的憤怒火焰變成的擲環（Chakra，一種圓盤形武器）所殺。

Janjanbi

じゃんじゃん火(じゃんじゃんび)

鏘鏘火

在奈良縣橿原市內的十市城附近出現的怪火。天正年間（1573～1592年），武將十市遠忠被松永彈正殺死在十市城內，之後其**怨靈**就一直在原地徘徊。據說只要向城裡大喊「來吧、來吧」，怨靈就會變成火球發出鏘鏘鏘的聲音飛奔而至。怨靈之火會帶來詛咒，見到者數日之內會持續高燒不退。高知縣與九州也有類似會發出聲音的怪火出現。

Jatai

蛇帶（じゃたい）

蛇帶

鳥山石燕的《今昔百鬼拾遺》中由和服帶子變成的妖怪。書中描述一個嫉妒的女人趁情敵睡著時將怨妒之心附在腰帶之上，化爲毒蛇行動。然而從鳥山石燕的圖中並沒有看到和服帶子變成蛇的樣子。腰帶仍舊是腰帶的樣子，只不過像是有了生命一般動了起來。蛇帶的目的就是殺死嫉妒的對象，會像蛇一般把人纏繞起來絞死。

Jenny Greenteeth

綠の牙のジェニー（みどりのがのジェニー）

綠牙珍妮

蘭開夏（Lancashire）湖泊河川裡的妖精。關於其外型並無明確敘述。她會從水中伸出手來抓住船上小孩的腳跟將他們拉進水底。通常躲在水面飄浮著綠色水草的死水地帶，從水草間窺視是否有獵物上門。有人認爲她可能是爲了要教育小孩而編造出來的妖精。

Jichou

治鳥（じちょう）

治鳥

江戶時代中期的圖鑑《和漢三才圖會》中會放火引起火災的怪鳥。平時化身爲鴿子大小的藍鳥，四處放火。有時也變身成身高1m左右的人類於谷川吃螃蟹。吃螃蟹的特點與**山精（Sansei）**很相似。在中國的傳說中，治鳥被視爲山精的同伴，白天爲鳥，夜裡則變成人，住在浙江的深山裡，能使喚老虎。

Jininoshou

慈忍和尚（じにのしょう）

慈忍和尚

過去曾在京都街上出沒的妖怪，屬於**一目小僧**
（**Hitotsumekozou**）的一種。慈忍和尚原本是比叡山
延曆寺的和尚，死後才變成一目小僧。當慈忍和尚還
在世時，比叡山的僧侶人數非常多，而且其中有不少
人生活墮落，經常上京都街頭嬉遊。見到這種狀況的
慈忍十分憂心，因此死後變成了一目小僧，出現在想
入京遊玩的僧侶面前敲鐘嚇人。

Jinko

人虎（じんこ）

人虎

一種類似於狼人，會不由自主地變身成老虎的人類。
小說家中島敦[67]（Nakajima Atsushi）的《山月記》
就是在描述一名男子變身成老虎的故事，不過這類故
事在中國古代其實相當常見。在中國傳說中，有個能
自由變成老虎的種族稱作**貙人**（**Chujin**）。不過人虎
變身的情形其實比較像是生病。東陽無疑的《齊諧
記》中有則故事說道：一名男子變成老虎後過了一年
又恢復成人形，但他變成老虎時曾吃人，因此受到逮
捕。

Jinmenju

人面樹（じんめんじゅ）

人面樹

鳥山石燕的《今昔百鬼拾遺》中介紹的怪樹。人面樹
生長在遠離村落的深山谷底，樹上長了無數朵人臉般
的花朵，那些花不會說話但會發笑。一笑枝枒就抖個
不停，笑得太用力的話就會把人面花搖落。相近的故
事可見於亞洲各國，成書於唐代的《述異記》中記載
著西方海上有個大食王國，國中有人面樹。另外相近
的傳說還有會結出嬰兒果實之人參果。

Jinn

ジン
鎮尼

阿拉伯的精靈之總稱。為天使**伊普利斯（Iblis）**的子
孫，有時也譯作「靈鬼」、「魔神」等名稱。以《天
方夜譚》中登場的神燈精靈最具代表性。鎮尼們不具
實體，出現時像煙霧般冒出，能自由地變化成人類、
巨人、動物等型態，也能飛上天界。只要他願意，就
能替人完成所有願望。阿拉伯的精靈分成5個階層，
由上開始依序是邁力得（Marid）、**伊弗利特**
（Ifrit）、曬依陀乃（Shaitan）、鎮尼、強（Jann）。

Joka

女媧（じょか）
女媧

中國神話中創造出人類之人首蛇身的女神。世界創始
之初動植物就已經存在，但是人類尚未誕生。女媧覺
得孤單，就把黃土和水攪和在一起製成泥巴，放入繩
索使之沾滿泥土之後再拉上來，於是繩上的泥濘就變
成了人類動了起來。此外，祂還教導人類遵守婚姻制
度以繁衍後代。

Jormungand

ヨルムンガンド
約爾孟甘德

北歐神話中環繞大地的巨蛇，別
名「中土之蛇」（Midgard
Serpent）。誕生不久後，就被眾
神拋入環繞中土之國（Midgard，
人類居住的大地）的海洋中，後
來約爾孟甘德越來越大，終於大到包圍住整個大地，然後就銜著自己的尾巴躺在
海底。約爾孟甘德就一直維持這種姿勢不動，但到了世界末日時就會掀起巨大的
海嘯，口中噴著毒氣攻向大地。

Jorougumo

女郎蜘蛛（じょろうぐも）
女郎蜘蛛

如其名是一種能變身成美女的蜘蛛妖怪。外型是體長
約2cm的普通蜘蛛，出現在日本各地。經常會化身為
美女誘惑男性。江戶時代的怪談故事集《太平百物
語》中有則故事：在某個家裡築巢的女郎蜘蛛愛上了
該戶的主人，於是就變成女性引誘他。另外，也有隻
築巢於瀑潭中的巨大女郎蜘蛛變成了該地的守護精
靈，將所有擅闖者吞食。

Jotunn

ヨトゥン
霜巨人

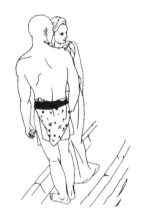

北歐神話中登場的凶暴巨人族。為原始巨人**尤彌爾**
（**Ymir**）的子孫，日文中常譯作「霜之巨人族」。
剛誕生時曾大量繁衍，族人的數量曾一度遮蓋了整個
大地。後來尤彌爾被眾神所殺，血流成河淹沒大地，
使得大部分的霜巨人死去。只剩下伯格米爾
（Bergelmir）與其妻存活，兩人乘著獨木舟逃到的世
界盡頭——約敦海姆（Jotunheim，巨人之國），並
在那裡繁衍下一代。

Jumokko

樹木子（じゅもっこ）
樹木子

生長在日本古戰場遺跡上的樹木妖怪。外型與一般樹
木毫無差別，總是渴求著鮮血，一有人從底下通過就
會伸長樹枝纏住人吸取血液。由於古戰場上曾有大量
鮮血滲入大地，在這裡生長的樹木吸收血液的養分長
大，變得熟知血的美味而幻化成妖樹。據說樹木子不
會變老，會永遠保持著青翠茂盛的樣子。

Juunisama 日本

十二樣(じゅうにさま)

十二樣

日本群馬縣與新潟縣境內的山之守護神。其外型或說是山豬，或說是巨人。傳聞中有個名叫六三郎的男子闖入十二樣禁止打獵的範圍，並在該處造了間獵鳥用的小屋。結果到了晚餐時間，赫然從屋頂處伸進一隻毛茸茸的手拿走鍋子，並說「也讓我吃一點吧」，然後就把小屋壓垮。也有說法表示十二樣是安產的女神。

J
K

Juunishinshou 日本

十二神将(じゅうにしんしょう)

十二神將

平安時代的陰陽師安倍晴明68使喚的12式神（**Shikigami**）。根據鐮倉時代寫成的《源平盛衰記》，十二神將乃是十二生肖之神宿於晴明製作的12尊人偶上變成的。書中晴明的宅第是設於平安京之鬼門69的方位，而這些鬼神們就住在房子南門的樑上。但由於鬼神實在太過恐怖，晴明之妻對他們非常懼怕。因此晴明就讓十二神將住在一条戻橋下，有需要時才召喚出來。

Ka 中國

鬿(か)

鬿

傳說中住在中國南方會引起乾旱的恐怖怪物，別名爲「格」。身高不及人的腰部，頭頂上有隻眼睛，行走速度奇快無比，經常出現於城市之中。見到鬿就表示該地即將發生旱災，且規模更勝於其他怪物引發的。但如果一發現他就立刻捉起來關入廁所，他就會死在裡面，而旱災也就不會發生。

Ka

カ
護衛靈

古埃及人認爲在人類死後出現的一種靈魂。同樣是人類的靈魂，**身魂（Ba）**要在死後才會出現，但護衛靈則是生前就已經存在，死後仍具備所有者身體上的特徵，成爲該人物死後的替代者。此外，護衛靈無法自人體完全獨立，死後仍需要飲食，因此埃及人會供奉食品給死者。如無人持供品祭祀，護衛靈就會消滅。

Kabandha

カバンダ
迦槃陀

於古印度史詩《羅摩衍那》中登場的**阿修羅**（**Asura**）之一。住在印度中部名爲檀達卡（Dandaka）的森林裡，體形像山一般巨大但沒有頭部，胸前有眼，雙臂極長，腹部的正中央有一張嘴巴，裡頭長滿無數顆牙齒。原本爲天界的精靈**乾闥婆**（**Gandharva**），不過在與因陀羅的戰鬥中被他的伐折羅70（Vajra，三叉戟）擊中，頭部因而陷入身體裡。迦槃陀生前雖然是阿修羅，但死後轉世又以乾闥婆的身分重生。

Kabukirewarashi

カブキレワラシ
樹幹童子

住在日本岩手縣的摩陀之樹（大葉菩提）上的樹精，外型與人類小孩無異。會離開樹木走進人家的客廳裡騷擾該戶人家的女兒，或是對人惡作劇，有時也會獨自在外遊玩。不知爲何，他總是滿臉赤紅地在核桃樹上有三道分岔的樹枝上玩耍。

Kabuso

カブソ

河狸妖

住在日本石川縣鹿島郡的河川或池塘裡的妖怪。平常
會以尾巴尖端粗大、類似於小貓的姿態現身，不過有
時也會化身爲年輕貌美的女子。騙人的方法與**河童
（Kappa）**相似，會對人施以催眠之類的法術，讓他
們與普通的石頭或樹木比賽相撲，被騙者會毫不懷疑
地以爲那是人類。此外，**河狸妖（Afanc）**也會說人
話，有人走過水邊時就會現身從背後靠近與他說話。

Kada

化蛇（かだ）

化蛇

中國一種長有翅膀、會引起洪水的蛇怪。現今河南省陽
山附近的河川中仍棲息了爲數眾多的化蛇。中國古代的
地理書《山海經》將牠描述成人面豺身，具有鳥翼的蛇
怪。化蛇沒有腳，移動如蛇行，叫聲則像呼喊一般。此
怪出現之處會帶來大洪水，能飛天或游水，出沒的地方
很廣泛。

Kahaku

花魄（かはく）

花魄

由自殺者的怨念誕生的樹精，會出現在曾有三人以上
上吊自殺的樹上。外型爲可置於掌上般大小的裸體美
女，身上光滑無毛，肌膚純白無暇。不會說人話，只
能發出鸚鵡般的叫聲，因此無法了解她的意思。因爲
是樹精而需要靠水過活，沒有水的話就會枯死，不過
只要把水淋在乾枯的花魄上，她就會再度復活。

Kaichi　　　中國

獬豸（かいち）

獬豸

外型似羊，與麒麟（Kirin）一樣是中國的瑞獸。在
日本亦是有名的怪物，江戶時代的百科圖鑑《和漢三
才圖會》把牠繪成羊身四足一獨角的樣貌。擁有分辨
曲直的能力，會懲罰行為不正的人。因此後人常把牠
當成審判的象徵，將其形象畫在法官服上。其他瑞獸
多出現於仁君的任內，而獬豸則是出現在審判英明的
君王的時代。

Kaifukibou　　　日本

貝吹坊（かいふきぼう）

貝吹坊

備前（岡山縣和氣郡）熊山古城遺跡裡的妖怪。躲在
古城的護城河裡，發出嗚——嗚——的像是吹響法螺
的聲音。與洗豆怪（Azukiarai）一樣從不在人前現
身，有人說貝吹坊發出聲音時就像河童（Kappa）一
樣會從水中露出半顆頭，至於他身體的樣子究竟如何
並無明確的描述，只知道他有一對大大的藍色眼睛。

Kaimeijuu　　　中國

開明獸（かいめいじゅう）

開明獸

中國神話中的神獸，守護崑崙山上天帝居住的宮殿。
宮殿共有九道門，開明獸守護的正是位於宮殿東側的
正門——開明門。關於牠的外型，或說是虎身人面，
長有九尾；或說是身巨如虎，有九顆人頭。《山海
經》的插圖中則將牠畫成虎身人面，頭顱上有八張小
臉的模樣。因為守護開明門所以名為開明獸，但名實
相符，智能非常高。

Kainanbou 日本

カイナンボウ
海南坊

住在日本岐阜縣家裡的**窮神**（**Binbougami**）。只要
敲打圍爐裡的五德（乘放鍋、爐用的三腳支架）就會
現身。關於海南坊的外型並無明確的描述，但據說他
會為人帶來麻煩，例如向這家人索討家裡沒有的東
西，或是久留不去讓這個家越來越窮等等。圍爐與窮
神的關係密切，有些地方認為窮神躲在圍爐的灰燼
裡，只要火焰旺盛窮神就會離開，同時也會招來能帶
來福氣的**座敷童子**（**Zashikiwarashi**）。

Kainanhoushi 日本

海難法師（かいなんほうし）
海難法師

出現在日本伊豆七島附近的妖怪，由死於海上的冤魂
變成。會在每年農曆1月24日夜裡乘著大木盆從海上
漂來，上岸後到村子裡四處走動。見過海難法師的人
回到家一進玄關就會猝死。因此伊豆七島的居民每到
1月24日就會停止出海捕魚，同時也盡量避免外出。
一到晚上連窗戶的防雨板都會蓋上，靜靜地待在家裡
等候天明。

Kakoku 中國

狽国（かこく）
狽國

生息於四川省高山中的一種類似猿猴的怪物，或稱為
「玃猿」、「馬化」。全身毛茸茸，身高約170cm，
能直立步行。狽國中並無雌性，因此會捕捉人類女子
為妻，特好美人。女子一旦生子就會被送還歸鄉，若
無子就不得返鄉；被留下來的女子不久後外型會逐漸
被狽國同化，並忘了自己曾經是人類的事實，漸漸融
入狽國社會之中。

Kakoujuu 中國

火光獸（かこうじゅう）

火光獸

這是中國傳說中棲息在南方火山中的怪獸，別名「火鼠」。火山的火焰中生長著一種不盡木（不會燃燒的樹木），火光獸就是棲息在這種樹木當中。牠的體形巨大，重達250kg。毛長50cm以上，比絹絲還細。在火中身體呈赤紅色，脫離火焰則變成白色。但離開火焰之後，一旦遇水就會立刻死亡，死後可將牠的毛剃下織成火浣布。火浣布是一種遇火不燃，即使沾染髒污只要投入火中就能立刻恢復乾淨的神奇布料。

Kakurezatou 日本

隠れ座頭（かくれざとう）

隱形盲客

一種會擄走小孩的妖怪，日本各地均有相關的傳說，當小孩失蹤的時候，人們就會說是隱形盲客幹的好事。沒人見過他的樣子，但有說法表示他是個無腳跟的盲人。日本各地都有深山或洞穴深處藏著世外桃源的傳說，在流傳的過程中世外桃源（隠れ里，kakure-zato）的發音逐漸演變成隱形盲客（隠れ座頭，kakure-zatou）。據說去過世外桃源的人會變得富有，而聽過隱形盲客腳步聲的人也會變成富翁。

Kaliya 印度

カーリヤ

迦哩耶

印度神話中的蛇神——**那迦**（**Naga**）族之王，為所有那迦的祖先。原本住在亞穆納河（Yamuna River）河畔，但牠的蛇毒使得河川沸騰草木枯竭，使飛鳥死亡。黑天見此便踏住迦哩耶的頭將牠降服，要牠遷移到拉瑪那卡島上。後來迦哩耶的子孫頭上一直留有黑天的腳印，但也因此受到腳印的保護，誰也無法加害於他們。

Kamaitachi 日本
鎌鼬(かまいたち)
鎌鼬

一種爪子如鎌刀般銳利，能以不見身影的速度瞬間割裂人大腿的鼬鼠。牠絕對不會讓人看見，所切開的傷口不管多大都不會讓人感到疼痛或出血，人們頂多感覺到一陣風吹過罷了。因此有人認為鎌鼬是乘著魔風出現，另外也有說法表示鎌鼬乃是三人一組的神，第一個負責把人推倒，第二個負責切砍，第三個則是負責塗藥讓傷口不會發疼。

Kamasuoyaji 日本
叺親父(かますおやじ)
草袋鬼

日本青森縣內的妖怪，與**鬼（Oni）**一樣高大。總是等著懲罰壞孩子，一聽到有孩子哭泣，就會立刻背著用稻草或藺草製成的袋子衝進來，不管三七二十一地把小孩抓著往袋裡丟，然後扛著離去。與秋田縣鹿角地方傳說的背草袋怪為相同的怪物，據說也是見到哭泣的小孩就立刻抓進草袋裡帶走。

Kamuro 日本
カムロ
沖繩河童

日本沖繩縣一種類似**河童（Kappa）**的妖怪。沖繩因河川稀少所以不太容易見到他的身影，不過他有時也會住在井裡。據說沖繩河童特別喜歡古井，有時會將望向古井底的孩童拖進井裡。此外，也會偷取人映在井水中的影子，影子被偷的人身體會日漸衰弱。也有傳說指出他躲在那霸市一座叫作一日橋的橋梁底下，經常以跳舞的聲音引誘人，並將靠近者拖入水裡。

Kan

患（かん）

患

中國傳說中由監獄內犯人憂憤之情聚集而成的怪物。
外型爲一青眼牛，身高達10m左右，四腳深陷入地，
人力難以撼動。據說牠曾在西漢漢武帝出巡時現身，
擋在一行人面前阻礙前行，隨行的臣子中只有以博學
聞名的東方朔知道此怪爲憂憤之怪，因此吩咐人準備
大量的酒讓牠抒發情緒，怪物才這樣消失了。

Kanchiki

カンチキ

悍血鬼

住在山梨縣南都留郡砂原附近的大淵裡的妖怪。此怪
與**河童（Kappa）**非常類似，背上背著龜甲，臉色和
烏鴉天狗（Karasutengu）一樣黝黑，頭上長了蓬亂
的長髮。性格非常暴戾，一抓到人就立刻把手伸進受
害者的肛門扯出其內臟吃掉。而且悍血鬼拉人下水的
力量非常大，和他拉扯絕對贏不了。此時只要不抵
抗，反過來往他的方向推就能讓他翻倒。

Kanedama

金玉（かねだま）

金玉

乃是一種圓珠形的黃金精靈，妥善收藏它的人就能變
成富翁。與**金靈（Kanedama）**一樣都是憑空出現，
是形狀大小有如雞蛋的黃金珠，落到地面後會陷在泥
中或朝人的方向滾動。靜岡縣的金玉會在夜裡發出紅
光滾到人腳邊，發現者若不好好收藏就會招來不幸。

Kanedama

金靈（かねだま）

金靈

一種黃金精靈。《今昔畫圖續百鬼》中說明金靈乃是黃金之氣，會出現在善人面前使他成為大富翁。據說他是從空中飛來，有幅插圖將他描繪成大量金幣從天而降掉進倉庫的情景。《古今百物語評判》中也有一則金靈的故事：一日傍晚有個像薄雲般的金靈出現，在某戶人家屋頂造成巨大的聲響。有人拿刀揮砍，沒想到竟然從中掉落非常多錢幣。

Kanennushi

金ん主（かねんぬし）

金主

在除夕夜裡以人類或動物的樣子現身，能讓人變得富有的財神。《吾妻昔物語》中有則故事：有個男子遇上由金主變成的一列馬隊，馬隊中最前方的馬背上背了黃金。男子一開始不好意思拿走而放過前幾匹，等他下定決心要伸手拿取時已是第三匹馬了，但裡面只剩下銅錢。

Kangeishi

乾魆子（かんげいし）

乾魆子

於中國古典志怪小說《續子不語》中登場的一種會行動的屍體，乃僵尸（Kyoushi）的一種。由礦工的屍體變成，每當礦坑發生落盤事故時就會現身。乾魆子會指引生還者礦石的所在，並要求礦工帶他出去。如不接受請求就會死纏著不放，礦工不得已只有帶他離開。但乾魆子的身體已經完全腐敗，一接觸外面的空氣就會立刻化為一灘腐水，碰到腐水的人就會染病而死。

Kankyoujin

貫匈人（かんきょうじん）

貫匈人

據說古代於中國南方有個貫匈國，根據中國古代奇書
《山海經》的描述，此地的人民與一般人無異，只是
個個胸前開了一個大洞。這是因爲古代被大禹所殺的
防風氏之臣子欲追隨主君而去，在胸前鑿出大洞而
亡。大禹憐憫他，以不死靈藥將他救活，此人便是貫
匈人的始祖。貫匈人移動時不像中土人民般乘轎，而
是一棒子穿過胸口大洞，兩人一前一後扛著移動。

Kappa

河童（かっぱ）

河童

棲息於日本各地河川、湖泊、海洋等處的妖怪。關東
以外的地方又稱作「**猿猴（Enkou）**」、「**水怪**」
（**Medochi**）、「**河鬼**」（**Kawappa**）等名稱，不過
都具有各自的特徵。一般所說的河童是指留有孩童般
的髮型，頭上有個碟子，碟中盛有水，水乾則會死亡
的妖怪。手有三指，指間有蹼。兩手在體內是相連
的，用力拉扯就會兩隻手臂一起脫落。愛惡作劇，會
把小孩拉進河裡偷走他們的尻子玉（傳說中藏在肛門
裡的一種珠子，被拿走就會沒命）。

Kar fish

カラ

卡爾神魚

在波斯的創世神話中爲善神阿
胡拉·瑪茲達守護白色靈木的
十條神魚。白色靈木是早在人
類誕生以前，就生長在環繞大
地的沃克莎海中的神奇樹木，
能長出長壽的靈藥。因此，創造出衰老的邪神**安格拉·曼鈕**（**Angra Mainyu**）
就派了大蛙前去讓靈木枯萎，但因爲其中一條卡爾神魚總是守著白色靈木而被擊
退。

Karakasa 日本

から傘（からかさ）

破傘怪

付喪神的一種，乃歷經歲月風霜的老舊雨傘獲得靈魂
後變成的妖怪。外型就像是收起來的普通雨傘，不過
中間的柄卻是一隻人腳，腳下穿著只有一齒的高木
屐。傘上長了單眼與一口，兩旁還長了一雙手。在雨
天的時候出現，單腳繃繃跳跳地前進，吐出長長的紅
舌驚嚇路上的行人。中世紀的《百鬼夜行繪卷》說明
他屬於付喪神的一種，可見他是非常古老的妖怪。

Karasutengu 日本

烏天狗（からすてんぐ）

烏鴉天狗

天狗的一種。不同於一般天狗長著長鼻子，烏鴉天狗
臉上有張長長的鳥嘴，背上生有羽翼。別名「小天
狗」，被視為大天狗（Daitengu）的部下，但在日本
各地神社寺廟裡卻是最多人祭拜的天狗。手腳與人類
相同，不過也有長著如老鷹般的利爪者，身穿山伏的
服裝，腳下踩著高木屐，能於空中飛翔，也能附身在
人類身上。本性邪惡，會設法使僧侶墮落。但因為是
天狗中的下層階級，有時也會被德高望重的僧侶驅
趕。

Karkoṭaka 印度

カルコータカ

伽科達迦

印度神話中的蛇神——那迦（Naga）族之王。與那
迦的祖先迦哩耶（Kaliya）是兄弟，擁有強大的力
量，能為人趕走附身的惡魔，或把人變成小矮人。在
《摩訶婆羅多》中有則關於那羅王的故事：被惡魔卡
利附身的那羅王在森林裡被有毒的伽科達迦咬到，但
毒液只對惡魔發生作用，國王卻平安無事。後來那羅
王又靠著伽科達迦的魔法變成小矮人等等。

Kasha 　　　　　　　　　日本

火車（かしゃ）

火車

一種會突襲葬禮翻開棺蓋帶走屍體的妖怪。鳥山石燕的作品《畫圖百鬼夜行》將之描繪成體形與人類相當，以二足站立的巨貓。出現時會風雨大作、烏雲密布。不過江戶時代的隨筆集《北越雪譜》則說牠會出現在雪中，且渾身環繞著火球。平安時代的火車則是指帶著火焰，運送死者到陰間的魔車，在流傳的過程中漸漸演變成貓形妖怪。

Katakirauwa 　　　　　　　日本

片耳豚（かたきらうわ）

單耳豬怪

日本奄美大島上一種具有小豬外型的妖怪。只有單耳的稱爲單耳豬怪，兩邊無耳的則稱爲無耳豬怪（Minkirauwa）。兩種妖怪的特徵相同，都沒有影子，一見到人就想從跨下穿過。一旦被這種妖怪穿過跨下，不是死亡就是變成性無能，且會一輩子畏畏縮縮，防範的方法就是把雙腿交叉不讓牠通過。據說落單的女性特別容易遇到牠。

Katawaguruma 　　　　　　日本

片輪車（かたわぐるま）

單輪車

在夜裡出沒的美女妖怪。乘著燃燒著熊熊火焰的單輪車出現，帶著嘎嘎作響的車輪聲在市街上徘徊。不幸遇見她的人就會受到詛咒。《諸國里人談》裡有則故事：近江國甲賀郡（滋賀縣南部）的某女子從窗戶的縫隙偷看單輪車，床上的小孩就在這個空檔中被帶走了。次日，女子將失去孩子的悲傷寫成一首和歌貼在窗戶前，單輪車受到感動而將小孩送回。

Katsukai

中國

猾裹（かつかい）

猾裹

中國古代的地理書《山海經》中出現的怪物。身體有如人類，但全身長滿豬毛，叫聲像砍柴聲。每當猾裹出現，當地就會出現修築宮殿或整治河川之類的工程，使得百姓飽受勞役之苦；或說出現之處會發生反抗暴政的民亂。住在盛產玉石黃金的堯光山中，冬天時會掘地作床冬眠。

Kawaakago

日本

川赤子（かわあかご）

川嬰

乃外表如同嬰兒一般的妖怪。鳥山石燕在畫集《今昔畫圖續百鬼》中將他視爲河童（Kappa）的一種。不過和河童不一樣的是，他完全不會對人惡作劇。平時出現在河邊的草堆或海岸線附近，通常只聞其聲，即使覺得奇妙而四處尋找也不見其蹤影，因此無法確認他的眞實樣貌是否眞的像嬰兒。石燕將他畫成擁有獅子臉的嬰兒，像被人拋棄似的躺在河邊草叢裡。

Kawahime

日本

川姬（かわひめ）

川姬

乃住在日本福岡縣河川裡的精靈。外型爲美麗的女子，經常出現在河邊吸引人的注意，特別是當年輕男子聚集在河川附近時。爲川姬的美貌吸引者就會被她吸走精氣。因此當川姬出現時必須低頭離開，千萬不要理會。日本擁有美貌的水精除了川姬以外還有北海道的露露柯欣普（Rurukoshinpu），凡對她傾心的男性都會喪命。

Kawakozou　日本
川小僧(かわこぞう)
川小僧

日本靜岡縣與愛知縣一種類似**河童（Kappa）**的妖怪。會讓靠近河川或在河裡游泳的人溺水，藉機奪走他的尻子玉[44]。做法相當粗暴，可以明顯地在溺死者的臀部上看見被川小僧挖走尻子玉的傷口。靜岡縣另有一種稱作河原小僧（Kawaharakozou）的妖怪，他身高達2m，出現於河水暴漲時。

Kawaotoko　日本
川男(かわおとこ)
川男

日本岐阜縣內住在水邊的一種妖怪。夜裡到大河旁撒網捕魚時經常會看到他。因為時常在水邊出沒，所以被認為是**河童（Kappa）**的一種。但其膚色黝黑身形巨大，一般河童鮮少會有這種特徵，因此一般認為川男應該是**山男（Yamaotoko）**的一種，又因為他住在河邊所以稱作川男。由於他都在晚間出沒，所以無法確定他的細微特徵。除此之外，也不知道川男為什麼總是兩人一組地對人訴說故事。

Kawatengu　日本
川天狗(かわてんぐ)
川天狗

住在東京奧多摩地方的溪谷河川裡的妖怪，只有在雪夜與陰天時能見到他。他身上繫著美麗的腰帶並撐著傘，據說也常坐在岩石上沉思。很少加害於人，不過偶爾會發出急流的聲音嚇人，並把受吸引而靠過來的人拖下水。似乎也能讓人看到幻影，夜裡若見到架在溪谷上的橋梁數目增加，就可能是川天狗所為。

Kawauso 日本

川獺(かわうそ)

河狸

日本自古以來就視河狸為靈獸。河狸住在河裡，能說人話，有時會攻擊人類，把人拖入河中或是作怪騙人。江戶時代在金澤這個城鎮中有則故事：有隻河狸每天晚上化身成一名頭戴斗笠身穿美麗和服的女子出現。某夜，一名年輕人想誘惑美女而前去攀談，美女就突然掀起斗笠，露出老太婆的臉。年輕人大吃一驚，嚇得腿軟站不起來，結果就這樣被河狸吃掉了。

K

Kawayashin 日本

廁神(かわやしん)

廁神

乃日本與中國舊式廁所內的精靈，在日本則被稱作「加車波理入道」（Ganbarinyuudou）。日本的廁神住在廁所的便壺內，一手接大便，另一手接小便。如果有人向內吐痰他就不得不用嘴巴接，因此會非常憤怒。另外廁神非常害羞，進廁所前必須先假裝咳嗽作為信號。中國的廁神叫作「倚」，手持白杖，身著青衣，知其名而呼喊名字者無事，不知情卻胡亂呼喊者則會死亡。

Kawazaru 日本

川猿(かわざる)

川猿

住在靜岡縣的**河童（Kappa）**，外型就像是猴子、河童與河狸的合體，但是頭上並沒有盤子。常化身成小孩出來騙人，據說他非常喜歡喝酒。在靜岡縣的傳說中，川猿身上有股魚腥味，個性非常膽小，而且身上帶有會傳染給動物的疾病，騎馬渡河時若遇到川猿，馬匹就會染病而死。

Kayatsuritanuki 日本

蚊帳つり狸（かやつりたぬき）

蚊帳狸

夜裡出現在無人通行的暗路正中央，像蚊帳一般的妖怪，據說是由狸貓（**Tanuki**）變化而成。某故事中有個行人遇上了蚊帳狸，心想不過是蚊帳罷了就直接穿過，沒想到後面還是蚊帳，穿過數張蚊帳後覺得不妙想回頭時，後面竟然是無邊無際的蚊帳，結果一直到清晨他都在同一個地方打轉，最後他靜下心來，丹田使力穿過蚊帳，總算在第36張蚊帳處脫離。

Kayôoyashi 日本

カヨーオヤシ

呼人怪聲

樺太島上一種只有聲音的妖怪，或許他本身具有形體，但總是只聞其聲不見其影。「Kayôoyashi」在愛奴語中為「呼喚人的妖怪」的意思，其中的「kayôo」乃呼喚之意。入山打獵時，若聽到某處傳來喂的一聲，並循聲前去的話，就很有可能會因此而喪命。因為呼喚人的聲音很可能是由怪物發出的。

Kazenbou 日本

火前坊（かぜんぼう）

火前坊

出沒於日本平安時代高級貴族的喪葬場所——鳥部山上的妖怪，現身於火葬產生的煙霧之中。鳥山石燕的《今昔百鬼拾遺》中，將他描繪成右手持念珠的瘦弱和尚。每當傳染病流行時，鳥部山附近就成了大量屍體的棄置場所，據說曾有高僧在此自焚以祈求上蒼救世。火前坊或許是到場觀禮者思念死者的心情聚集起來變成的怪物。

Kechibi 日本

けち火（けちび）

火首

日本高知縣的怪火，由帶著怨恨死去者的靈魂變成，可以在其中見到一張人臉。有個特別的方法能夠呼喚他，那就是拿起竹皮編的草鞋敲三下然後喊他的名字；或說在草鞋底部吐口水然後呼喚他的名字就會出現。但是，以這些方法呼喚似乎相當失禮，因爲火首通常都帶著憤怒現身。

Keinou 中國

傒囊（けいのう）

傒囊

成書於四世紀的《搜神記》中所描述的山中妖怪。乃**山精（Sansei）**的一種。據說諸葛亮之甥諸葛恪擔任丹陽（江蘇）太守時，曾在山中見到傒囊。他的模樣就像小孩一樣，且有拉人手的怪癖。諸葛恪見狀反過來將他拉到自己這邊，結果傒囊當場死亡。諸葛恪引用《白澤圖》說明傒囊是居於兩山之間，一旦離開自己的地盤就會死亡。

K

Keiten 中國

刑天（けいてん）

刑天

中國神話中的無頭巨人。刑天乃砍頭之意。原本是普通的巨人，爲炎帝的部下。在炎黃之戰炎帝敗給黃帝之後，刑天單槍匹馬向黃帝挑戰。在戰鬥的過程中，刑天的首級被黃帝砍下埋進常羊山裡，但刑天仍不放棄，他把乳頭變成了雙眼，肚臍變成了嘴巴，左手持盾，右手持斧，即使無頭仍繼續奮戰。

Kekkai

血塊(けっかい)

血塊

傳說中於日本神奈川縣和崎玉縣內由人類生下的妖
怪。關於血塊的外型並無明確敘述，只知道他在剛出
生全身仍沾滿血液時就能起身行動，並爬上坑爐的爐
鉤逃走。此怪一旦逃走產婦的性命就會不保，因此神
奈川的傳統告誡人們必須準備好飯匙，一看到血塊爬
上爐鉤就立刻用飯匙將他打落。而在崎玉縣則說他會
從外廊逃入地下，因此要在產婦旁設置屏風，堵住他
的去路以便殺死他。

Kelpie

ケルピー

水魔

蘇格蘭的馬形水妖精。有時會出現在河邊吃草，但千
萬不能靠近他。一旦碰到他的身體，手就會被緊緊黏
住，若是騎上馬背就再也下不來，最後被他拖進水
裡。而且每當有人騎上去，馬身就會隨之拉長，因此
能夠乘載很多人。在某故事中，曾有七個少女同時騎
上水魔背上，然後全數被拖入湖裡，次日只有內臟浮
出水面。

Kenashikoruunarupe

ケナシコルウナルペ

克娜西科露那魯佩

愛奴傳說中，住在膽振與日高一帶的妖怪。名字乃
「木原之老女」的意思。外型爲披頭散髮的老婦人，
臉色黝黑，無眼無口，臉上只有一個拇指般的鼻子。
住在樹洞裡或河岸旁，每當有人上山就會遣熊攻擊。
在某則故事中，有名男子從山上活捉一頭小熊回去，
半夜從外面傳來騷動聲，一看，只見關熊的籠子裡有
一個禿頭少年正配合老婦打的拍子起舞。

Kenmon

ケンモン

奄美樹精

住在奄美群島榕樹上的妖怪。身高與五歲小孩差不多，全身長滿毛髮，留著妹妹頭，頭上有個盤子。喜歡惡作劇，會像**河童（Kappa）**一樣把人拉進河裡，或與人比賽相撲。也會化成人類或動物嚇人，或是抽走小孩的魂魄等等。與沖繩的**樹精童子（Kijimunâ）**一樣喜歡吃魚眼珠，有時漁夫捕魚，會發現所補之魚的眼珠全被挖空。

Kerakeraonna

K

倩兮女（けらけらおんな）

倩兮女

放聲大笑嚇人、身形巨大的女妖。走在無人的街道上時，會忽然見到倩兮女巨大的身軀從比人還高的圍牆後面伸了出來。只見到一個穿著和服的中年女子，跳舞似的揮動雙手，張開塗滿口紅的紅唇放聲尖笑。鳥山石燕在畫集《今昔百鬼拾遺》中推測她可能是玩弄多名男子的淫婦鬼魂化成的妖怪。

Keukegen

毛羽毛現（けうけげん）

毛羽毛現

全身被長毛蓋住的似犬妖怪。鳥山石燕在畫集《今昔百鬼拾遺》中說明，之所以會被稱作「毛羽毛現」，或許是因為全身長滿長毛的緣故，不過也可能是因為他很少出現，非常稀奇，所以才會被稱作「希有希現」[71]。或說此妖怪乃是**瘟神（Yakubyougami）**，住在地板下緣等潮濕的地方，使所住人家的成員生病。

Khnemu

クヌム

赫奴姆

埃及的羊頭神。比太陽神拉（**Ra**）更早受到人們崇
拜，對赫奴姆的信徒而言祂才是真正的創造神，因為
是祂創造了眾神以及包含尼羅河在內的世界萬物，就
像個藝術家一樣，以泥土與轆轤創造出人類與動物。
平常性格溫和，但生氣時非常可怕。祂住於尼羅河水
流最湍急的亞斯文（Aswan）附近，能夠調節尼羅河
的水量，隨心所欲地引發乾旱與洪水。

Ki

鬼（き）

鬼

中國的幽靈之總稱。「鬼」與「歸」的日文發音相
同，隱含著從死者國度歸來之意。在日文中意味著惡
靈的意思，泛指看不見身影的靈。與日本的幽靈一樣
皆擁有人類的外型，通常以鬼魂生前的樣子出現。上
吊自殺者便會繫著繩索出現，溺死者則會以溺死時浮
腫的樣子出現等等。多半心懷怨恨因此會加害於人，
不過也有些鬼像普通人一般在生者的國度生活，甚至
是結婚生子。

Kicchou

吉弔（きっちょう）

吉弔

廣東廣西一帶的怪物，住在水邊或森林等處。外型為
龍龜的合成獸，蛇頭龜身，龜甲由無數層龍鱗組成，
但由於頭尾過長而無法盡入龜甲之中。根據《和漢三
才圖會》的記載，龍一胎生下雙卵，一卵為龍，另一
卵則為吉弔。此外，吉弔外型雖然像烏龜，但基本上
仍是龍族，他的脂肪能治耳病，是一種珍貴的藥材。

Kijimunâ

キジムナー

樹精童子

棲息於日本沖繩縣的樹精。別名「Kijimun」、
「Bunagaya」等等。外型類似於河童（**Kappa**），或
說是全身赤紅且長滿毛髮的小孩。住在老榕樹上，經
常出現在海邊與河邊。有時也會住在人類家裡，會邀
請此家裡的人一起打魚，並讓人大豐收。由於他只要
求吃魚的單眼，因此有樹精童子的家庭會變得越來越
富有。不過他與座敷童子（**Zashikiwarashi**）一樣，
只要一生氣離開的話，家裡就會立刻面臨破產的窘
境。

Kijimunâ-bi

キジムナー火（キジムナーび）

樹精火

出現在日本沖繩縣的鬼火。據
說是樹精童子（**Kijimunâ**）
晚上出遊時帶在身上的火焰，
經常妖異地出現在海上或溪谷
裡。與一般鬼火一樣屬於陰火

72，即使碰到也不會覺得燙，遇水也不會熄滅。或說會在海上以極快的速度前
進。然而除了樹精火以外，樹精童子有時也會帶著燙人之火，惡作劇地半夜潛入
家裡把人燙傷。這種鬼火則叫作樹精之灸（Kijimunâ-Yâchû）。

Kijomomiji

鬼女紅葉（きじょもみじ）

鬼女紅葉

住在日本信州（長野縣）戶隱山的鬼女。身高達
3m，頭生角，口能吐火，能招來火雨。原本爲美麗
的少女，但個性邪惡，爲了獲得權力而使用妖術迷惑
貴族男子，被人看穿後逃到戶隱山上。之後她成爲了
盜賊團的團長，繼續爲非作歹，最後終於變成了鬼女
紅葉。變成鬼女之後開始吸人血甚至是吃人肉，結果
被平安時代末期的武將平維茂（Taira-no-Koremochi）
所殺。

Kikimora

キキーモラ

琪琪茉拉

住在俄國家庭暖爐旁的女精靈。關於她的外型有種種
說法，或說她是永遠不會變老的瘦小少女。或說她生
了一對如狼的大耳，頭上包著頭巾，並有一張鳥喙與
雞爪。會幫助勤快的主婦，在大家都上床睡覺後幫忙
織布，或是代替完成一切家事；如果這個家庭的主婦
十分懶惰就會在半夜把小孩嚇哭，如果懈於祈禱就把
織布機上的絲線弄得一團糟。

Killmoulis

キルムーリ

水車妖精

住在蘇格蘭低地地方水車磨坊裡的妖精。外型似人，
但十分醜陋。會在磨坊裡幫忙磨麵粉，不過像小孩一
樣愛惡作劇，喜歡在大麥裡灑灰，有時反而因此而幫
了倒忙。不過只要對他說「年老的水車妖精啊」就能
使之順服。他對水車磨坊的情感比任何人都深，一旦
磨坊將遭到什麼事故就會悲傷地向人預告。

Kimnara

キンナラ

緊那羅

印度神話中的魔物。緊那羅乃是男性，女性則稱作緊
那利（Kimnari）。緊那羅為馬頭人身。與夜叉一樣
是由創造神婆羅門的腳趾生出的，住在吉羅娑山的天
界裡，在財神俱毗羅73（Kubera或Kuvera）之處擔任
樂師，負責演奏音樂。緊那利則是美麗的天女
（Tennyo），有時會下凡至人間玩水嬉戲。

Kimunainu 日本

キムナイヌ

基姆奈奴

住在北海道部分地區及樺太島的**山男**。別名「龍科羅歐亞希」（Ronkorooyashi，意即禿頭妖怪）。其巨大的身體上長滿毛髮但頭頂卻光禿禿，聽到有人談論禿頭的話題就會生氣，在山上招來暴風雨推倒樹木，令人十分困擾。除此之外個性溫和，常幫助受困於山上的人，喜歡香菸，看到人抽菸就會靠近，只要分給他一點就不會加害於人。

Kinhi 中國

欽鴀(きんひ)

欽鴀

《山海經》中登場的邪神。生前為獸身人面，死後則化為鳥，據說此鳥一出現就會有大戰發生。欽鴀因為與龍身人面的怪物鼓（Ko）合力殺死了天神祖江，而被黃帝派出的使者打倒，後來變成了一隻巨大的鶚。鶚是一種類似老鷹的鳥，據說欽鴀的叫聲與普通的鶚相同。身上有黑色的斑紋，頭白嘴赤，並有虎爪。

Kinkaku-Ginkaku 中國

金角／銀角(きんかく／ぎんかく)

金角／銀角

《西遊記》中登場的惡魔兄弟。兩人都是長著髭鬚，身穿甲冑的巨漢。住在平頂山蓮花洞中，為山賊團的首領，善使妖術，深為往來旅人所畏懼。他們原本是侍奉天界太上老君的兩個少年，名為金爐童子與銀爐童子。因為厭煩了天界的工作而逃到人間，逃出時順手偷了許多具有強大神通的器物，如紫金紅葫蘆、七星劍、芭蕉扇等等，害慘了**孫悟空（Songokuu）**一行人。

Kînushi

キーヌシ
木主

日本沖繩縣內附在大樹上的樹精。相對於榕樹樹精的**樹精童子（Kijimunâ）**經常離開樹活動，木主從不離開自己依附的樹，因此從未有人見過他，更沒有人知道他究竟長什麼樣子。但能確定的是木主確實藏在樹木裡，因爲曾有人半夜聽到木主所依附的樹木倒地的聲音。這是木主領悟自己壽命將盡而發出的痛苦哀鳴，數日後該樹木便會枯死。

Kirimu

キリム
奇力穆

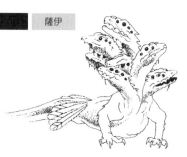

薩伊共和國山區的少數民族南格人傳說中的森林怪物。具有七頭七角七眼，口生犬牙，背後有老鷹尾巴。平時只是靜靜地待在森林裡，一餓便四處攻擊村落吃人。但是被吞下的人並不會被消化，而是存活在肚子裡。傳說中有一個名爲姆溫度的勇士打倒了奇力穆，因此從牠肚子裡救出了許多人，後來這些人組成了一個部落。

Kirin

麒麟(きりん)
麒麟

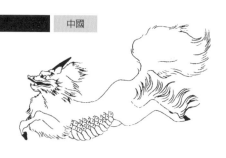

中國的靈獸。根據中國自古以來的五行思想，麒麟的位置屬東西南北的中央，爲360種毛獸之首。爲鹿牛交配所生下，身體爲鹿，尾爲牛，頭上有一角，身高5m以上。隨著時代的變遷，後來形象又變成全身披滿龍鱗，臉似龍的樣子，仁德深厚，走路十分小心，決不踐踏蟲草。鳴叫聲與音樂的五階相同，腳印爲正圓，只循直角轉彎。

Kisha

鬼車（きしゃ）

鬼車

收錄在《續博物誌》、《荊楚歲時記》中的怪鳥，亦
稱作「九頭鳥」。張開翅膀可達3m，外型就像是大
型的九頭貓頭鷹，會吸取人的靈魂。白天目不能視，
所以要到夜晚才能出遊，怕火光，即使是見到微弱的
燭光也會因目眩而落下。另外，鬼車與《西遊記》中
登場的**九頭駙馬（Kyuutouhuba）**一樣，九顆頭顱中
有一顆被狗咬斷，傷口處血流不止，時常滴血。

Kitsune

狐（きつね）

狐狸

日本傳說中能隨意變換形體，附身在人身上的動物。
狐狸變身的傳說是來自於中國，但只有特別的狐狸
（參照**狐狸〈Ko〉**之項目）才能變身。而日本早在
平安時代初期的《日本靈異記》中，就可以見到狐狸
變身騙人的故事。到了江戶時代，故事中的狐狸只要
把樹葉放在頭上，翻個身就能簡單地變身。一直到平
安時代，才開始出現狐狸附身在人身上的傳說，如**裂
尾狐（Osakikitsune）**或**人狐（Hitogitsune）**之類。

Kitsunebi

狐火（きつねび）

狐火

夜晚出現於道路未開的山腰
上，如隊伍般整齊移動的鬼
火。別名「狐狸出嫁」。狐火
顏色有紅有橙，數量從數十個
增加到數百個後就突然消失，
不久後又再度出現。據說是狐狸吐出的氣息燃燒造成的現象。江戶的王子稻荷爲
狐火經常出現的著名場所，浮世繪[74]師安藤廣重[75]（Andou Hiroshige）在其作品
《名所江戶百景》中將此現象繪成無數隻狐狸嘴裡吐著火焰的情景。

Kitsuryou 中國

吉量（きつりょう）

吉量

只要騎過牠就能使人延命千歲的奇馬。外型爲純白或
帶有斑紋的白馬，雙眼金黃，鬃毛赤紅，頸部似雞
尾。別名「雞斯之乘」。據說吉量住在《山海經》中
提到的奇肱國與犬戎國裡。奇肱國又稱爲奇股國，該
國人民臉上有三目，只有單手或單腳。犬戎國中的男
性則全爲狗頭。兩國人因有吉量而變得非常長壽。

Kiyohime 日本

清姬（きよひめ）

清姬

因爲過於思念意中人而變成蛇的女性，乃有名的「安
珍清姬傳說」[76]的主角。一名前去熊野參拜的山伏寄
宿於紀州的清姬家裡，年幼的清姬聽信父親所言，深
信此男子是將來婚配的對象，但山伏並無此意而逃離
清姬家。可是清姬戀慕之情太深，因而化爲一條長達
10m的大蛇，流著血淚追趕他，最後男子被大蛇口中
吐的火燒死。

Knocker 英國

ノッカー

礦精

住在英國康瓦耳地方礦山中的妖精。熟知好礦脈的所
在位置，會於礦工們挖掘時在一旁敲石頭告知礦脈的
位置。「Knocker」（敲打者）的名字就是由此而
來。有時也會出現在人面前，但礦工們絕不會打擾他
們的生活。因爲妖精們最討厭私生活遭到窺探，如果
礦精們離開的話，礦脈就會立刻枯竭。

Ko

狐（こ）

狐狸

中國的**狐狸**（**Kitsune**）。日本的狐狸也會變身，但
這個特質是從中國的傳說演變而來。據說中國的狐狸
活上50年就能變成女子，活過100年就能變成美女或
巫女。至於超過1000年的狐狸則會成爲最高級的**天狐**
（**Tenko**），擁有九條尾巴與金黃的身體。另外狐狸
世界也與人類世界相同，有特別的考試，合格者即成
爲**仙狐**（**Senko**），仙狐通曉人、鳥類之語，能自由
變身。

Ko

鼓（こ）

鼓

於中國典籍《山海經》中登場的怪物。外型爲人面龍
身，乃是帶給世界晝夜的龍——**燭陰**（**Shokuin**）之
子。黃帝時代曾與神明**欽鴀**（**Kinhi**）合力殺死天神
祖江，因此被黃帝所派的使者殺死於鍾山，但死後鼓
的惡氣未消，變成了鵕。這種怪鳥的鳥喙爲方形，外
型似鳶，叫聲如天鵝，所到之處會發生嚴重的旱災。

Kobolds

コボルド

狗頭人

住在德國家庭裡的小精靈。與**布勞尼**（**Brownie**）、
淘氣地精（**Hobgoblins**）一樣，會趁人睡覺的時候幫
忙照顧馬兒或做家事，只要請他喝一杯牛奶當作報酬
就可以了，但如果忘記答謝他便會離開這個家。性格
積極，會叩叩叩地敲牆壁天花板提醒自己的存在，也
會與家人交談，提供有用的建議。

Koboshi 日本
コボシ
科波西

住在三重縣的鳥羽、志摩等地的**河童（Kappa）**。別名「西里科波西」。此地自古以來就流傳著海底有嚇人魔物的傳說，不過在傳承的過程中卻演變成河童，甚至是變得會把人嚇得心臟麻痺而死，因此潛水捕魚的海女[77]們都非常害怕在海中遇到科波西。在潛水時都會在脖子上掛著山椒驅魔。另外，科波西討厭鐵器，會對把鐵器丟進海裡的人作祟。

Kodama 日本
木靈(こだま)
木靈

日本人對宿於年代久遠的樹木上的樹精之總稱。木靈會在森林裡發出奇妙的聲響，或是變成人形出現。鳥山石燕在《畫圖百鬼夜行》中說明百年的樹木上有神明附著，有時甚至會在一旁現身，並將木靈畫成站立於松樹旁的老翁老婦。然而老樹即使不現身，也能展現出神奇的力量，像是想砍伐千年山毛櫸的樵夫突然肚子痛，或者是在斧頭砍入的地方流出鮮血等傳說，據說都是木靈所爲。

Kodamanezumi 日本
コダマネズミ
木靈鼠

日本秋田縣北秋田郡的獵人們在山中遇到的奇妙老鼠。乍看之下與一般老鼠無異，但正當目擊者這麼想時，老鼠的身體就會忽然脹大，隨即發出轟然巨響迸裂開來，把老鼠內臟等炸得四處飛濺。獵人們認爲這是山神的警告，即使執意進行打獵也不會有收穫。另外，炸掉的木靈鼠會作祟於人，因此獵人們回家後會念誦「南無阿婆羅吽羯娑婆訶」的咒語來消災解厄。

Kodoku 日本

蠱毒(こどく)

蠱毒

用在咒術上的奇特昆蟲或生物之總稱，乃是為了詛咒
他人而人工培育出的生物。把昆蟲、蜥蜴、青蛙、
狗、貓等小動物放進一個容器裡讓牠們互相殘殺，最
後留下來的即成蠱毒。蠱毒既是劇毒也能附身在人身
上，是從中國流傳出來之物，有犬蠱、蛇蠱、狐蠱、
蜥蜴蠱、蝗蟲等種類繁多的蠱毒存在，日本則以狐
蠱、犬蠱、蛇蠱等較為常見。

Koho 中國

夸父(こほ)

夸父

中國神話中雄立於北方大地的巨人族。他們住在名為
成都載天的山上，耳朵上掛著兩條蛇，手上也握著兩
條蛇。夸父族的身體之巨大，可由夸父追日的故事裡
窺見一斑。話說夸父族裡有個勇士想追上太陽，一路
穿過原野，最後終於追到太陽西落的山谷裡。此時的
他口渴不已，就算喝乾黃河渭水的河水也無法解渴，
因而打算前往北方名為大澤的大湖，卻在中途不支倒
地。

Kojin 中國

虎人(こじん)

虎人

乃一種能變成人的老虎，據說在中國境內為數眾多。
乍看之下與人類沒什麼兩樣，不過可以藉由他沒有腳
跟的特點來區分。他們收藏著虎皮衣，只要穿上它就
能再度變回老虎。除了能變身成人與人結婚生子以
外，沒什麼特別的能力。此外，也有另一種虎頭人身
的妖怪有時也會被稱作虎人。

Kokakuchou 中國

姑獲鳥(こかくちょう)

姑獲鳥

中國傳說中會擄走小孩的怪鳥。常見於湖北省或湖南省一帶。平時是鳥，脫下羽毛後就會變成人類女性，再度穿上羽毛就會恢復成鳥的樣子。脫下羽毛變成女性時喚作「天帝少女」或「夜行遊女」等名稱。無子的姑獲鳥有時也會將擄走的小孩視爲己出撫養，據說小孩子的衣服晚上如果忘記收進來而沾到姑獲鳥的血液，小孩就會因此而生病。

Kokuryuu 中國

黑龍(こくりゅう)

黑龍

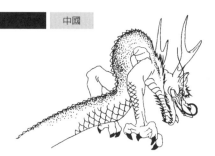

中國的龍，色黑。南方熊楠在《十二支考》中描述黑龍體長3m以上，有一對前肢但無後肢，拖著尾巴行動。龍大多被認爲是神聖的生物，但黑龍則有許多邪惡的傳說。在神話中有一則與黑龍有關的故事：在世界剛誕生不久的時候，有一條黑龍在中原作亂被**女媧（Joka）**制伏。不過在五行思想中，黑色代表北方，因此黑龍也被視爲守護北方的聖龍。

Komainu 日本

狛犬(こまいぬ)

狛犬

置於神社外緣或參道兩側，監視心中有邪念者的怪獸之總稱。據說是埃及的**斯芬克斯（Sphinx）**經由中國傳來日本後演變而成。神社的狛犬當中，分成以獅子爲起源與以斯芬克斯爲起源兩種。另一說法則認爲，有角的乃是狛犬，無角的則爲獅子。然而不管牠有沒有角，開口的一概稱爲阿型，閉口的則稱爲吽型，阿與吽合起來即爲一組。

Konakijijii 日本

子泣き爺(こなきじじ)

子泣爺爺

出現於日本德島縣山中的妖怪。近看其實是老人，遠
看則與嬰兒沒什麼兩樣，躺在山路旁發出嬰兒般的哭
聲。同情他而抱起來的話會突然變重，且緊緊抓住人
不放。最後甚至會取人性命。這地方除了子泣爺爺以
外還有類似的獨腳妖怪**哭嬰爺爺（Gogyanaki）**，兩
者常被視爲同一種妖怪。

Konohatengu 日本

木の葉天狗(このはてんぐ)

木葉天狗

屬於**天狗（Tengu）**的一種，外型與**烏鴉天狗
（Karasutengu）**相同，乃是**大天狗（Daitengu）**的
手下。夜裡經常在靜岡縣大井川附近出沒，張開長達
1.5m的翅膀在河面上來回飛翔捕魚。江戶時代後期的
隨筆《甲子夜話》中提到，木葉天狗是一隻長壽的狼
在毛色變白後變成的天狗，因此天狗界中稱之爲白
狼。負責替其他天狗購買物品賺取佣金，在天狗界中
地位不高。

K

Konpaku 中國

魂魄(こんぱく)

魂魄

古代中國人認爲存在於人身上的兩種靈魂。人死後魂
會離開身體附在神主牌上，之後就會升天。而魄則是
死後留在身體之中，連同屍體一起埋進墳墓中與土同
化。沒人供奉或對世間仍有留戀的魂魄就會變成**鬼
（Ki）**出現在人間，並會作祟使人生病。「鬼」與
「歸」的日文發音相通，爲歸來者的意思，乃是一種
邪惡的靈魂。

Konton

渾沌（こんとん）

渾沌

中國神話中自開天闢地以來就已存在的一種莫名其妙的怪物。外型似狗，全身長了長毛，無爪的腳掌似熊。有眼不能視，有耳不能聽，雖有腳，但總是叼著尾巴團團轉而不能前進，看見天空就會發笑。個性十分古怪，厭惡賢德之人，諂媚凶惡之人。「渾沌」通「混沌」，乃「模糊不清的狀態」的意思。

Kôrang

コーラング

科朗

英國的英雄亞瑟王加入雷歐迪葛蘭斯王（King Leondegrance）麾下時打倒的巨人，乃是身高近5m的馬上騎士。亞瑟王與此騎士單挑時劍鋒砍中了巨人的頸部，結果巨人的頭顱仍藕斷絲連地垂掛著，馬匹未察覺，仍承載著頭顱半掉不掉的巨人馳騁於戰場上。最後亞瑟王憑著此功績，與雷歐迪葛蘭斯王之女圭妮維亞結婚。

Korikitaisen

虎力大仙（こりきたいせん）

虎力大仙

明代小說《西遊記》中登場的虎妖。原形是虎，平時化為仙人的樣子。虎力大仙與鹿妖變成的鹿力大仙，以及羊妖變成的羊力大仙三人一組來到車遲國，展現以五雷法招雨與砍頭剖腹而不死的妖術惑眾。此時**孫悟空（Songokuu）**一行人恰巧來到車遲國，與此三妖鬥法。虎力大仙使出斷頭之術，但頭顱被悟空拔毛變出的狗叼走丟進護城河裡，虎力大仙於是現出原形，變成一隻無頭老虎而死。

Korobashi 日本
転ばし(ころばし)
翻滾妖

夜晚出現於日本各地道路上的妖怪。在路上滾動接近行人。目的似乎是要嚇人，不過有時候也會攻擊人使人翻倒。翻滾接近的妖怪其實有許多類型。九州與四國地方有槌子狀的翻滾妖，名爲「滾槌妖」（Tsuchikorobashi）。岡山縣則有水壺狀的怪物鏘鏘作響地滾來，名爲「滾壺妖」（Tsubokorobashi）。香川縣則有令飼料桶在山坡上的滾動的妖怪，稱爲「滾桶妖」（Tagomakuri）。

Koromotako 日本
衣蛸(ころもたこ)
衣鱆

住在若峽灣的一種章魚妖怪。住在貝殼中，平時與普通的章魚沒什麼兩樣，有時會漂到海上。因此有許多漁夫想捕捉他，然而一旦船隻開近，衣鱆就會忽然把腳上的薄膜（日文稱之爲「衣」）擴大到六張榻榻米的大小。並纏住接近的漁船，使之沉沒，把漁夫們拉進海中。

Koropokkuru 日本
コロポックル
愛奴小矮人

住在北海道等愛奴人的土地上之小矮人。名字乃「款多葉下的民族」之意。北海道的款多葉很大，甚至能拿來遮雨。而身形相當於人類嬰兒大小的愛奴小矮人，常在雨勢大時到款多葉下避雨，故得此名。一般而言會在地面挖穴而居，自古以來與愛奴人時有往來，互信互惠地共同生活，但後來發生了人類男子拐騙矮人族女性的事件，此後矮人們就不知去向了。

K

Kosamekojorou

コサメ小女郎(コサメこじょろう)

山女魚[78]小女郎

住在日本和歌山縣日高郡追浦淵的山女魚妖。是由活了數百年的山女魚變成的妖怪，會化身成美女誘惑男性並將之拉進水中吃掉。乃幾近於不死的存在，所以很難打敗她。她的弱點在於害怕薪柴的火光以及養育七年以上的鵜鶘，最後是被一個男子以這種鵜鶘打倒。後來將山女魚小女郎的腹部剖開時，從中找到了七把被吞進去的樵夫用斧頭。

Kosenjoubi

古戰場火(こせんじょうび)

古戰場火

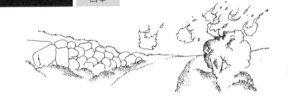

集體出現在死人無數的日本古戰場上的鬼火。由死去士兵或馬匹的靈魂所變成，出現時可見到數不清的鬼火於古戰場上徘徊。鳥山石燕的《今昔畫圖續百鬼》中有張描繪著無數古戰場火四處飄蕩的圖，並說明這些古戰場火乃是滲入大地之中的死者血液釋放出的火焰。

Kou

犼(こう)

犼

中國神話中神佛的坐騎。外型似犬，具有神通，口能吐火與煙霧。力量強大，足以與龍一較高下，同時也有會吃人的邪惡面。神佛會選擇此怪物為坐騎也是基於這個理由，因為讓牠待在身邊就不至於會對人類有所危害。此外，據說中國的活屍——**僵屍（Kyoushi）**要是年代久遠的話就會引發大旱，最後就會演變成犼。

Kou
中國

狡（こう）

狡

《山海經》中登場的怪物，住在一座稱爲玉山的山上。體形似犬，但身上有豹紋，並長有牛角。吼聲與犬類相似，有牠出現的地方就會大豐收。狡所住的玉山乃是西王母的居所，西王母在《山海經》裡的形象爲人形豹尾虎齒，到後代逐漸演變成美麗的女性，擁有不死的仙藥。

Koufuudaiou
中國

黃風大王（こうふうだいおう）

黃風大王

明代小說《西遊記》中登場的魔王。住在八百里黃風嶺上。由大王二字可猜想他應該是名體格壯碩的大漢，但其眞面目其實是隻黃色的貂鼠。化成黃風大王時能使用妖術掀起黃色的魔風。黃風極爲強烈，普通人一觸即死，連孫悟空（Songokuu）也被傷到眼睛。但悟空後來得知黃風大王無法違逆靈吉菩薩，就前去請求菩薩幫忙，最後終於將之收服。

Kouhoki
中國

黃父鬼（こうほき）

黃父鬼

五、六世紀前後出沒於湖北省一帶的疫鬼（Ekiki）。出現時身穿黃色衣服，只要對著門口開口笑，該戶就會得瘟疫。大半時候都不見蹤影，就算見到他也是化身成女性、鳥獸或煙霧。能輕易地侵入任何人家裡，對人們而言非常恐怖。或說黃父鬼就是朝吞惡鬼三千、暮吞三百的神——尺郭。

Kouhoukai 中國
黃袍怪(こうほうかい)
黃袍怪

明代小說《西遊記》中登場的魔王。乃狀極凶惡的男
子,身穿黃金鎧甲,青面獠牙,赤髮紅鬚。住在有座
寶塔的碗子山波月洞裡,手下有一批妖怪,有時也會
吃人。但他並非徹頭徹尾的壞人,因爲他與美麗的妻
子相處融洽。感到好奇的三藏法師一查,原來這個黃
袍怪原本是天界二十八宿之一的奎木狼,爲了與心愛
的女性一起生活,才雙雙逃到地上。

Koujin 中國
鮫人(こうじん)
鮫人

《搜神記》中於中國南方海上盡頭處出沒的**人魚**
(**Ningyo**)。外型與魚相似,棲於海中。總是努力織
布,從不休息,滴下的眼淚會變成珍珠。《聊齋誌
異》中提到,鮫人把所織之布與淚水變成的珍珠賣給
海上都市裡的羅刹商人。而在日本作家小泉八雲
(Koizumi Yakumo)的小說《鮫人報恩》中,則描寫
鮫人具有鬼怪般的容貌與翡翠的眼睛,並長著龍鬚般
的鬍子。

Kouni 中國
虹蜺(こうに)
虹蜺

中國傳說中,能變化成彩虹的龍。雄龍稱爲「虹」,
雌龍則稱爲「蜺」。虹蜺原本是閃耀七彩的龍,當牠
出現時天邊就會形成彩虹。虹蜺有時會頭朝下地直衝
至地面。傳說中在晉朝的時候,空中的彩虹突然衝入
某戶人家,探頭入罈內喝水。由於這實在是太稀奇
了,該戶主人高興地請牠喝酒,虹離開之前就在罈子
裡留下黃金。

Kouryuu
黃龍（こうりゅう）

黃龍

中國的龍，色黃。在古代的五行思想中，黃龍乃位於鎮守四方的**青龍（Seiryuu）**、朱雀、**玄武（Genbu）**、**白虎（Byakko）**中央的聖獸。常出現在五行思想中相對於黃色的土德之時代。中國歷史上每當瑞獸出現時就會改年號以資紀念，亦曾因黃龍出現而改元作黃龍[79]。在日本，黃龍同樣也是吉祥之兆，宇多天皇（887年即位）即位時，據說也曾有黃龍出現。

Kouryuu
蛟龍（こうりゅう）

蛟龍

中國龍的一種，身上長有鱗片。江戶時代中期完成的圖鑑《和漢三才圖會》描述道，蛟龍的眉毛交雜，外型類似蛇而長有鱗片。此外，牠的身體如盾牌般寬廣，頭部較小，頸子附近有白色斑紋。巨大者甚至粗達5m。據說會帶著許多魚一起飛天。漢代的哲學書《淮男子》則說蛟龍是由介鱗所生，而魚類就是由此一系統繁衍下來[80]。

Kowai
狐者異（こわい）

狐者異

於江戶時代後期的奇談集《桃山人夜話》中登場的貪吃妖怪。乃是由生前非常貪吃，連別人的食物也不放過的人死後變成的。外型與人相近，但只有兩根手指頭。出現時總是張開大嘴留著口水，滿眼血絲地搜刮暗巷中的垃圾桶，狼吞虎嚥地吃著垃圾。有時不能滿足，連屍體也會挖來吃。日文中的可怕稱作「Kowai」，據說語源就是由此而來。

Kraken 北歐

クラーケン

挪威海妖

棲息於北極海域的巨大章魚、烏賊類之總稱。挪威海妖全長超過2.5km，能輕易地破壞普通的帆船，將所有船員吞入腹中。十八世紀一名叫作龐德匹坦的主教曾親眼目睹這怪物，根據他的記載，怪物所吐出的墨汁能將整片海域染黑。但由於體形實在太過巨大而無法看到其全貌。另一個主教則誤以爲怪物是座島嶼，還在上面舉行彌撒。

Krsnik 東歐

クルースニック

吸血鬼剋星

擁有打倒吸血鬼的特殊能力，常見於東歐各國。與能力相仿的吸血鬼之子**半吸血鬼（Dhampir）**不同，吸血鬼剋星乃是人類，據說剛出生時身體包著白色的羊膜。這種人存在於每個村鎮，專門與吸血鬼對抗。戰鬥時雙方都能化身成各種動物，有時還能變化成火焰。不過吸血鬼剋星的化身均帶有白色，因此能輕易地分辨。

Kubikireuma 日本

首切れ馬（くびきれうま）

斷頭馬

存在於日本各地傳說中的無頭馬怪，別名「無頭馬」（Kubinashiuma）。據說其背上載著神，會突然出現在夜晚的黑暗中奔馳而去。平常只見得到無頭的馬身奔跑，但有時也可看到飛翔的馬頭。根據德島縣祖谷山地方的傳說，每逢除夕或春秋分，就能看到斷頭馬出現在十字路口附近，雖然外型非常可怕，但不會對人類或動物有所危害。

Kubisama 日本

首様（くびさま）

馬首神

日本三宅島上的妖怪。外型就只有一顆馬頭，除此之
外沒有其他部分。根據當地的傳說，馬首神原本是隻
普通的馬。牠對某戶人家的小姐一見鍾情並向她求
婚，小姐回答「只要長角就嫁你」，次日馬的頭上眞
的長出了角，但小姐反悔拒絕結婚，馬一怒之下用角
把小姐撞死。島上的人因此砍下了馬頭，並把牠供奉
在神社裡，但不知爲何馬竟然沒死，直至今日仍在天
上飛舞。

Kudagitsune 日本

くだ狐（くだぎつね）

管狐

日本新潟縣及中部地方一帶會附身在人身上的**狐狸**
（**Kitsune**）。大小與鼬鼠相同，毛色爲白色或褐
色，尾巴像松鼠般膨大，據說雙眼縱向排成一列。會
稱爲管狐，是因爲牠通常被養在竹筒裡隨身帶著。喜
歡吃味噌，被附身者會變得只吃味噌，如果被附身者
是病人則會變得食欲旺盛。另外管狐也會透過被附身
者表達自己的想法。附在家族時，如果能好好飼養就
能成爲有錢人，不過多半會以失敗收場反而變得更
窮。

Kujata 西亞

クジャタ

庫亞塔

阿拉伯傳說故事中支撐大地的巨大公牛。有四千個
眼、耳、鼻、口、腳。據說從一顆眼睛到另一顆的距
離，必須走上500年才能到達，可見牠有多麼巨大。
此怪獸背上有一座紅寶石山，山上有天使，天使頭上
有大地。但是庫亞塔並非一切事物的最底層，牠下面
還有個名叫**巴哈姆特**（**Bahamut**）的巨魚，而巨魚之
下更有能吞下全宇宙的巨蛇[81]。

Kukunochi 日本

句句迺馳（くくのち）

句句迺馳

日本神話中天地誕生之初就已存在的巨人。當時的天空很低，天地間的動植物都難以生存。感到呼吸困難的句句迺馳雙手雙腳頂著天地用力一撐，天空就達到今日的高度了。《日本書紀》中記載，伊邪那美82（Izanami-no-Mikoto）命令日本群島生出，後來又生出了河川、海洋、山脈等等，之後才產生樹木的精靈句句迺馳。這個巨人之所以為樹精，或許是因其頂天立地時的樣子與樹木向天延伸的感覺相仿。

Kumazasaou 日本

熊笹王（くまざさおう）

熊竹王

住在奈良縣的獨腳獨眼妖怪，乃**一足鼓風**（**Ippondatara**）的同伴。別名「豬竹王」（**Butazasaou**）。原本為背上長了一叢矮竹的凶暴野豬，被一名叫射場兵庫（Iba Hyouko）的武士用火繩槍射死後化成獨腳獨眼妖怪。與原本的樣子相同，背上仍背著一叢矮竹，會襲擊路過的旅人。一名叫作丹誠上人的高僧聽聞此事前來將之封印，並允諾熊竹王在每年的12月20日出來活動，附近的人則視此日為凶日，相約這天不可上山。

Kumbhakarna 印度

クムバカルナ

鳩姆婆迦哩納

於古代印度史詩《羅摩衍那》中登場的羅剎（**Rakshasa**）族魔王羅波那（**Ravana**）之弟。為羅剎族中最巨大的一個，體形像山一般高大。每睡

半年後就會醒來一天，但醒來時能發揮無敵的力量。食欲旺盛，當羅剎族與羅摩王率領的猴子與熊之軍團交戰時，他一口就能吃下百隻。最後，他的頭顱被羅摩的弓箭射下身亡。

Kumbhanda

クンバーンタ
鳩槃荼

於印度傳說中登場的女妖。
「kumbha」乃是瓶子之意。
據說鳩槃荼擁有瓶狀的性器，
專門誘惑男子以吸取他們的精
氣，自己本身也能變成瓶子。

該種族原本只有女性，但在祕教中則演變成有男有女。乃是身高3m以上，膚色
黝黑，馬首人身的怪物。在成書於西元前十世紀左右的《吠陀經》中爲暴風神樓
陀羅（Rudra）的部下，但在佛經中則是四天王之增長天的眷屬。

Kumonosei

蜘蛛の精（くものせい）
蜘蛛精

《西遊記》中的七隻美女妖怪。由七隻體長40cm左
右的巨大蜘蛛變成，能從肚臍射出如鴨卵般粗大的黏
絲把整個房子化爲蜘蛛巢。除此之外本領並不高強，
最後輕鬆地就被**孫悟空（Songokuu）**解決掉。除此
之外中國還有其他蜘蛛精，於《子不語》中登場的一
個出現在海州自稱姓朱的蜘蛛精，據說她的本領甚至
比**雷神（Raijin）**與火龍還強。

Kuramatengu

鞍馬天狗（くらまてんぐ）
鞍馬天狗

日本京都鞍馬山的**天狗（Tengu）**。在謠曲〈鞍馬天
狗〉中被稱作「鞍馬之僧正坊」。與愛宕山的太郎坊
並稱爲日本最強的大天狗。或說他是鞍馬寺供奉的毗
沙門天（Vaisravana）夜晚出遊時的樣子，擁有強大
的除魔招福能力。鞍馬山自古就是天狗的聚集地，根
據軍記物語83《義經記》的記載，入鞍馬山修行的牛
若丸（源義經84〈Minamoto-no-Yoshitsune〉的乳名）
每晚都向天狗學習武術，而這隻天狗就是鞍馬天狗。

Kurokamikiri 日本

黑髮切り（くろかみきり）

剪髮怪

江戶時代的妖怪，會剪掉夜晚女性行人的長髮。手如螃蟹般呈剪刀狀。除了喜歡剪掉女性的頭髮以外別無危害。出現時不確定是從天而降還是從背後偷偷靠近。不過鳥山石燕的畫集《畫圖百鬼夜行》中所介紹的**切網怪（Amikiri）**就是從上方飛降，外型與蠍子相仿。或許兩者之間互有關連。

Kurokoma 日本

黑駒（くろこま）

黑駒

一頭駿馬，爲聖德太子的坐騎。《今昔物語集》將牠形容成只有腳跟是白色的嬌小黑馬。太子27歲時在甲斐之國（山梨縣）發現後帶回飼養。初次騎上時，黑駒忽地飛上天，轉瞬之間就到了富士山。之後太子在三天內飛遍了全日本，與各地的神明談話。太子死時，黑駒不食不飲，不久後也追隨其後死去了。

Kusarikku 伊拉克

クサリク

庫沙力庫

於古巴比倫的《吉爾伽美什史詩》中登場的牛怪。女神伊施塔見到英雄吉爾伽美什打倒了怪物**芬巴巴（Humbaba）**而心生愛慕，但吉爾伽美什卻拒絕女神的求愛。憤怒的伊施塔於是把天上12宮之一的牡牛座招來，派遣牠到地上消滅吉爾伽美什，這頭牛就是庫沙力庫。公牛身上長有翅膀，頂著犄角衝向吉爾伽美什與其親友**恩奇杜（Enkidu）**，恩奇杜的心臟被挖出而死。

Kushuusankai 中國

衢州三怪（くしゅうさんかい）

衢州三怪

十七世紀的中國傳奇小說《聊齋誌異》描述道，浙江的衢州有三怪，第一隻爲生有一角的鬼，名叫獨角鬼，平日躲在鐘樓上，逢人靠近就衝下來追趕，直視鬼者均會染病身亡；第二隻爲躲在城內池塘旁的一條細長白布，與**一反木棉**（**Ittanmomen**）相同，只要有人碰觸，就會把人捲起來拋進池裡；第三隻是鴨怪，能以叫聲殺人。三者均於晚間出沒，需特別注意。

Kuwazunyoubou 日本

喰わず女房（くわずにょうぼう）

不食女

外型爲普通女人，但在頭顱後方長了巨大嘴巴的妖怪，屬於**二口女**（**Futakuchionna**）的一種。亦稱作「無口女」。住在日本各地的山上，外表與二口女大同小異，但有人在時幾乎不進食。在某則故事中，一名吝嗇的男子與某食量甚少的女子結婚，女子雖不進食但家中米糧卻不斷減少，男子覺得有異而躲起來觀察，結果發現該女子趁丈夫不在時煮飯，並把大顆大顆的飯團塞進頭後的大嘴裡。

Kuzuryuu 日本

九頭竜（くずりゅう）

九頭龍

奈良時代棲息於神奈川縣蘆之湖裡的龍。生有九顆頭，故名之。原本只有一顆頭，會攻擊附近村里吞食女性或小孩，或是引起森林大火與乾旱，讓附近村人痛苦不堪。後來高僧萬卷上人前來消滅惡龍，在他絕食祈禱後惡龍出現，上人訴說惡龍罪狀並將其束縛在生長於湖底的倒杉（Sakasasugi）上。惡龍重生爲九頭龍，發誓以後會守護山林與村里。上人於是建立九頭龍神社以祭拜龍神。

Kyoukotsu　日本

狂骨（きょうこつ）

狂骨

棄屍於井中的骷髏，因懷有強烈恨意而變成的死靈。棄置的骷髏上宿有冤魂的故事在日本十分常見，狂骨可說是其典型。鳥山石燕的畫集《今昔百鬼拾遺》將他畫成骷髏頭上長著白髮，穿著西洋風格的衣服，下半身則像無腳的幽靈一般從吊桶中飄出來。至於為何會變成冤魂出現，或說是為了引人找到自己的屍骨，或說是想對使用該口井的人作祟。

Kyoushi　中國

僵屍（きょうし）

僵屍

中國傳說中死後仍像活人般活動的屍體。中國似乎存在著許多這類屍體，臉部表情和身體狀態就像還活著一樣，與一般人無異。有些死亡超過20年仍以活人的樣子生活，與一般人往來；有些則會追趕人，撲上去吸血。僵屍只能在晚上出來活動，白天則回到棺木裡。在棺木中的樣子則像乾瘦的木乃伊，燃燒時則會發出奇怪的叫聲。

Kyuubinokitsune　日本

九尾の狐（きゅうびのきつね）

九尾狐狸

化作美人魅惑當權者的狐狸（Kitsune）妖怪。擁有狐狸的外型，不過長了九條尾巴，毛色金黃，柔順亮麗。在江戶時代後期的讀本《繪本三國妖婦傳》中，化身為一名叫作妲己的美女，成為中國古代殷朝紂王的妃子，魅惑紂王，施行種種暴政導致民不聊生。後來牠變成名為玉藻前（Tamamo-no-mae）的美女，讓寵愛牠的鳥羽天皇（1107年即位）高燒不退。

Kyuuei
中國

九嬰（きゅうえい）

九嬰

中國神話中的怪物。遠古時
代，英雄后羿除了射下九顆太
陽以外，也打倒了許多怪物，
九嬰就是其中之一。如名所
示，九嬰爲九頭怪物，住在中

國北方一條名爲凶水的河川裡，口能吐火造成火災，也能吐水招來洪水，使人民
痛苦不堪。九嬰凶猛異常，與后羿之間展開了一場激戰，最後被后羿的箭射傷掉
入凶水被急流吞沒。

Kyuuketsukyojin
中國

吸血巨人（きゅうけつきょじん）

吸血巨人

中國古代的傳說中住在南方海上孤島的巨人。等候著
遇難者漂流至此，吸取這些人的血液過活。身高約
10m左右，本性雖爲可怕的魔物，外表卻是慈祥和藹
的仙人。因此漂流者都不疑有詐接受他的邀請。等到
進入巨人住的洞穴以後，入口就會忽然被巨石封住，
巨人一次能吸乾30餘人的血液。

Kyuuki
中國

窮奇（きゅうき）

窮奇

在中國神話中帝堯的時代，中
國西方住著四種邪惡的怪物稱
作**四凶（Shikyou）**，窮奇便
是其中之一。其外型爲凶暴的
老虎，前腳腋下長了翅膀，能

在天空飛翔。性格扭曲，見人爭吵就會吃掉正直的一方，見到誠實的人就吃掉他
的鼻子，而見到惡人就捕獸贈與以資嘉獎。據說原本並非惡獸，而是鎮守西方阻
擋危害人類的**魑魅魍魎**之守護者。

Kyuureigensei 中國

九靈元聖（きゅうれいげんせい）
九靈元聖

於《西遊記》中登場的獅子
精。九靈元聖的嘴巴非常大，
能銜一人，吼聲響徹天界與冥
界。年齡極高，原本爲天神太
乙救苦天尊的坐騎，因看守獅
子的守門人喝醉酒不愼讓牠逃出，後來就住到竹節山盤桓洞，成了原本棲於該處
的六頭獅精的老大，只不過最後見到主人太乙救苦天尊還是乖乖地跟著回去了。

Kyuutoufuba 中國

九頭駙馬（きゅうとうふば）
九頭駙馬

於《西遊記》中登場的蟲怪，別名「九頭蟲」。有九
顆頭，外型就像背上長了兩對蜻蜓翅膀的爬蟲類。在
《西遊記》中偷走了祭賽國金光寺的寶物，並降下血
雨污染了佛塔，因此與**孫悟空（Songokuu）**一行人
敵對。悟空與牠交戰時借助了恰巧經過的二郎眞君之
力，九頭駙馬最後被二郎眞君的愛犬咬下九頭中的一
顆，血流不止地逃向北方。

Ladon 希臘

ラドン
拉頓

希臘神話中的**龍（Dragon）**，有100顆頭。在世界西
方盡頭白晝與黑夜的交界處，有座赫斯珀里得斯之園
（Garden of Hesperides），拉頓就負責看守園裡的黃
金蘋果樹。牠擁有的100顆頭能發出各種聲音，說各
國語言，且絕對不會閉上眼睛。英雄赫拉克勒斯十二
功業中的第11項便是奪取拉頓看守的黃金蘋果，或說
拉頓最後被赫拉克勒斯所殺。

Lamassu

ラマッス
拉瑪蘇

古代蘇美人與阿卡德人傳說中的精靈。一般而言，所
有的精靈均泛稱爲**烏圖庫（Utukku）**，而善的精靈
則稱作拉瑪蘇。外型大致上與人類相同，或說具有鳥
類或動物的頭部，背上長有兩對翅膀。與基督宗教中
的**天使（Angels）**職責相當，擔任神與人之間的橋
梁。也負責擔任人類的守護神，引導人走向善途，防
止惡靈與災厄侵犯人類。

Lamia

ラミア
拉米亞

歐洲傳說中登場的半人半獸
怪。頭部與乳房爲美麗的女
性，其餘部分則是野獸的模
樣。全身長滿鱗片，前腳是
貓，後腳是牛。住在沙漠中，
誘惑從遠地來訪的旅行者，接近她的人都會被吃掉。另有說法表示拉米亞乃是聖
經中亞當最早的妻子**莉莉絲（Lilith）**所變成。當她爲莉莉絲時則是下半身爲蛇
的怪物，她怨恨亞當的背叛，擄走剛生下的小孩吃掉洩憤。

Langsuir

ラングスイル
馬來吸血鬼

馬來西亞的美麗女吸血鬼。指甲長得非常長，頭髮也
長及腳踝，身穿綠色長袍，能在天空飛翔。脖子後方
有一個以頭髮遮掩的洞，用以吸取小孩子的血液。馬
來西亞人認爲死於產褥的女性死後40天會變成吸血
鬼，不過只要在屍體口中塞滿玻璃珠就能防止異變。
但即使變成吸血鬼，只要把指甲剪掉，頭髮塞進脖子
後方的洞穴中就能恢復成普通女性。

Lares[85]

ラレス
家神

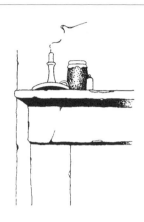

古羅馬家庭的守護神之總稱。雖然是由人死後的**幽魂**（**Lemures**）留在家中所變成，但大部分的家神都是由該家族的創始者擔任。據說家神住在家中爐灶的一角，因此羅馬人會在該處設立牌位以示對家神的感謝之意。不過宗教改革以後，家神被看作是惡魔的一類，但祂原本並不帶有這種性格。

Larvae

ラルヴァ
遊魂

古羅馬人宗教觀念中的惡靈。生前行惡或屍體未妥善埋葬的靈魂無法前往冥界，因此只能留在地上徘徊。為低級的邪靈，會侵襲人類吸取精氣，尤其是在每年5月為了祭祀死者而舉行的遊魂祭[86]（Lemuria）的夜晚。性格軟弱的人會被當成侵襲的對象，被遊魂附身的人會變得非常瘦弱，全身浮現淤青或奇怪的圖案。

Lavender Dragon

ラベンダー・ドラゴン
薰衣草龍

於英國作家菲爾波茨[87]（Eden Phillpotts）的作品《薰衣草龍》（The Lavender Dragon）中登場的**龍**（**Dragon**）。背上有翅膀，全長10m以上，全身覆滿天藍色的鱗片，在陽光照射下閃耀著七彩光芒，看起來宛如一座小花圃。性格非常溫和，從不擄人吃人，且會不斷思考要怎麼做才能幫助貧窮的人與孤兒們，最後他造了一座小村莊讓大家一起快樂地生活。

Leanan-Sidhe

リャノーンシー
靈感仙子

能給予詩人或音樂家創作靈感的妖精。外貌爲年輕美
麗的女性，出現在愛爾蘭的綠色山丘上或曼島的泉水
附近。她們不斷追求人類男性的愛情，只要有迷戀她
們美貌的男性出現，就會一直吸取他們的生命直到他
們死亡；但是被吸走生命的代價是能獲得極佳的創作
靈感，所以才有做出優秀作品的詩人總是短命的說
法。

Lechy

レーシー
白鬍仙

住在斯拉夫的森林裡的精靈。純白的頭髮與長鬍鬚遮
蓋了他們的臉與身體，個頭十分矮小，手腳也很瘦
弱。會在森林中找人攀談引誘他們走進森林深處而迷
路。攀談時會裝成對方熟悉的聲音來騙人。喜歡問人
謎題，只要解開謎題就會放了對方；或說他能自由變
化身形，當他在森林裡就與樹木同高，但到了森林外
就會縮小成能躲進樹葉底下的程度。

Lemures

レムレス
幽魂 88

古羅馬對死者靈魂的稱呼。外型與人類相同。相對於
邪惡的**遊魂（Larvae）**，幽魂是由生前行善者變成的
鬼魂。不過兩者之間並無嚴密的區別，即使是幽魂，
放著不管也會留在地上世界行惡。羅馬每年5月舉行
遊魂祭就是希望款待這些鬼魂後能讓他們回歸冥界。
祭典的夜裡家長們會口含乾豆，走出戶外朝幽魂噴
出。

Leprechaun　　　　　　　　　　愛爾蘭
レプラホーン
鞋仙

於愛爾蘭專爲妖精們製作鞋子的妖精。頭戴紅色的三角帽，尖挺的鼻子上戴著眼鏡，一副工匠的打扮。妖精們好玩耍愛跳舞，因此鞋底很快就會被磨平，每當鞋子破掉時就會來拜訪鞋仙請他幫忙修理；此外，鞋仙也熟知藏寶的所在，不過沒有人能從他口中問出答案。據說有人曾捉到鞋仙，但一個不留神就被他一溜煙地逃掉了。

Leucrocota　　　　　　　　　　衣索比亞
リュークロコッタ
獅玃怪

老普林尼的《博物誌》中提及的一種住在衣索比亞的怪獸。大小與驢子相當，動作敏捷，具有獅的脖子、胸部與尾巴，以及玃的頭部與雙蹄。嘴巴裂到耳朵後面，雖然無齒，卻有整片相連且突出的骨頭，因此非常堅固且不會磨損。牠也擅長模仿人類的聲音，據說牠是鬣狗與羚羊交配生下的怪物。

Leviathan　　　　　　　　　　西亞
レヴィアタン
利維坦

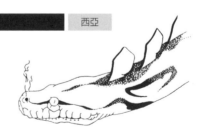

《舊約聖經》中登場的海怪，或譯作「利維亞桑」。樣子爲全身覆滿堅硬鱗片的大蛇，背上有一列盾狀突起，鼻孔冒煙，口吐火焰。據說曾有人目擊利維坦本身，但由於牠實在太過巨大，即使速度極快還是花了三天才從眼前通過。在猶太人的傳說中，神在創世的第五日創造了利維坦夫婦，並讓牠們成爲海中生物之王，但想到牠們萬一繁衍後代會造成許多麻煩，因此殺了公的只留下母的。

Leyak 印尼

レヤック

雷雅克

印尼峇里島上的魔女蘭達（Rangda）所驅使的**魔寵**
（**Familiar**）。乃是一種好食嬰兒血液與內臟的食人
魔，能化身成家畜或人。不只能變身成其他生物，也
能化身為貨車之類的物體，不過他們變成的貨車車輪
與實體有若干差異，仔細看就能分別真偽。會聽從魔
女蘭達的命令附身於人身上，並控制被附身者在島上
散播疾病與災害。

Lilith 歐洲

リリス

莉莉絲

一種會吸取男性精氣的**夢魔（Night-Mare）**，或說是
女巫。她會擄走剛出生的小孩剖開腹部吃其內臟。在
猶太人的古老傳說中，亞當在與夏娃結婚前曾與另一
名女性結婚，她就是莉莉絲。這段婚姻最後宣告失
敗，莉莉絲被亞當背叛而懷恨在心，於是自願嫁給惡
魔為妻。據說引誘夏娃偷吃伊甸園禁果的蛇其實就是
由莉莉絲變成的。

Lizardman 美國

リザードマン

蜥蜴人

於美國作家梅里特（Abraham P. Merritt）所著的《黃
金國的蛇母神》（The Snake Mother）中登場的爬蟲
類怪物。身高約120cm左右，全身覆滿堅硬的鱗片。
頭上有紅色的冠狀鰭，具有獠牙利爪及長尾。身上有
能催眠人的毒液，被牠們咬到或抓到就會陷入永恆的
睡眠之中。生命力極強，除了破壞心臟以外無法將之
殺死。據說是透過基因改造，使人類恢復遠古本性而
成的怪物。

Ljósálfar　　　　　北歐

りョースアールヴ
光明精靈

北歐神話中住在天上的精靈國亞芙海姆（Álfheim）裡的**精靈（Elf）**。「Álfar」乃「精靈」之意，與「Elf」意思相同，英文多譯作「Light Elves」，與住在地底的**黑暗精靈（Dökkálfar）**相反。外表比太陽還要美，個性非常善良，與人類的關係也十分友好。他們能帶來豐收，因此古代北歐人也會爲他們舉行祭祀。另一說他們住在祭典第三天裡一個稱作維茲布萊因的地方。

Lucifer　　　　　歐洲

ルシファー
路西法

統治惡魔軍團的地獄之王，或譯作「路濟弗爾」。平時所說的地獄之王**撒旦（Satan）**通常指的就是路西法。原本是天界中的**熾天使（Sraphim，天使〈Angels〉9階中的最上階）**，且是當中最美麗、偉大，且最受神寵愛的一個。但路西法因此自視過高，率領眾多天使搶奪神的寶座，因而被趕出天界墮入地獄之中。但丁在《神曲》（The Devine Comedy）中將他描寫爲三頭六翼的怪物。

Lucifuge Rofocale　　　　　歐洲

ルキフゲ・ロフォカレ
路西富格・羅佛卡爾

爲魔王**路西法（Lucifer）**管理全世界的財寶與資產的地獄宰相。頭頂光禿，頭上長有三根螺旋狀的角，下半身則是驢子的腳與尾巴。召喚他出來能實現所有願望，代價是必須在數十年後交出靈魂。魔王路西法的名稱有「帶來光明者」之意，而此惡魔的名稱則是「迴避光明者」的意思，可見與路西法的關係密切。

Machiinu 日本
待ち犬（まちいぬ）
待人犬

與跟在人背後的**送行犬（Okuriinu）**相反，是一種會在人面前等候的犬妖。性格與送行犬相同，差別僅在一前一後而已。據說長野縣諏訪地方的迎人犬（Mukeeinu）也是這一類怪物。牠們出現在半夜於山間趕路的行人面前，等人通過自己前面之後立刻跑到人前方，一路送到村落，途中會頻頻回頭確認。岐阜縣惠那郡的待人犬則會邊走在人面前邊說「想要，想要」。

Mafdet 埃及
マフート
瑪芙黛特[89]

古埃及的石版或美索不達米亞（Mesopotamia）的印章上雕刻的一種怪獸。從雕刻可得知瑪芙黛特為老虎形的怪物，牠的頸部特別長，就像巨蟒的身體般能自由活動。與同一石版上描繪的動物相比，瑪芙黛特的身形與河馬相當，而脖子則是身體的三倍長。此外脖子上有蛇腹似的伸縮皺褶，能隨心所欲地變化長短。

L
M

Maikubi 日本
舞い首（まいくび）
舞首

出現在日本伊豆眞鶴地方海上的人頭妖怪，以三顆頭為一組。一到半夜三顆人頭就吐著火焰四處飛行，彼此間爭吵不休。根據竹原春泉齋的《桃山人夜話》的描述，鎌倉時代鎌倉地方有三個武士，分別叫作小三太、又重、惡五郎，他們在眞鶴的海岬附近一言不合吵了起來，拔刀互砍。結果惡五郎砍下小三太的頭，剩下的兩人也同歸於盡，斷頭而死。從此以後，他們三人的頭顱就不斷地在海上徘徊爭吵。

Majimun

マジムン

魔怪

沖繩縣內的惡靈之總稱。會變成牛、豬、鴨子等常見
的動物模樣出現。「Majimun」是沖繩的方言，乃是
「惡靈」的意思。這些魔怪們見到人類就會想從雙腳
之間鑽過，若被牠們穿過跨下就會被奪走靈魂而死。
魔怪並無特定的樣子，隨著外型而有不同的稱呼。如
果變成牛就是**牛魔怪（Ushimajimun）**，變成豬就是
豬魔怪（Uwâguwâmajimun），變成鴨則是鴨魔怪
（Aifurâmajimun）等等。

Makara

マカラ

摩迦羅[90]

住在印度河川湖泊裡的巨大魚怪。頭部類似中國的**龍**
（**Ryuu**），身體爲魚，前腳如獸且粗短。三藏法師
的遊記《大唐西域記》裡曾記載了一則商船遭摩迦羅
攻擊的故事。在這個故事中，摩迦羅體形巨大如山，
雙眼發亮有如太陽。此外，牠也是眾神的坐騎，像是
恆河女神（Ganga）或水神伐樓那[91]（Varuna）便是
騎著此怪出遊。

Makuragaeshi

枕返し（まくらがえし）

翻枕怪

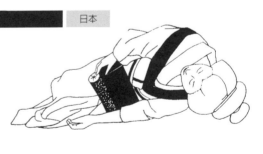

出現於日本各地的妖怪，半夜出
現在房間裡把枕頭抽走，擺到人
懷裡，或是讓人在不知不覺間變
成北枕[92]（kitamakura）的姿
勢。也有說法表示這是**座敷童子**

（**Zashikiwarashi**）所爲。不過翻枕怪是會把人害死的可怕妖怪，據說有人被擺
成北枕的姿勢後就此死去。傳說中和歌山縣日高郡過去有七個樵夫合力砍伐一株
老檜木，當晚七人遇上翻枕怪，結果全部死去。

▶

Malpas
歐洲

マルパス
瑪帕斯

傳說中所羅門王撰寫的魔法書《雷蒙蓋頓》中列舉的72名惡魔之一，別名「瑪法斯」（Malphas）。外型為巨大的黑鳥，變成人時則身穿裝飾有許多寶石的衣服，且說話聲音沙啞，能用魔法建造出堅固的建築物，所羅門王建造神殿時他就有不少的貢獻；他同時也是個說謊高手，會收下人奉獻的貢品，但還是會滿嘴謊話。在地獄裡統率了40個軍團。

Mamedanuki
日本

豆狸（まめだぬき）
豆狸

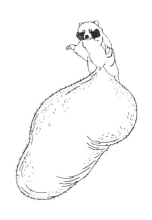

狸貓（**Tanuki**）妖怪，陰囊攤開來有八張榻榻米大。多住在關西以西的地區。元祿年間曾有個叫作魯山的俳句詩人在宮崎縣見過此妖怪。某天魯山留宿在朋友家中，是夜，魯山與朋友在一間八張榻榻米大的房間吟詩作樂時，一不小心把菸斗掉到地上，結果榻榻米瞬間就縮了起來，不僅房間消失，連房子也不見了。後來才知道這房間的地板是由豆狸的陰囊變成的。

Mammon
歐洲

マモン
瑪門

象徵貪婪的惡魔，也拼作「Mamon」。身體黝黑，頭部為雙頭鳥，手腳上均長了利爪。在密爾頓的《失樂園》中，他是墮天使中最庸俗的一個，就連他還是天界裡的**天使**（**Angels**）時，也總是低頭注意地上的黃金步道；能找出藏匿起來的黃金或財寶，據說人類會想從地底挖出礦石寶石就是受瑪門的影響。

M

Mandrake　　　　　　歐洲

マンドレイク

曼陀羅花

從地面拔起時會發出淒厲哀號聲的奇怪植物，或拼作
「Mandragora」。雖然有毒，但也能當作麻醉劑或催
眠藥，古埃及的女王克麗奧佩脫拉（Cleopatra）就曾
把曼陀羅花當作藥物服用。整體的形狀類似胡蘿蔔，
不過根部前端分岔成兩條，看起來與人形相似。人聽
到它的哀號聲會發瘋，因此採收時要把繩子結在根部
讓狗拖出。

Manes　　　　　　義大利

マネス

祖靈

在古羅馬人的宗教觀念中住在冥界的祖先靈魂。
「Manes」乃是善良的幽靈之意。多半對人無害。古
羅馬2月有個類似日本盂蘭盆節的節日，祖靈們會在
這幾天從墳墓中出來。除了2月以外，祖靈平時也會
出現在礦坑或洞穴深處，躲在地底使人們迷路。宗教
改革以前歐洲視祖靈們為地獄裡的惡魔，認為他們擁
有惡魔或野獸的外型。

Manticore　　　　　　南・東南亞

マンティコラ

人頭獅身蠍尾獸

住在印度、馬來西亞、印尼等地森林地帶的吃人怪
物。獅身人面人耳，長了三排牙齒且能緊密咬合，尾
巴前端為一圓球，上有無數的毒針。毒針能向吹箭般
向四方射出，以此捕殺人類。根據老普林尼的《博物
誌》的描述，古代衣索比亞人也熟知這種怪物。法國
小說家福樓拜則認為人面獅身蠍尾獸的食欲無邊無
際，甚至能吃下一整個軍隊。

Māra
<small>印度</small>

マーラ
摩羅

印度神話中登場的惡魔。雖然不知道他的外型為何，
不過據說他擁有迷惑人心的能力，在佛教的神話中
是很常見的惡魔。佛陀悟道前在菩提樹下冥想時，摩
羅也曾出現在他心中想迷惑他，但佛陀毫不動心，只
動了動手指碰觸大地。這一瞬間，天地間發出響徹雲
霄的巨大聲音告知佛陀已經徹悟。

Marbas
<small>歐洲</small>

マルバス
瑪巴斯

傳說中所羅門王撰寫的魔法書《雷蒙蓋頓》中列舉的
72名惡魔之一。別名「巴巴斯」（Barbas）。在莎士
比亞的作品中則常以巴百松（Barbason）之名出現。
以獅子或人類的模樣現身，能讓人得到身體腐爛的病
症，也能讓人變成其他動物的樣子。對工藝技術知之
甚詳，能傳授人相關知識。在地獄裡相當有地位，統
率了36個軍團。

M

Marchosias
<small>歐洲</small>

マルコシアス
馬可西亞斯

傳說中所羅門王撰寫的魔法書《雷蒙蓋頓》中列舉的
72名惡魔之一。樣子為長了**鷹獅**（**Griffon**）翅膀的
蛇尾母狼，口能吐火。變成人類時則是高大雄壯的戰
士模樣。化身為人類時不會說謊，面對詢問時會認真
回答。而變成狼時雖然不會說謊，卻會拐彎抹角地回
答問題或只回答問題的一部分。原本是權天使
（Principalities，**天使**〈**Angels**〉9階中的第7階），
夢想著有朝一日能重回天界。

Masan

マサン

火葬鬼

印度的吸血惡靈。模樣像人，但所在之處都籠罩著黑
暗可怕的氣氛。「masan」是火葬場的意思，火葬鬼
會出現在剛被火葬者的灰中，攻擊附近的人。特別喜
歡殘害小孩，被攻擊的小孩會逐漸瘦弱致死。要防止
火葬鬼攻擊，只要把小孩放進鹽巴裡即可。另外，他
若是見到衣服拖地的女性就會一直跟到她家裡。

Mastema

マステマ

莫斯提馬

驅使惡魔誘惑人類使人墮落的**天使（Angels）**。常與
魔王**路西法（Lucifer）**被視為同一存在。《舊約聖
經》中的大洪水過後，神打算把所有惡魔關進地底世
界，但莫斯提馬卻主張應留下少數惡魔以測試僅存之
人對神的信心。因此十分之九的惡魔都被趕進地獄，
剩下的十分之一則留在地上聽候莫斯提馬的指示。

Medochi

メドチ

水怪

住在日本青森縣河川湖泊中的**河童（Kappa）**。外表
像是十歲的孩童，與一般河童一樣喜歡相撲，同樣也
是雙臂相連，拉扯一邊的手臂就會整條脫落。也會使
人溺水，不過手法比較巧妙。水怪會化身成女性引誘
人，或者是變成受害者的親友；另一說他會鑽入溺水
者的體內，有目擊者表示曾看過水怪從溺水孩童的肛
門跑出來逃入河裡。

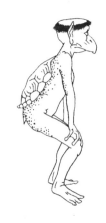

Medusa 希臘

メドゥーサ

梅杜莎

希臘神話中登場的**蛇髮女妖（Gorgon）**三姊妹之
一。姊妹中只有梅杜莎不是不死之身，最後被英雄柏
修斯砍下頭顱而死。蛇髮女妖們的頭髮為蛇，見到她
們的臉就會被石化，因此柏修斯靠著盾牌上映出的影
像接近梅杜莎才得以成功打倒她。後來他在自己的結
婚典禮上用梅杜莎的頭顱讓妨礙者變成石頭。

Meliae 希臘

メリア

美麗亞

M

希臘神話中的梣木**寧芙仙子（Nymph）**。據說是克
洛諾斯神（Cronus）砍下了天空神烏拉諾斯的性器
時，由其所流出的血中誕生的。古代希臘詩人赫西奧
德93（Hesiod）在《工作與時日》（Works and
Days）中把神所創的人分成五種，其中排第三的青銅
種族就是源自於梣樹。因此梣樹仙子美麗亞也被認為
是人類的祖先。

Melusine 法國

メリュジーヌ

美律仙

法國傳說中上半身為美女，下半身為蛇，背上有翼的
怪物，乃是**維芙龍（Vouivre）**的同伴，也能變身成
人類。傳說中有個男子見到她入浴的情景而對她一見
鍾情。美律仙在和男子結婚前定下約定，說兩人星期
六絕不能見面。但是過了不久，男子開始懷疑妻子背
叛自己，於是在某個星期六偷窺妻子的房間而見到她
的真面目。美律仙知道自己的真面目被看到後，就從
窗戶飛了出去。

Mephistopheles　德國

メフィストフェレス

梅菲斯特

與浮士德博士簽下契約獲得他靈魂的惡魔，在德國非常有名。外型與怪物**鷹獅**（**Griffon**）相仿。全身毛茸茸，長了鳥喙與翅膀。變成人類時則留有長鬍鬚，頭上有雙角，背上有蝙蝠翼，腳爲驟蹄。精通各種學問，處心積慮地想誘惑人違背良知，受到誘惑者會跟他簽下惡魔的契約，最後被他害得一無所有，墮入地獄之中。

Mermaid　英國

マーメイド

美人魚

住在英國河川或海中的女性人魚。上半身是年輕貌美的女性，下半身則是魚形。金髮綠眼，有時會出現在岸邊用梳子整理頭髮，或者是裝作溺水的樣子吸引男子接近並將他們拉進水中。她們的出現代表暴風雨即將來襲，因此船員們害怕見到她們。其他地方也有類似的人魚，如斯堪地那維亞的人魚女（**Havfru**）或愛爾蘭的**梅羅**（**Merrows**）等等。

Merman　英國

マーマン

人魚

住在英國周邊海域的男性人魚。外貌比女性的人魚——**美人魚**（**Mermaid**）醜得多，不過他們並不會把人拖入海中殺死，而是一心一意地愛著美人魚，一旦發現人類虐待她們，就會掀起巨浪對人類展開報復。頭上總是帶著三角形的尖頂帽，有說法表示人魚之所以能在海中生活就是此帽的魔力所致。此外，據說人類戴上這頂帽子的話也能在海中生活。

Merrows   愛爾蘭
メロウ
梅羅

棲息於愛爾蘭海域中的**人魚**（**Merman**）。上半身爲
人，下半身爲魚。女性梅羅與和**美人魚**（**Mermaid**）
一樣面貌姣好，但男梅羅就十分醜陋。梅羅出現時就
表示暴風雨即將來臨，因此船員對他們十分畏懼。與
美人魚不同的是，女梅羅會與人類相戀並結婚。只是
梅羅生下的孩子腳上長有鱗片，手指間也有小水蹼，
因此一看就可分辨。

Metatron   歐洲
メタトロン
邁塔特龍

M

基督宗教中最偉大的**天使**（**Angels**）之一。在神祕的
猶太教思想中最接近神的天使，身體非常巨大，站在
大地上時頭部與天界的神之玉座齊高。另一說他是聖
人以諾（**Enoch**）受神之力變成的天使。全身以火焰
製成，有36萬5千顆眼睛，十八對翅膀。性格殘酷，
對反抗自己的人毫不留情，一口氣刺死數百人。

Michael   歐洲
ミカエル
米迦勒

基督宗教中神最早創造之最高級的大天使。同時也是
天使（**Angels**）中最強的戰士，魔王**撒旦**（**Satan**）
率領了天界三分之一的天使舉兵造反時，就是被米迦
勒從天國打落的。此外，他也負責把死者靈魂帶到神
前，於最後審判時測量靈魂重量。在伊斯蘭教的傳承
中，米迦勒有對翡翠色的翅膀，頭髮是番紅色，每一
根頭髮上均有百萬張臉與口。

Mikaribaasan　　　　　　　　　　　日本

箕借り婆さん（みかりばあさん）

借箕婆婆

在日本神奈川縣的傳說中，於農曆11月15日到12月5日之間出現，口中銜著火把挨家挨戶拜訪的獨眼妖怪婆婆。借箕婆婆一出現就會整天在村裡徘徊，窺看人家家裡是否有壞孩子。與關東地方的妖怪**一目小僧**（**Hitotsumekozou**）一樣，只要在借箕婆婆下山來訪時在門口吊著網目粗的竹籠，並做好丸子放在門口即可防止她進入家中。

Mikoshinyuudou　　　　　　　　　　日本

見越入道（みこしにゅうどう）

見越入道

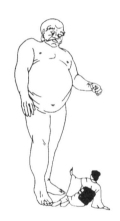

盯著他瞧就會變得越大的嚇人妖怪。全日本都有相似的妖怪。見越入道會出現在落單者的前方或後方，出現在前方時一開始會是個小和尚，但越看就會變得越大，如果抬頭看他就會被咬碎喉嚨而死。出現在後方時則是從一開始就有普通人的三倍高，會從人背後探出臉來嚇人，如被他追過就會被勒住脖子而死。

Mimir　　　　　　　　　　　　　　北歐

ミーミル

密米爾

北歐神話中守護智慧之泉的巨人。智慧之泉位於支撐世界的巨樹伊格德拉西爾（Yggdrasill）之下，有時也會以守護者之名稱作「密米爾之泉」。由於經常飲用泉水，所以密米爾本身也充滿智慧。北歐主神奧丁（Odin）也曾喝過泉水，不過那時他是用一隻眼睛作為擔保才獲得允許。密米爾後來被華納神族斬首，奧丁接收了其首級並在上面施法，使之提供許多知識。

Minobi
簑火（みのび）

簑火

過去下雨天時在簑衣上出現的怪現象：在雨中行走時簑衣突然像起火似的放出光芒。只要是被雨沾濕的地方就會發光，因此有時連手腳也會閃閃發亮，看起來就像是有無數的螢火蟲聚集一樣。在湖上往來的擺渡人常會遇到這種狀況。但若用手將之打散，四散的光芒反而會像火屑掉出一般，使光芒蔓延開來。此時只要把簑衣脫下，火光就會消失。

Minotaur
希臘

ミノタウロス

牛頭人

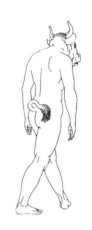

希臘神話中住在克里特島上的公牛怪物。身體為人，有顆巨大的公牛頭。乃是克里特島王妃帕西淮（Pasiphae）與公牛生下的孩子，有吃人的惡癖，因此被米諾斯王關進迷宮中，並定期把從雅典帶來的少年少女送進迷宮當作他的食物。雅典王子特修斯（Theseus）知道此事後，就潛入克里特島將怪物打倒。

Mintsuchikamui
日本

ミンツチカムイ

蛟神 [94]

北海道愛奴人的土地上的一種河海精靈，外型與**河童**（Kappa）十分相似。跟河童一樣雙手相連，拉扯一方就會把整條扯下。會把人拉進水裡，或附身在女性身上去誘惑男性。蛟神為河海之神，能決定魚獲量的好壞。據說過去**疱瘡神**（Housoushin）從內地渡來時，愛奴人曾以蓬草編製成草人，並把靈魂灌注進去跟疱瘡神作戰。而這些草人蛟就是疱瘡神的前身。

M

Misaki 日本

ミサキ
岬靈

在神、惡靈或精靈現身之前出現的小精靈，他的現身
通常會被視爲一種徵兆，但關於他的外型並無明確的
描述。有人認爲走在人煙稀少的路上時，若是突然感
到一陣寒意或肚子疼就很有可能是岬靈所爲，並稱這
種情形爲「被海岬風吹到」。此外，據說岬靈是死於
事故或海難的人所變成。而高知縣人則認爲岬靈是海
之妖怪，一旦附在船上就會使船隻無法動彈。

Mishigê-majimun 日本

ミシゲー・マジムン
飯匙魔怪

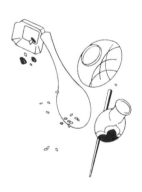

日本沖繩縣內的**付喪神（Tsukumogami）**，爲經年
累月使用下來的飯匙（沖繩語爲Mishigê）獲得靈力
後變成的妖怪。一到晚上就會突然動起來發出喧鬧
聲，或是對人惡作劇。而且不只是飯匙，連筷子等餐
具也都變成付喪神，半夜在垃圾場裡發出三味線與大
鼓聲大肆玩樂。據說曾有村人加入它們的遊戲，玩了
通宵之後才發現原來玩伴是付喪神，而且四周盡是散
落一地的飯匙碗筷等食器。

Mizuchi 日本

蛟（みずち）
蛟

化身成蛇展現靈力的山川精靈。蛟在水耕農業盛行的
彌生時代（西元前五世紀～西元三世紀）被認爲是水
神，但在佛教傳入日本以後，人們開始認爲蛟是棲息
於山川裡的邪惡怪物。仁德天皇時代（313年即位）
岡山縣的川島川裡曾有巨大蛟危害附近村民的紀錄。
一名勇敢的男子向蛟說「如果你眞的有靈力就展現出
來，使浮在水上的葫蘆下沉吧」，結果蛟無法使之下
沉，最後被男子斬殺。

Mizuhime　　　　

罔象女（みずひめ）

罔象女

水的精靈化身而成的蛇。古代多以蛇的形象出現，後來則演變成龍（**Ryuu**）。有時也被視為**蛟龍**（**Kouryuu**）的一種。原本是水神，根據奈良時代的史書《日本書紀》的記載，伊邪那美（Izanami-no-Mikoto）生下火神時被灼傷，死前的尿液就變成了名為罔象女的女神。別名「美都波女神」（Mizuhamegami），某些地方則將她供奉在水神的神社裡。據說在此女神司掌的河川中有座龍宮城。

Mokumokuren　　　　

目目連（もくもくれん）

目目連

出現在廢屋紙門上的無數顆眼睛。鳥山石燕的《今昔百鬼拾遺》中把目目連繪成浮現於空房子紙門上的無數顆眼睛，彷彿在窺視房間內部的樣子。有則故事說道，久遠以前有個吝嗇的木材商人想省錢住在髒亂的空房子裡，結果半夜遇上了目目連，沒想到商人不但不害怕，反而把眼睛挖下來拿去賣給眼科醫師。

Molech　　　　

モレク

摩洛

公牛頭人身的惡魔。為《舊約聖經》中居住於死海東北部的民族——亞捫人（Ammon）所信仰的神。因為要求獻上小孩為活祭品，而被中世紀歐洲人所畏懼。亞捫人在中空的摩洛像中放入柴火燃燒，並把活祭品小孩拋入。同時敲打大鼓或銅鑼以遮掩犧牲者的慘叫聲。亦於密爾頓的《失樂園》中登場，書中說明他是最勇猛的墮天使。

Momonjii 日本
百々爺(ももんじい)
百百爺

江戶時代到大正時代（1912～1926年）之間突然現身
攻擊人的妖怪，或念作「Momonga」、「Momonji」
等等。飛翔於黑暗之中，嘎嘎嘎地發出令人不舒服的
叫聲，因此也被稱作「晚鳥」。會吹熄夜晚行路者的
火把或燈籠。現今多半認爲百百爺是一種鼯鼠，不過
在鳥山石燕的《今昔畫圖續百鬼》中則將他畫成老人
的模樣，並說明他出現於夜晚，會把疾病傳染給人
類。

Monjabi 日本
亡者火(もんじゃび)
亡者火

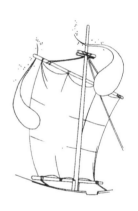

出現於日本青森縣的**船幽靈（Funayuurei）**。夜晚出
現於海上，看起來就像是燈塔或船隻。誤信那是燈塔
而改變航道的話就可能會遇難。有時也會變成火球在
船帆附近打轉，甚至一路跟回家裡。宮城縣和鹿兒島
縣也有類似的妖怪，稱爲亡靈火。出現時會變成與船
相似的形狀，在薄明中也能清楚看見細部。據說亡者
火和亡靈火是由死於海上的人之靈魂變成。

Monocoli 印度
モノコリ
獨腳人

老普林尼的《博物誌》中記載住在印度周邊的種族。
雖然只有一隻腳但能以驚人的速度飛躍前進。獨腳人
的腳掌非常寬闊，盛暑時會倒立過來把巨大的腳掌當
成遮陽傘避暑，因此有時也被稱作「傘腳族」。十四
世紀的法國作家曼德維爾的《曼德維爾遊記》（The
Travels of Sir John Mandeville）中則說獨腳人住在衣
索比亞。

Mora

モーラ

茉拉

保加利亞及舊南斯拉夫等巴爾幹半島諸國的少女形惡靈。兼具夢魔（**Night-Mare**）與吸血鬼（**Vampire**）的性格，會在半夜潛入住家從心臟吸取人的血液，或是壓迫胸部使人停止呼吸。也能變化成種種型態，就算把門鎖上也能從鑰匙孔入侵屋內。或說茉拉白天時是普通人類，只有晚上才會變身成夢魔。據說出生時帶著紅色羊膜的女嬰將來會變成茉拉。

Morax

モラクス

摩拉克斯

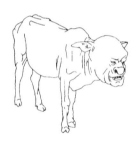

傳說中所羅門王撰寫的魔法書《雷蒙蓋頓》中列舉的72名惡魔之一，別名「佛拉克斯」（Farax）、「佛萊伊」（Foraii）。外型為公牛身體上長了一顆醜陋的人頭，或者是人的身體上長了顆公牛頭。對巫師而言是非常有用的惡魔，他不只精通天文學與占星術，也詳知將寶石藥草運用在巫術上的方法，且會鉅細靡遺地把這些知識傳授給召喚者。另外他也以賜予人魔寵（**Familiar**）而聞名。

Morgan le Fay

モルガン・ル・フェイ

仙女摩根

中世紀英格蘭騎士故事中的美麗女妖精。馬洛禮爵士（Sir Thomas Malory）的小說《亞瑟王之死》（Le Morte d'Arthur）中說她是女巫師，不過在原本的傳說中，她與妮薇（**Nimue**）和薇薇安（**Vivian**）都是水之妖精，被稱為「湖上夫人」（Lady of the Lake）。據說在湖底之城中把騎士蘭斯洛（Lancelot）養育長大的就是她。在義大利的傳說中則被稱作「Fata-Morgana」，能變出海市蜃樓使船隻觸礁。

M

Morgoth

モルゴス
魔苟斯

在英國作家托爾金的小說《魔戒》中，自遠古以來就
住在中土世界的黑暗帝王。關於其外型並無明確描
述，只說他把世上的精靈化為怪物，並驅使這些怪物
士兵與神交戰。魔苟斯原本是個名為馬爾寇
（Melkor，意為以力服人者的意思）的神，因為企圖
統治世界的野心而失去了神的地位。火焰的怪物**炎魔**
（**Balrog**）與蜘蛛怪**昂哥立安**（**Ungoliant**）都曾是
他的部下。

Mothman

モスマン
天蛾人

1960年代於西維吉尼亞州被人目擊到的怪物。會吸人
或狗的血。身高約2m，全身長滿黑毛。頭與身體直
接相連，無頭頸，外型就像天蛾一般。與人類一樣以
二足步行。背上有翅膀，但翅膀無法拍動所以只能滑
翔。出沒的時刻不定，出現不久就會飛走。附近若有
人聚集的話就會發出唧唧唧的叫聲追趕他們。

Moujabune

亡者船（もうじゃぶね）
亡者船

死於海上的靈魂歸鄉時所搭乘的亡靈之船。與**船幽靈**
（**Funayuurei**）不同的是，亡者船的目的是回鄉，因
此不會攻擊人類的船隻。青森縣某港曾有人目擊亡者
船靠岸，岸上的漁夫向他們大聲打招呼，船上也呼叫
回應。等船隻靠近，漁夫要求對方拋固定用的繩索過
來時，才一轉眼的功夫，船就消失不見了。

Mouryou

魍魎（もうりょう）
魍魎

中國人對自然界中的妖怪精靈
之總稱。而「魑魅魍魎」一
詞，則泛稱所有可怕的鬼怪，
當中的魑魅是指山、木、石頭
的精（Sei），而魍魎則是指
水中的精。兩者均爲形狀不定的怪物。不過也有說法認爲魍魎外型像是三歲孩
童，全身赤黑，紅眼耳長，擁有一頭秀髮，以人的肝臟爲食。四世紀寫成的志怪
小說集《搜神記》則說魍魎爲黃帝的子孫，同時也是能引起瘧疾的瘧神之兄弟。

Muchalinda

ムチャリンダ
穆迦林陀

印度神話中的蛇神——那迦（Naga）族之王。據說
有次佛陀在菩提樹下冥想，恰好該菩提樹是穆迦林陀
的住處。牠感受到佛陀的偉大，所以在一旁靜靜地守
候。不久，巨大的暴風雨來襲，穆迦林陀用身體纏繞
佛陀七圈，整整七天守護佛陀不受風雨威脅，之後化
身成年輕人皈依佛陀。佛教故事中亦說牠最後皈依佛
陀門下。

Murmur

ムールムール
姆爾姆爾

傳說中所羅門王撰寫的魔法書《雷蒙蓋頓》中列舉的
72名惡魔之一。以騎乘在怪物鷹獅（Griffon）上的
戰士之姿出現。原本是座天使，墮天後成爲地獄的侯
爵，率領30個軍團。擅長哲學，會用沙啞難聽的聲音
傳授給人。也長於降靈術，只要巫師下令便能從屍體
中叫出死靈來。而他自己有時也會把這些死靈當作魔
寵（Familiar）來使喚。

Muryans

ムリアン

蟻靈

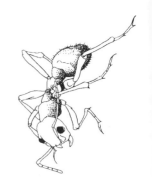

英國康瓦爾地方的妖精。「Muryan」在康瓦爾語中
乃是螞蟻的意思，由死去的異教徒之靈魂變成。這些
沒邪惡到下地獄，但也上不了天堂的靈魂們最後變成
了螞蟻在這世上徘徊。據說他們也能變身成鳥類，不
過每變回原本的樣子一次身體就會變得越來越小，直
到他們消失爲止，因此當地人認爲不該任意殺害螞
蟻。

Mushiki

無支祁(むしき)

無支祁

中國神話中妨害大禹治水的黃河怪物。身高約15m左
右，外型有如猴子，頸部能自由伸縮，力量勝過九頭
大象。大禹靠著眾神的幫助將無支祁關在江蘇龜山附
近，不過根據十世紀完成的類書《太平廣記》的記
載，唐代（西元765年）時又再度於大河底下發現此
怪。發現的漁夫用50頭牛把怪物從水底拉出，不過怪
物後來又消失於水中。

Mušhuššu

ムシュフシュ

穆許夫修

古巴比倫創世神話中登場的怪
物。身體就像覆滿鱗片的馬，
頭則長得像蛇，頂上有兩角。
前腳爲獅，後腳爲鷹，背上長
了對翅膀，並且擁有蛇的尾
巴。在神話中穆許夫修是與主神馬爾杜克敵對的女神**蒂雅瑪特（Tiamat）**所生
的十一匹怪獸之一。乃是一種聖獸，巴比倫城的伊施塔門上就有此怪的浮雕，此
外牠也是神的坐騎。

Muspell

ムスペッル

火巨人

北歐神話中住在火焰國穆斯佩爾海姆（Muspelheim）
的巨人族。火焰國全境被炙熱的火焰包圍，只有生於
此地的人才能存活，入口有個叫作**史爾特爾（Surt）**
的火巨人手持火焰劍看守著。這些巨人與人類世界沒
什麼交流，也沒有出現在神話故事中，但一到世界末
日就會突然活躍起來。到時候火巨人們會全身包覆著
火焰進攻人類世界，使世界燃燒殆盡。

Myrmecoleo

ミルメコレオ

獅蟻怪

於福樓拜的小說《聖安東尼的誘惑》中登場的怪物，
前半身為獅子，後半身為螞蟻，而且性器顛倒。在小
說中雖無敘述其腳的形狀，但一般認為獅蟻怪前腳為
獅子，後四腳則是螞蟻。因為此怪乃是「獅子使螞蟻
的卵受精」誕生的。由於牠的母親是只吃穀類的螞
蟻，父親則是只吃肉類的獅子，因此礙於父親的習性
而不能吃穀物，又因為母親的特性而不能吃肉類，所
以很快的就餓死。

Naberius

ナベリウス

納貝流士

傳說中所羅門王撰寫的魔法書《雷蒙蓋頓》中列舉的
72名惡魔之一。通常是以黑鶴、公雞或烏鴉的姿態出
現。另一說他是行為舉止類似於鳥類的三頭人。能詳
細地教導召喚者正統的語法與修辭技巧，協助找回已
逝的榮景，使召喚者再次受到世人的珍重。

Naga

ナーガ
那迦

印度神話中的半神蛇（龍）族。外型類似於眼鏡蛇，或說上半身為人，下半身為蛇。印度教的宇宙觀認為這世上有7層地下界，而在各層之中均住了許多那迦。當中有邪惡如惡魔者，也有被視為神祇崇拜者，甚至有些與地上的人類結婚。此外，那迦分成數支部族，各部族的王或掌權者則稱為**龍王（Nagaraja）**。

Nagaraja

ナーガラージャ
龍王

印度神話中半神蛇靈**那迦**（Naga）中的王者。那迦分成了許多部族，各部族之王皆以此為名。佛經中也譯作龍王。普通的那迦多為眼鏡蛇的樣子，不過這些被稱作龍王的那迦們外型則不太相同，或說他們擁有七顆頭，或說他們有一千顆頭。特別有名的龍王有印度教三大神之**毗濕奴（Vishnu）**的坐騎、浮於乳海之上的**阿難陀（Ananta）**，以及支撐大地的巨蛇**舍濕（Sesa）**。

Naiads

ナイアス
奈依亞斯

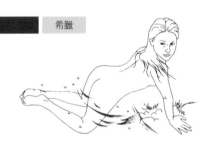

希臘神話中住在泉水或河川旁的**寧芙仙子（Nymph）**，外型為美麗的女性。史詩《奧德賽》第13卷中描寫了奈依亞斯於伊薩基（Ithaca）河出海口的住處，那是個寬廣的洞窟，裡頭擺放著石造的調酒瓶與雙耳的酒杯，以及石造的織布機。奈依亞斯有時也會把俊美的青年拉進河中，英雄赫拉克勒斯的隨從席拉斯（Hylas）就是這麼犧牲的。

Namahage 日本
生剥（なまはげ）
生剝

於日本秋田縣的習俗中登場的**鬼（Oni）**。髮長如海草，臉男紅女藍。當地每年除夕夜有個習俗：三兩個村裡的青年假扮成生剝拜訪各戶人家，目的是提醒人不要怠惰。他們會在門口大喊「有沒有愛哭的小孩啊——」、「有沒有懶惰的媳婦啊——」，以告誡年輕媳婦或小孩。據說生剝們是跟著漢武帝來到男鹿半島（秋田西部）的鬼，後來就在此住了下來。

Namikozou 日本
浪小僧（なみこぞう）
浪小僧

傳說中生於日本靜岡縣海浪中的妖怪。形似小孩，大小約與拇指相當。與水的淵源極深，能控制降雨。平時待在海上，大雨時則高興地上岸遊玩，但若天氣突然轉晴則無法回去。據說曾有個浪小僧因此而受困岸上，被某個好心少年送回，不久後當地發生一場大旱災，而浪小僧為了報答就降下大雨解除旱象。

Namtar 伊拉克
ナムタル
那姆塔

古代蘇美或巴比倫神話中棲息於冥界的惡靈。類似死神的存在，能任意驅使60種疾病殺人。那姆塔是冥界女王埃蕾什基伽兒的部下，負責引導造訪冥界者覲見女王，並且招待這些人。此外他們也是女王的使者，往來天界與冥界之間。在女神伊施塔進入冥界的故事中，那姆塔奉埃蕾什基伽兒之命，讓伊施塔病重而無法動彈。

Namuci 印度

ナムチ
那牟質

印度教的惡魔——**羅刹（Rakshasa）**之一。從不以真面目示人，出現時總是化身成人類的樣子。在與眾神的戰鬥中曾一度補捉到三大神之一的因陀羅，因陀羅因為答應他「不論晝夜，不管是用棒子或弓箭、濕的東西或乾的，都不能殺死那牟質」的願望而獲得釋放，但之後那牟質被因陀羅用黃昏時刻的海浪泡沫做成的武器95砍下頭部而死。據說他頭顱被砍下時嘴巴仍緊咬著因陀羅不放。

Nandobabaa 日本

納戶婆（なんどばばあ）
儲藏室怪婆

西日本諸縣的傳說中住在儲藏室內的妖怪，樣子為一老婦。不會作壞事，有人來打掃儲藏室時會嚇得躲進地板底下。岡山縣的儲藏室怪婆則會在儲藏室裡發出呵——的怪聲。有時也會突然跳出來嚇人，當人們拿著大掃帚追打時又一溜煙地逃進外廊的地板下。只有香川縣的怪婆比較特別，會擄走剛出生的嬰兒。

Nebiros 歐洲

ネビロス
涅比羅斯

地獄中負責監視其他惡魔工作情形的惡魔。能快速地穿梭於地獄各處。有時也會應巫師的召喚出現在地上。對與自然科學有關的事物非常熟悉，特別是對礦物植物動物等項目，也能教人相關知識。此外也能告訴人關於未來的事，擅於操縱死者或死靈，在惡魔當中是屬一屬二的高手。

Neck

ネック

尼克

斯堪地那維亞半島上的河川湖泊妖精。雖然本質上與
人魚很類似，但外型並非半人半魚而是矮小的人類。
綠齒綠帽，到岸上時與**精靈（Elf）**沒什麼兩樣，不
過尼克身上必定有某些地方是濕濕的。不論性別都深
具魅力，擅長演奏小提琴或豎琴，會把聽到他們演奏
的人誘入水中。

Nekomata

貓股96（ねこまた）

岔尾妖貓

因長壽而獲得靈力，最後變成妖怪的貓之總稱。外型
與普通貓無異，但逆毛撫摸的話就全身會發亮，尾巴
分岔成兩條。會偷喝燈油，甚至能說人話。江戶時代
的奇談小說集《老嫗茶話》中提到，有個老婦人所養
的貓變成了岔尾妖貓，並將老婦人吞下肚，然後再化
成老婦人的模樣若無其事地過活。此故事發生於福島
縣會津地方，變成老婦人的貓妖後來也吃掉了女僕，
因而引起家人的懷疑，結果妖貓被狗識破本性後咬
死，事情終於真相大白。

Nenekogappa

弥々子河童（ねねこがっぱ）

彌彌子河童

住在利根川97中的女**河童（Kappa）**。或許是容貌類
似貓的緣故，漢字也寫作「貓貓子河童」。雖為女性
但個性粗暴，會把人或家畜拖入河中，或是偷走田裡
的蔬菜等等，是關東著名的妖怪。有一次熊本縣有名
的河童老大九千坊來向她挑戰，結果輕輕鬆鬆地就被
她打敗。不過彌彌子河童最後被武術高強的武士制
伏，因為誠心悔改而得以保留一命，後來就不再那麼
粗暴了。

Nephilim

ネフィリム

尼菲力姆

《舊約聖經》偽經中提到之墮天使與人類女性交合後生下的巨人[98]。身長3000肘尺[99]（cubit，約1350m）。食欲旺盛，人類耕種的作物生長速度無法應付他們的要求，結果他們吃盡了地上所有生物，甚至是自相殘殺；另一說通天巨塔巴別塔（Tower of Babel）是由他們所建。後來尼菲力姆們在神降大洪水時全數滅亡，只有一個叫作歐格的巨人乘進挪亞方舟中而得以存活。

Nereids

ネレイス

涅蕾斯

希臘神話中登場的海之**寧芙仙子（Nymph）**。在寧芙仙子中是特別接近女神的存在，擁有永恆的生命。貌美且深具魅力，與神或英雄結婚的不在少數。雖不能自由地控制海水，但還是有拯救海上遇難的英雄或是讓想逃離敵人魔掌的人們躲入海中的能力。與葡萄酒神戴奧奈索斯（Dionysus）的關係密切，據說將酒神的技藝傳給人類的正是涅蕾斯們。

Nidhogg

ニーズヘッグ

尼德霍格[100]

北歐神話中住在地獄裡的**龍（Dragon）**。外型有鱗有翼，與無數隻蛇一起住在冥界尼弗爾海姆裡一個稱作赫菲爾蓋爾米爾（Hvergelmir，乃沸騰的燒鍋之意）的泉水中。牠啃噬著支持宇宙一切事物的世界樹伊格德拉西爾的根部，對世界的存在造成威脅。並且撕裂吞食無數個漂浮在冥界泉水中的屍體。據說世界末日（Ragnarök，北歐神話中的最終戰爭）時會出現在地上於空中飛翔。

Night-Mare

夢魔（むま）

夢魔

歐洲各地使睡夢中的人作惡夢的惡魔之總稱。通常是小孩般的大小，容貌醜陋，坐在睡眠者的胸口壓迫其心臟使之呼吸困難而作起惡夢。會使人作春夢的則是**男夜魔（Incubus）**與**女夜魔（Succubus）**，而趁人睡眠時吸血的**茉拉（Mora）**也算是夢魔。此外，猶太民間故事中吸取男性精氣的**莉莉絲（Lilith）**據說也是夢魔的一種。

Nikodamas

ニーコダマス

尼可大馬斯

古代住在地中海東部群島上的矮人族**俾格米人（Pygmaioi）**之一。俾格米人雖爲矮人，但男性象徵卻異常雄偉。或許是因爲這個緣故，尼可大馬斯與一名人類的女性娥伊諾埃（Oinoe）結婚。後來娥伊諾埃因爲觸怒女神赫拉而被變成鸛鳥，兩人不得不分離。娥伊諾埃後來雖數度前去探訪自己的孩子，但因爲樣子已經變成鳥類而無法相認。

Nikonbou-no-bi

二恨坊の火（にこんぼうのび）

二恨坊之火

在菊岡沾涼所寫的《諸國里人談》中登場的**鬼火（Onibi）**。出現於兵庫縣，會從火焰中出現一張人臉。二恨坊原本是個名爲日光坊的山伏。有一次村長的妻子身染重病，他爲之舉行17天的加持祈禱儀式，最後終於治好了她的病。但後來有人說他與村長之妻有染而被村長所殺。日光坊因此變成一團直徑達30cm以上的火球，飛到村長家的屋頂與樹梢附近報復。

Nikujin 日本

肉人（にくじん）
肉人

慶長14年（1609年）在德川家康（Tokugawa Ieyasu）
於駿府城（靜岡縣靜岡市）的宅第庭院中出現的妖
怪。全身有如肉團般渾圓。身形與小孩相當，但手上
無指。出現時以手指向天際。由於太過怪異而令人害
怕，城內的大臣們慌忙成一片，連忙將肉人逐出城外
趕進山裡，因此不曉得他到底是怎樣的妖怪。後來有
學者說明中國也有這種妖怪，吃了他的肉可以變得力
大無窮，而且能治百病。

Nikusui 日本

肉吸い（にくすい）
吸肉女妖

出現於日本三重縣或和歌山縣山區的女妖怪。總是化
身成十七、八歲的美貌女子，趁落單的獵人或樵夫在
山中休息時出現，發出呵——呵——的叫聲接近，並
且向他們借火。只要稍稍碰到吸肉女妖的身體，全身
的肉就會被女妖吸走。據說她的弱點是槍擊，一旦被
火繩槍攻擊就會立刻逃走。

Nimue 英國

ニミュ
妮薇

中世紀英國騎士小說《亞瑟王之死》中登場的湖上妖
精。別名「妮妮安」或「妮雅芙」等等。容貌姣好，
也被稱作「湖上夫人」。經常與法國傳說中的湖上妖
精薇薇安（Vivian）被視為同一人物。雖然是湖上的
妖精，但在某故事中住在森林中的宅第裡，該森林被
魔法之雲環繞，因此看起來像是一座島。曾與巫師梅
林[101]（Merlin）相戀，從他身上學會了不少魔法。

Ningyo

人魚(にんぎょ)

人魚

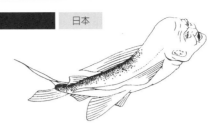

棲息於日本各地海域，乃上半
身爲人，下半身爲魚的海中怪
物；或說是人面魚。西洋的**美
人魚**（**Mermaid**）在本質上較
接近精靈，而日本的人魚則近
似怪物。根據《日本書紀》的記載，推古天皇（592年即位）曾於兵庫縣捕獲一
隻人魚，此爲日本發現人魚最早的例子。日本傳說中，吃人魚肉者能活三千年。
而把人魚身上的油脂塗在身上的話，不論天氣多冷都能維持溫暖。

Nis

ニス

尼什

斯堪地那維亞半島諸國的妖精。身高約15cm左右，
臉似老人，身穿灰色衣服，頭戴尖頂帽子。與**地精**
（**Goblins**）等妖精相同，只要給他們塗了奶油的麵
包與牛奶等簡單的報酬，就會樂意幫忙做家事。討厭
喧鬧因此多半足不出戶，不過有時也會在晚上出門散
步。非常喜愛音樂，會召集同伴在月夜裡的原野上演
奏樂器，唱歌跳舞。

Nix

ニクス

水仙

住在德國河川泉水旁的男性妖精。綠齒，頭戴綠帽。
外型幾乎與人類一模一樣，因此混在人群中的話就難
以分別。女性則稱作**女水仙**（**Nixie**），生產時會抓
走人類的產婆幫忙，事後也會好好答謝並將之送回。
剛生下的小孩全身長滿毛髮。有時也會抓走人類女性
並使之產下孩子，但這種小孩通常會被吃掉。

Nixie

ニクシー

女水仙

德國傳說中住在河川泉水旁的女妖精。男性則稱作**水仙**。外型為金髮美女，常出現在夏日晴朗的日子，坐在河岸或樹枝上悠閒地用梳子整理長髮。和希臘神話中的怪物**賽倫（Sirens）**一樣擅長歌唱，被她的歌聲吸引的話就會被拖入水中。此外也會讓在水裡游泳的人溺水。有時也會出現在村鎮中，不過由於衣服總是濕答答的，所以一眼就看得出來。

Nobusuma

野襖102(のぶすま)

野襖

出現於日本高知縣土佐地方的一種類似**塗壁（Nuri-kabe）**的妖怪。夜晚行於道上，若是面前突然出現了牆壁擋住去路，往上往下往左往右都無法通行，那就代表野襖出現了。槍砲或武士刀都奈何不了他，有時甚至會被擋到天亮。此時如果平心靜氣地坐下來，抽口煙和緩情緒，不久野襖就會自然消失。此外也有同名的妖怪，據說那是會吸貓血的鼯鼠怪。

Noduchi

野槌(のづち)

野槌

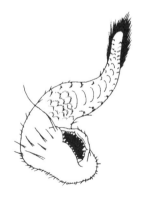

日本一種歷史悠久的虛構動物。形狀似蛇，直徑約15cm，長約1m，體形粗而短，恰似無柄之槌故以此命名。早在奈良時代的史書《古事記》和《日本書紀》中就有記載，野槌乃是山野之**精（Sei）**。但隨著時代演進，野槌的形象越來越接近怪物。牠頭頂上長了一張血盆大口，除此之外無眼鼻等其他五官，棲息於深山之中，有時會吃人。鳥山石燕在《今昔畫圖續百鬼》中則繪有全身長滿毛的野槌。

Noduko

ノヅコ

野津子

日本高知縣或愛媛縣傳說中，由被拋棄的嬰靈變成的妖怪。從不現身故無法得知其形貌。會將夜路上的行人絆倒，有時也會突然發出宏亮的嬰兒哭聲。宇和島上流傳著，若是遇到野津子，只要把草鞋夾腳繩上的小環取下丟給他即可。野津子似乎很喜歡這種小環，有時候甚至會直接向路人乞討。

Nojukubi

野宿火（のじゅくび）

野宿火

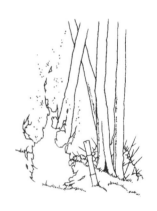

夜晚出現於森林中，宛如營火般的**鬼火（Onibi）**。有時還會從鬼火處傳來一群人說話的喧鬧聲。但接近一看卻什麼也沒有。森林中的火焰看起來似乎很危險，不過鬼火屬於陰火，因此不會造成火災。同樣出現在山上或森林中的還有叫作**龍燈（Ryuutou）**的鬼火，不過龍燈會四處飄動，而野宿火則不會。

N

Nopperabou

のっぺら坊（のっぺらぼう）

無臉鬼

沒有眼、鼻、口等五官，臉上如蛋殼表面般光滑的妖怪。除此之外與人類並沒有什麼兩樣。性別有男有女，除了嚇人以外不會作惡。夜晚行於道上可見到無臉鬼呆立於路旁，若路人好心向他們詢問狀況，則會緩緩轉過身來，露出平滑的臉蛋嚇人。而男性無臉鬼則多會變成路邊攤老闆，客人來時就露出空無一物的臉龐。

Norikoshi　　　　　　　　日本

乘越(のりこし)

乘越

出現於日本岩手縣，類似**見越入道（Mikoshi-nyuudou）**的妖怪。外型模糊不清，有如一團黑影，會突然出現在行人面前，初見不知爲何物，定睛一看卻變得越來越大。一開始只有小孩大小，後來就會變得比大人還高，最後甚至會高過屋頂。但如果冷靜下來，在乘越還未變大之前由上往下俯視他的話，就會越變越小而消失。最不可行的就是逃開，因爲不管逃到哪，一回頭還是會見到他。

Nrisimha　　　　　　　　印度

ヌリシンハ

那羅辛訶

印度神話中的三大神之一──**毗濕奴（Vishnu）**神的化身。半人半獸，上半身爲獅子，下半身爲人。在印度神話中，**阿修羅（Asura）**族中身形巨大的魔王希羅尼耶格西布（Hiranyakasipu）在苦修之後獲得「不管是人是獸是神是阿修羅還是蛇都殺不死」的身體 103，並企圖征服世界。毗濕奴神知道誰也殺不死他，於是就動了腦筋，化身成既非人也非獸的那羅辛訶從魔王宅第中的柱子跳出，用銳利的爪子把他抓死。

Nuckelavee　　　　　　　英國

ナックラヴィー

海人馬怪

棲息於蘇格蘭東北岸附近的歐克尼群島海域的怪物。外型與**半人半馬怪（Centaurs）**相同，上半身是人，下半身是馬。沒有皮膚，肌肉血管都直接暴露在外；沒有脖子，頭與肩膀相連。行動時像陀螺般不停旋轉。性格凶暴，上岸時不只吃家畜也會吃人，還會吐出毒氣使植物枯萎。這種怪物只能活在鹹水中，如果被他追趕的話只要逃進淡水河中即可獲救。

Nue　日本

鵺（ぬえ）

鵺

平安時代末期侵襲天皇所住的宮殿之怪物。頭似猿
猴，尾似蛇，手腳爲虎。根據《平家物語》第4卷的
記載，此爲近衛天皇（1141年即位）在位時發生的
事：每晚深夜2時就會從東三条森林方向飄來一團烏
雲把宮殿包圍，讓天皇倍感威脅。在與公卿們商量之
後，命令武士源賴政（Minamoto-no-Yorimasa）前往
討伐。賴政見到烏雲中有道不吉之影竄動，舉弓將之
射落，而落下來的就是前述的怪鳥——鵺。

Nuhhehofu　日本

ヌッヘッホフ

肉團怪

全身像是一顆鼓漲肉團的妖怪。鳥山石燕的《畫圖百
鬼夜行》中則稱之爲「Nuppepou」。有手有腳，不
過因爲全身腫脹所以看不出是否有臉。出現在下小雨
的夜晚，用他粗短的雙腳緩步慢行。不會作怪，只會
以噁心的外表嚇人。另外，此怪所經之處會留有屍體
腐爛的味道，令人作嘔難耐。

Nukekubi　日本

抜け首（ぬけくび）

斷頭妖

擁有人類的長相，但身體能脫離頭部。與**轆轤首**
（**Rokurokubi**）類似，不過特徵是頭與身體能完全
分離。雖說是妖怪，但頭身相連時過的生活與普通人
類無異。夜晚睡覺時無視於本人的意志，頭部會自行
分離飛往各處。《稻生物怪錄繪卷》中則介紹了諸如
以長髮代替雙腳走路、或是以頭下方長出的雙手摸人
臉嚇人等特殊的斷頭妖。

Numagozen

沼御前（ぬまごぜん）

沼御前

日本福島縣會津地方金山谷之大沼澤中的巨大蛇妖。常化作人類女性的外型誘惑並攻擊男子。變成女性時頭髮長達6m以上。就算被子彈擊中也不會死，最後雖然在許多村民的協力下擊退，但蛇妖的怨念仍留在沼澤中，不停發出織布聲嚇人。今日設立在沼澤前的沼御前神社，就是爲了平息蛇妖之怒而建立的。

Nurarihyon

ヌラリヒョン

飄然老妖

鳥山石燕的《百鬼夜行》中以「Nuurihyoun」之名介紹的妖怪。外型爲禿頭的小老頭，穿著高雅的和服，彷彿是個商家的大老爺。不會作惡，於黃昏時飄然而來，未經同意就隨意走近人家中若無其事地喝茶。喝完後就跟來時一樣，飄然地不知走向何處。

Nureonago

濡れ女子（ぬれおなご）

濕女子

雨天夜晚出現於四國或九州海洋沼澤附近的女妖怪。有些地方則稱呼她爲「濕嫁女」（Nureyomeonago）。外型爲一長髮的年輕女性，出現時全身濕濡。愛媛縣的濕女子出現時同樣是全身濕濡的狀態，且見到人就微笑。不回應她的話就不會有事，但要是回以一笑，濕女子就會跟著此人一生，絕對不會離去。

Nureonna 日本

濡れ女（ぬれおんな）

濕濡女

日本島根縣石見地方海岸旁出現的女妖怪。於當地外海有種會攻擊船隻的男妖叫作**牛鬼（Gyuuki）**，而濕濡女便是此妖怪的妻子。外型爲普通的女性，現身時手上抱著小孩，會拜託路過者幫忙抱一下。如果答應她的要求濕濡女就會回到海中，換牛鬼出場，此時嬰兒就會變得像石頭般沉重，且緊貼著手臂讓人無法動彈，最後因爲無法逃離而被牛鬼所殺。

Nurikabe 日本

塗壁（ぬりかべ）

塗壁

日本福岡縣遠賀郡夜晚出現在海岸附近道路上的妖怪。夜裡形單影隻地走在路上時，若前方突然浮現牆壁，就代表塗壁出現了。即使想從牆壁旁邊繞過去，塗壁也會無限延伸而無法通行，此時只要冷靜下來，用棒子戳牆壁的下方塗壁就會消失。但如果慌張地亂敲上方，牆壁就會一直存在，行人也永遠無法往前進。

Nymph 希臘

ニンフ

寧芙仙子

希臘神話中登場的美麗女精靈。介於女神與人類之間的存在，多住在泉水、河川或森林等地。平常喜歡唱歌跳舞，過著快樂的生活。有時也會與神或人相戀而生下孩子。各種寧芙仙子之間並無差異，可分爲住在泉水河川旁的**奈依亞斯（Naiads）**、住在森林樹木之間的**德莉亞斯（Dryads）**，或住在山谷裡的娜佩亞（Napaeae）等種類[104]。有時也會像妖精一樣作弄人。

N

Nyuunaisuzume

入内雀（にゅうないすずめ）

入內[105]雀

由平安時代的貴族藤原實方[106]（Fujiwara-no-
Sanekata）的怨念化成的妖雀群體，別名「實方
雀」。實方因爲被一条天皇（968年即位）厭惡而被
貶到東北地方，後來死於該地，一生未能回歸朝廷。
於是實方的**怨靈（Onryou）**就化作入內雀飛回京
都，入侵宮中搗亂餐桌上的食物。眾人得知此事以
後，認爲這是實方的怨靈作祟而深感恐懼。

Oberon

オアンネス

歐安涅斯

傳說中住在古巴比倫海域的半魚人。外型就像一名男
子將大魚剖成對半當成蓑衣披在身上。歐安涅斯通曉
人語，在人類剛移居巴比倫一年時就出現在波斯灣，
在短短一週內傳授人們文字、學問與科學上的知識。
另外，關於建造都市、編纂法典的方法也是歐安涅斯
所傳授。那段時間裡他白天待在陸地上教學，晚上則
回歸海洋。

Oberon

オベロン

奧伯龍

英國民間故事中的妖精王。其由來是中世紀德國史詩
《尼伯龍根之歌》中的矮人王**阿貝利希（Alberich）**。
身高與三歲小孩差不多，會如此矮小是因爲出生時受
妖精詛咒的緣故。娶妖精女王提妲妮亞（Titania）爲
妻，負責管理舞會、儀式等妖精國的事務。與其他妖
精一樣，奧伯龍有時候也會愛上人類，此時夫婦間免
不了會大吵一架。

Obo

オボ
纏腳鼬

與**擦腿怪**（**Sunekosuri**）類似，會纏住人雙腳妨礙行
動的妖怪。出沒於日本群馬縣利根郡一帶。外型與鼬
鼠相仿，會纏住夜路行人的腳讓人動彈不得。持刀者
只要讓牠繫上刀繩，穿和服者只要把小褄（koduma，
和服下襬邊緣的部分）切下來送給牠就會乖乖離去。
如果在山路遇上牠，就會發出嬰兒哭泣般的聲音在後
方追趕，行人越逃就哭得越大聲。

Oboroguruma

朧車（おぼろぐるま）
朧車

平安時代夜裡奔馳於京都大道上，發出車輪轉動的嘎
嘎聲響之牛車形妖怪。如名字裡的「朧」字所示，朧
車全身呈現半透明，並不具有實體。據說只要在烏雲
掩月的夜裡外出就有機會看到這種妖怪。鳥山石燕的
《今昔百鬼拾遺》將它畫成一架半透明的牛車，並在
前方原本掛著簾子的地方，畫了一張巨大的夜叉臉。

N
O

Odontotyrannus

オドントティラヌス
歐東托提拉努斯

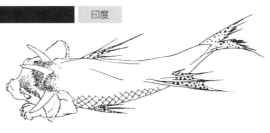

印度恆河中的怪魚。臉似野
牛，頭上有三角，全身覆滿鱗
片並長有獸足。雖是印度的怪
魚，不過據說是來自於歐洲。
古希臘的亞歷山大大帝（西元
前356～西元前323年）東征時派遣部下來到恆河，他們順流而下時碰到好幾條這
種怪魚。此怪魚極為巨大，能一口吞下大象，瞬間就把26人吞入魚腹之中。

Ogre
オーグル
食人巨魔

經常在中世紀歐洲的騎士故事和童話中登場的巨人之
總稱。他的身體巨大且會吃人，個性殘暴卻不怎麼聰
明。法國作家佩羅107（Charles Perrault）的作品《長
靴貓》（Puss-in-Boots）將這類巨人稱作「Ogre」。在
佩羅的故事中，食人巨魔被貓的一句「雖然自誇能變
化成任何東西，但總不可能變成豆子吧」激怒，結果
真的變成豆子被貓吞下肚。據說英國的史詩《貝奧武
夫》中的怪物**格蘭戴爾（Grendel）**也是食人巨魔的一
種。

Ogyanaki
オギャナキ
哭嬰

日本德島縣山中的妖怪，與**子泣爺爺（Konakijijii）**
非常類似。若是夜裡走在路上聽到嬰兒的哭聲，靠近
一看卻什麼也沒發現，或者是有小孩見到行人就要求
「背我」，就很可能是哭嬰出現了。當地人知道一旦
背了他，就會像子泣爺爺一樣越來越沉重，所以故意
把背東西用的繩索改短，以此為由拒絕他。

Ohagurobettari
お歯黒べったり（おはぐろべったり）
黑齒無臉鬼

和**無臉鬼（Nopperabou）**一樣無眼無鼻，只有一張
大嘴，逢人就笑著露出染得全黑的牙齒的女妖怪。在
竹原春泉齋的《桃山人夜話》中，黑齒無臉鬼會半夜
穿著和服掩著臉站在人煙稀少的路旁，路過者若好心
詢問為何掩面哭泣，她就回頭露出滿口黑齒對他笑。

▶

Oitekebori 日本

おいてけ堀（おいてけぼり）

歸魚池

江戶本所（現在的東京都墨田區）的七大怪現象之
一。江戶時代在墨田川下游，某個前來垂釣的人在釣
完魚準備回去時，聽到水中傳來「還來、還來」的聲
音。但因爲只聞其聲不見其影，所以有人推測那應該
是妖怪所爲。若是遵照其言將幾條魚拋入水中聲音就
會消失，釣客也就能平安無事地回去。但若忽視的話
就會發生意外或迷路。

Oketsu 日本

オケツ

血龜

傳說中在日本岡山縣由人類所生的妖怪，與另一種妖
怪**血塊（Kekkai）**一樣都與生產有關。形狀似龜，
全身帶血，一生下就立刻拖著血跡從塌塌米上逃走。
如果被牠逃到屋外，鑽進地板下的話，就會跑到產婦
躺的地板下方殺死她。因此只要生出這種妖怪就必須
立刻捉住並且殺死牠。

O

Okikumushi 日本

お菊虫（おきくむし）

阿菊蟲

以「播州皿屋敷傳說」108聞名，從姬路城阿菊井中
大量湧現的怪蟲。出現於寬政7年（1795年），蟲的
樣子恰似雙手被綁在背後的人類。提到阿菊井，就會
讓人聯想到被人嫁禍打破傳家寶而被處刑的女傭阿菊
（Okiku）。當時的人們認爲是阿菊的怨念變成了
蟲，所以將之命名爲阿菊蟲。另外，尼崎城也有一個
叫作阿菊的女人遭人殺害，屍體被人切塊投入井中，
據說當地也出現了阿菊蟲。

Okkeyashi　日本

オッケヤシ
放屁怪

愛奴人傳說中的怪物，名字爲放屁的怪物之意，如名
所示善於放屁。別名爲「Okkerupe」（乃放屁很猛的
怪物之意），樣貌不明。據說他一出現在圍爐附近就
會發出噗的一聲，接著房間各處就會傳出陣陣放屁
聲，過不了多久就會臭得不得了。此時人類只要放一
個響屁就能趕跑他，如果實在放不出來，用嘴巴模仿
屁聲似乎也能達到同樣的效果。

Okunaisama　日本

オクナイサマ
屋內神

日本遠野地方（岩手縣）家裡
的守護神，常化作小孩的模樣
出現，會幫忙撲滅火災或餵馬
吃草。柳田國男的《遠野物
語》中有則故事：柏崎有戶人
家家裡種田人手不足，突然有個不知從何而來的矮小人影跑來幫忙，到了晚上就
突然不見蹤影。回到家後發現有泥腳印一路從外廊連到房間內，最後消失在供奉
屋內神的神壇前。打開神壇的門一看，發現神像腰部以下沾滿田裡的泥濘。

Okuriinu　日本

送り犬（おくりいぬ）
送行犬

兵庫縣內外表如山犬（狼），會跟著行山路的旅人行
動的妖怪。行人如果沒有跌倒就可以平安到家，但若
不小心摔倒，送行犬就會露出猙獰的本性發動攻擊。
但是並非所有送行犬都是危險的，有的也會護送人類
免於其他虎視眈眈的同類攻擊，平安到家後只要給牠
草鞋與飯團就會乖乖離開。

Okurisuzume 日本

送り雀（おくりすずめ）

送行雀

日本南紀（Nanki，和歌山縣內地名）地方一種會通知人**送行犬（Okuriinu）**出現的鳥妖。不同於一般夜間視力不佳的鳥類，送行雀會在送行犬出沒的夜間山路出現，警告行人危險將至。叫聲與麻雀類似故稱爲送行雀，一旦見到此鳥就要格外小心是否被送行犬跟蹤了。不過也有說法表示，一旦送行雀出現就已是快被攻擊的時候，因此自古以來多將之視爲不吉之兆。

Ole-Lukøie 丹麥

オーレ・ルゲイエ

丹麥睡魔

丹麥傳說中的睡魔。外表爲一個身穿七彩絹質上衣的壯年男子，且爲了避免發出腳步聲而只穿襪子。會半夜偷偷來到睡著的小孩身旁，如果是個好孩子，就會在他身上撐開繪有歡樂圖畫的傘，讓他作開心愉悅的美夢。但如果是個壞孩子，則會撐開另一把毫無圖畫的單調雨傘，讓他作什麼事都沒發生的無聊夢。

Onbuobake 日本

オンブオバケ

背負妖怪

半夜在路旁要求人背負的妖怪，如果答應他的要求，就會瞬間出現在人背上。日本各地都有類似的傳說，有些是妖怪要求背負，有些則是**狐狸（Kitsune）**、**狸貓（Tanuki）**等化身而成的人。結局各有不同，有的是背到家裡一看，發現背負的東西變成了袋子，打開袋子一看裡面裝著滿滿的黃金，因此變成村裡的富翁。也有突然發現背上背的是狸貓，邀請大家一起把牠煮來吃，結果所有人都因而死亡等等。

Oni 日本

鬼（おに）

鬼

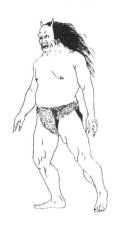

指佛教地獄中懲罰死者的怪物獄卒，或指與之相似的
可怕怪物之總稱。佛教地獄裡的鬼，是指**牛頭／馬面**
（**Gozu-Mezu**）那種擁有壯碩的人類身體加上動物頭
部的怪物，但一般日本所說的鬼，則是長得像人但身
體巨大，頭上有犄角手有三爪，全身長滿剛毛的模
樣。此外，鬼也有分成許多種類，例如身上有顏色的
青鬼、赤鬼或獨眼鬼等等。而且他們不只是住在地
獄，也居住在遠離村里的山洞內，經常會攻擊村鎮。

Onibaba 日本

鬼婆（おにばば）

鬼婆

會吃人的老妖婆，當中最有名的就是福島縣安達原的
鬼婆。在謠曲109《黑塚》的故事中，某個旅行的和
尚行經安達原時天色已暗，因此到一名老婦人獨居的
小屋借宿。忙著捲線的老婦人乍看之下與普通人無
異，但實際上是個鬼婆。和尚趁老婦人不在時打開寢
室的門一看，裡面堆滿了支離破碎的屍體。和尚大吃
一驚立刻逃出房子，這時老婦人突然變回原貌，大喊
一聲「我一口吃了你」，對和尚發動攻擊。

Onibi 日本

鬼火（おにび）

鬼火

在細雨綿綿的夜晚出現於墳地裡的怪火。火焰如瓦斯
燃燒般呈藍白色，飄浮在離地約1公尺高的地面，整
晚明滅個不停。直徑從數公分到30公分都有，有零星
一個兩個出現的，也有多到數不清整排出現的。十八
世紀的百科圖鑑《和漢三才圖會》中引用中國的本草
學書籍《本草綱目》，說明這是死於戰場的人或牛馬
之血滲入土中，長年變化而成。

Oniguma 日本
鬼熊（おにぐま）
鬼熊

乃活了數百年以上的熊妖之總稱。日本熊有棕熊與黑
熊兩種，自古以來都是受人敬畏的神聖動物，據說殺
死老熊會引起天候異常等被稱爲「熊荒」的異變。熊
可說是日本最大型的猛獸，因此人們認爲牠們相對的
也擁有很強的靈力，常被視爲山神的使者。這種妖怪
化的熊在外表上雖與普通的熊毫無差別，但靈力卻遠
遠高於牠們。

Onmoraki 日本
陰摩羅鬼（おんもらき）
陰摩羅鬼

住在寺院裡的妖怪，見到懶惰的人就會現身。鳥山石
燕在《今昔畫圖續百鬼》中引用《清尊錄》110的內
容，說明陰摩羅鬼爲類似鶴的鳥類但是毛色偏黑，眼
睛像火焰般炯炯發光，且會振翅高鳴。然而，圖畫中
的陰摩羅鬼卻像毛被拔光的雞一樣醜陋，口中還吐著
火焰。通常牠會出現在懶惰的和尚面前，不過卻有則
故事說他現身於在寺裡午睡的男子面前嚇人。

O

Onnatengu 日本
女天狗（おんなてんぐ）
女天狗

因爲太過驕傲而落入天狗道（墮落者會落入的魔道之
一）變成天狗（Tengu）的尼姑。外型像是剃了髮的
烏鴉天狗（Karasutengu），除了身著法衣以外還披
上袈裟。所行之事與男性天狗並無兩樣，也會誘使人
成爲天狗。鎌倉時代（1185～1333年）的軍記物語
《源平盛衰記》中提到，女天狗有時也會施白粉、把
牙齒塗黑、戴上假髮混入人群之中，化成人類時仍無
損其法力，還是能自由自在地於空中飛行。

Onryou　　　　　　　　　日本

怨靈（おんりょう）

怨靈

抱著恨意死去的人類靈魂之總稱，會出現在活人的世界，帶來種種危害。日本人自古以來就視怨靈為帶來疾病或自然災害的元凶而深感恐懼。菅原道真111（Sugawara-no-Michizane）與崇德上皇112（Sutokujoukou，1124年即位）就是著名的例子。菅原道真官拜右大臣，但因為藤原時平（Fujiwara-no-Tokihira）等人的陰謀被貶到太宰府（當時設立於福岡的官衙）抑鬱而死。死後變成怨靈，降雷於平安京的清涼殿，殺死數名貴族。此外，時平一族一個個病逝，據說也是道真所為。

Ooamemasu　　　　　　　　日本

大アメマス

蝦夷巨鮭

在愛奴人的傳說中，棲息於北海道支笏湖、摩周湖等湖泊沼地的巨型白點鮭（White-spotted charr，鮭科魚類）。傳說中的巨鮭住在支笏湖一帶的沼澤，且身形非常巨大，頭部尾巴恰可達兩岸。某次被人打倒之後身體被切碎成數塊拋入沼澤，不久肉塊又長成鮭魚游了起來。其中最大的肉塊又長回原本的大小，卡在沼澤正中間動彈不得。

Oobito　　　　　　　　　　日本

大人（おおびと）

大人

住在日本津輕、秋田、飛驒山區的巨人。有人認為他是像**大太法師（Daidarabocchi）**般高聳入天的巨人，但大多數的人則認為他是高2m的巨漢。平時腳下不穿鞋，腰際纏著樹葉樹皮，有時也會穿著破爛衣衫。人們見到他就像見到**鬼（Oni）**一般害怕，不過有時也會有所交流。例如津輕的大人精通土木技術及製鐵技術，會幫助人類開墾水田，還開採岩木山的鐵礦製作成器具贈送給村人。

Oobitoyogorou 日本

大人弥五郎（おおびとよごろう）

大人彌五郎

住在日本南九州地方的巨人，體形非常龐大。從他挑
的扁擔簍子中灑出的土落地即成山，踏出的腳印就會
變成沼澤，關於他的種種傳說與**大太法師**
（Daidarabochi）十分相似。歷史上的彌五郎其實是
古代南九州地方的原住民隼人（Hayato）一族的族
長，被率領大和朝廷軍隊討伐他的日本武尊[113]
（Yamatotakeru）所殺。至今仍為當地人所敬愛，稱
之為彌五郎爺，並以他的形象做成5m高的人偶在岩
川八幡神社的祭禮中登場。

Oogama 日本

大蝦蟇（おおがま）

巨蟾

為會吸取人類精氣的巨大蟾蜍之總稱。在中國傳說
中，活千年以上的蟾蜍會變成具有靈氣的肉芝，能吸
取山林的精華；而日本的巨蟾則是會吸取人類的精
氣。江戶時代的隨筆《耳袋》中有則故事：某戶人家
的一家之主患了不治之症，一天比一天衰弱。某日不
經意地注意到麻雀、貓、黃鼠狼等小動物一靠近走廊
就忽然消失不見，翻開地板一看發現底下有隻巨蟾，
殺死蟾蜍後病就不藥而癒。

Oogani 希臘

大蟹（おおがに）

巨蟹

希臘神話中的巨大螃蟹，又稱
作「大地的看守者」。英雄赫
拉克勒斯與九頭水蛇**海德拉**
（Hydra）在勒納沼澤作戰
時，巨蟹曾幫助怪蛇以蟹鉗夾

住英雄的腳，因此被赫拉克勒斯殺死。後來，對赫拉克勒斯抱有敵意的女神赫拉
哀憐巨蟹，將他升上天空變成星座以示紀念，這就是黃道十二宮中巨蟹座
（Cancer）的由來。

Ookubi　日本

大首（おおくび）

巨首

江戶時代的妖怪，外型爲巨大的女性頭顱，會突然出
現在夜空中，露出塗黑的牙齒在家家戶戶的屋頂上飄
浮，並露出令人膽寒的微笑。鳥山石燕的《今昔畫圖續
百鬼》將她描繪成擁有一頭隨風飄揚的蓬亂長髮，嘴裡
伸出細長舌頭的頭顱。平安時代的傳說中也有這種巨大
女性頭顱的妖怪，被稱作「面女」（Tsuraonna）。

Oomukade　日本

大百足（おおむかで）

大蜈蚣

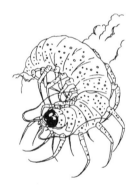

在俵藤太[114]（Tawara-no-Touta）的傳說中登場，體
長數百公尺的蜈蚣。棲息於琵琶湖周邊的山區，常騷
擾湖中的龍宮讓龍王非常困擾。大蜈蚣雖然是在黑夜
來襲，但卻像龍一樣飛於天際呼風喚雨、發出雷光，
腳光亮如火把。身體表面如鋼鐵般堅硬，把受龍王之
託前來討伐的俵藤太射出的箭一一彈開。此時俵藤太
想起蜈蚣怕唾液的傳說，就將口水塗在箭上總算殺死
了大蜈蚣。

Oonamazu　日本

大鯰（おおなまず）

巨鯰

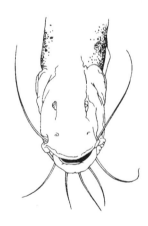

傳說中住在地底支撐日本列島的巨大鯰魚。日本自古
以來地震多，所以人們相信地底下必有掌管地震的神
明。雖然不知道神明的真實樣貌，但到了江戶時代，
日本各地普遍認爲大地之下有一隻巨大的鯰魚，且認
定地震是由牠引起的。日本各地神社多設有稱作「要
石」（kanameishi）的石頭，這些石頭的根部深入地
底，目的就是要壓制住巨鯰的頭部不讓牠引起地震。

Oonyuudou

日本

大入道（おおにゅうどう）
大入道[115]

出沒於日本各地能伸縮自如的妖怪。獨眼獨腳，通常
打扮成僧侶的模樣。夜裡見到落單的行人時就會現
身，大小則依情況而定。會忽然變大追趕在受驚逃跑
的行人後頭，或是瞬間變得比屋頂還高，居高臨下嚇
唬行人。別名「**見越入道**」（**Mikoshinyuudou**）或
「見上入道」，在日本各地有不同的名稱。當中也有
會危害人命者。

Ooshiroge-no-ookami

日本

大白毛の狼（おおしろげーのーおおかみ）
大白毛狼

於日本高知縣安藝郡民間故事中登場的食人狼，平時
化身成人類。故事中有一名信差試圖爲被狼群包圍的
女人解圍，過程中聽到有狼大喊「去找崎濱鐵匠家的
伯母來」，不久後就看到一匹巨大的白毛狼，信差最
後終於砍傷狼頭將之擊退。後來他去拜訪崎濱的鐵
匠，鐵匠告訴他家中老母頭部受傷正在養病。信差覺
得事有蹊蹺，將那位老母殺死後，發現老婦屍體變成
了一匹大白狼，而且還在地板下找出許多人骨。

Ophion

希臘

オピーオーン
歐皮昂

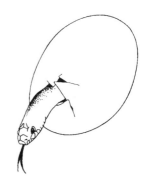

古希臘祕教奧菲斯教派[116]（Orpheus）所信仰的宇宙
蛇。根據奧菲斯教派的思想，渾沌之初，世界爲一巨
卵，而巨蛇歐皮昂就是從此卵誕生，然後再由歐皮昂
的身體生出「黑暗」、「大地」、「愛」等神祇。因
此歐皮昂是世界最初的王，但因爲在與大地女神該婭
之子克洛諾斯的戰鬥中敗北，而被流放到地獄的底
層。

Oppashoi 日本

オッパショイ
背負石

日本德島縣的怪石，屬於**背負妖怪（Onbuobake）**的
一種，也稱作「Oppepashoseki」。除了體積較大以
外，與一般石頭無異。看到有人經過就會發出「背
我」的呼叫聲，但要是遵照他的請求背起，就會感到
越來越重。據說有個相撲力士不信邪背了起來，結果
真的越變越重，他大吃一驚丟了出去，結果背負石被
摔到地上裂成兩半，後來那顆石頭就沒再說過話了。

Orabisouke 日本

オラビソウケ
回聲怪

住在肥前（佐賀縣東松浦郡）山上的妖怪。向山中呼
喊他的名字就會回應，而且喊得越大聲他就回得越大
聲。由於只聽見聲音，所以並不清楚他的外型。所謂
「Orabi」是大聲喊叫的意思，而「Orabisouke」則是
指反射喊叫的回聲。當地人為了與回聲怪一詞做區
別，而把回聲現象稱作「山響」；筑後（福岡縣）一
帶則將此妖怪叫作「Yamaorabi」。

Orc 英國

オーク
半獸人

於英國作家托爾金的作品《魔戒》中登場的邪惡種
族。在他長著獠牙的豬臉底下有細長的手及短腳。在
作品中屬於邪惡的一方，性格暴虐，甚至會同族相
食。夜行性，不喜歡在日光下活動。對其他種族充滿
敵意，特別是對**精靈（Elf）**。會強暴人類女性，生
下的後代既非人類也非半獸人，這種混血半獸人受到
兩方種族的輕蔑。

Oreads

オレイアス

歐瑞亞斯

希臘神話中的山林**寧芙仙子（Nymph）**。跟樹木與泉水寧芙仙子**德莉亞斯（Dryads）**、**奈依亞斯（Naiads）**感情很好，經常一起在山中嬉戲。有時也會幫眾神傳遞訊息。當厄律席克敦（Erysichthon）王子在女神狄蜜特（Demeter）的神聖森林裡殺死橡木上的德莉亞斯時，歐瑞亞斯就接受了女神的請求，乘著**龍（Dragon）**拉的馬車前去尋求飢餓神里蒙斯（Limos）的幫助。里蒙斯答應幫忙復仇，厄律席克敦就這樣被飢餓神纏身，最後吞食自己的身體而死。

Orias

オリアス

歐里亞斯

傳說中所羅門王撰寫的魔法書《雷蒙蓋頓》中列舉的72名惡魔之一。外型為長了蛇尾的獅子，以跨騎馬匹手持雙蛇之姿出現在人面前。只要能成功喚出他來，不管是誰都能立刻瞭解占星術，而且不需要付出任何代價。能讓巫師隨心所欲地變身，或是教導人輕鬆獲得他人喜愛和利益的方法。在地獄帝國中統率30個軍團。

Orobas

オロバス

歐若博斯

傳說中所羅門王撰寫的魔法書《雷蒙蓋頓》中列舉的72名惡魔之一。身體與雙手為人類，頭與下半身則是馬，長著赤紅的鬃毛與尾巴，馬蹄則為銀白色，能夠自由地變成人形。通曉過去現在未來之事，能輕鬆地回答一切問題。任何巫師都能憑藉歐若博斯的力量達成豐功偉業並獲得地位。名列地獄王族，統率了20個軍團。

Orochi 日本

大蛇（おろち）

大蛇

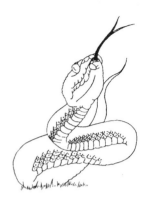

棲息於日本山區的巨蛇之總稱。蛇在世界各地都被視
爲具有靈力而受到崇拜，身爲地靈的大蛇靈力更是強
大。寬政4年（1792年），島原（位於長崎縣）的城
主到雲仙岳打獵時見到兩條大蛇，並殺死了其中之
一。結果剩下的一條非常憤怒，爲了報復而毀壞田
地，並引起大地震。這類的傳說在日本各處都有，而
爲人所知的**八岐大蛇（Yamatanoorochi）**或**九頭龍
（Kuzuryuu）**也都算是大蛇的一種。

Orthrus 希臘

オルトロス

雙頭犬

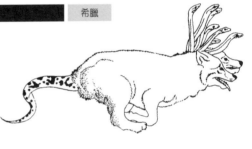

希臘神話中女妖**艾奇德娜
（Echidna）**與**泰風（Typhon）**
之間生下的雙頭怪犬，爲**地獄
犬（Cerberos）**的兄弟。牠除
了有兩顆犬頭以外，背上還長
了七條蛇，尾巴也是蛇尾。在大洋西方盡頭名爲厄流特依亞（Erytheia）的島上
爲巨人**革律翁（Geryones）**看守牛群。當英雄赫拉克勒斯前來奪取牛隻時，聞到
外人氣味的雙頭犬率先襲向赫拉克勒斯，結果被英雄的棍棒打死了。

Osakabehime 日本

刑部姬（おさかべひめ）

刑部姬

出現於姬路城（日本兵庫縣）天守閣的老狐狸精。是
由一個死於姬路城叫作刑部的女人靈魂與身兼城之守
護神的狐狸精融合而成。有人說她是個美女，也有人
說她是老婦人。江戶時代後期的隨筆雜錄《甲子夜
話》中有則故事提到，刑部姬住在天守閣的上層，一
年會與城主單獨會面一次，告訴城主關於未來的預
言。此時若有人闖進，她就會變成3m高的妖怪趕走
外人。

Osakikitsune 日本

おさき狐（おさききつね）

裂尾狐

尾巴前端裂成兩條的鼬鼠怪（或說是老鼠怪），能附
身在人身或家族上，尾巴裂開故稱爲「裂尾狐」。成
群結隊地行動，身體會發出淡淡的白光。與其他附身
怪一樣，會讓被附身的人陷入瘋狂狀態。若附在家族
上則稱作「裂尾入住」[117]，該家族的人們可以利用
裂尾狐取得他人家裡的財物，變得富有起來。然而裂
尾狐會不斷繁殖，最後把這個家吃得一乾二淨。

Ose 歐洲

オセ

歐賽

傳說中所羅門王撰寫的魔法書《雷蒙蓋頓》中列舉的
72名惡魔之一。外型爲強壯美麗的豹，綠眼珠裡帶著
紅色斑點。也有說法表示惡魔本身並非豹，而是騎著
巨大美麗的豹現身。歐賽非常凶暴且危險，但若能成
功地駕馭就能利用牠找出隱藏的事物，例如得知他人
的祕密。牠也能變成人類，並在毫無破綻的情形下與
人一起生活。

Oshiroibabaa 日本

白粉婆（おしろいばっぱ）

白粉婆婆

臉上塗滿白粉的老妖婆。厚厚的一層白粉塗得亂七八
糟，因此晚上遇到她時會讓人覺得恐怖。鳥山石燕的
《今昔百鬼拾遺》說她是白粉神「脂粉仙娘」的侍
女，把她畫成戴著破斗笠，右手持杖左手持酒瓶，在
雪中漫步的駝背老婦。能登（石川縣）地方則說她會
在雪夜裡上門討酒。另外，在奈良縣的傳說中則是會
拖著鏡子上門。

Otorakitsune

おとら狐（おとらきつね）
附身妖狐

日本愛知縣會附身在人身上的**狐狸（Kitsune）**。多附在病人身上，被附身者會發出意義不明的囈語，或是模仿狐狸的動作，有時甚至會說起附身妖狐自己的事情。在某則故事中，有隻附身妖狐在一旁觀看織田・德川聯軍與武田軍交戰（長篠之戰[118]）的情形，左眼不慎被流彈所傷，後來在信州的犀川午睡時，左腳又不幸被狙擊受傷。因此被妖狐附身者左眼堆滿眼垢，左腳不良於行。

Otoroshi

オトロシ
恐臉怪

躲在神社一角監視是否有人胡亂塗鴉的妖怪。通常待在屋頂或鳥居等高處，一看到有人惡作劇就會立刻跳下來，抓住惡作劇者的領子高高抬起。鳥山石燕的《畫圖百鬼夜行》將恐臉怪畫成有一頭蓬亂長髮，大臉獅鼻，手爲三爪，嘴巴緊緊咬住鳥居的模樣。

Ouroboros

ウロボロス
烏洛波洛斯

乃是隻啣著自己尾巴環繞宇宙的巨蛇，象徵著無限。古希臘的地圖上常在包圍大地的海洋外圍繪上環繞世界的烏洛波洛斯，黃道十二宮的星座圖上也常見到烏洛波洛斯環繞。基督宗教的諾斯替派思想中，烏洛波洛斯象徵著「吞下世界者」，常被繪於符咒之上。另外，赫密斯哲學[119]中則將牠視爲構成世界的根本性物質之象徵。

Ouryuu 日本

応龍（おうりゅう）

應龍

中國神話中直屬於黃帝的龍（**Ryuu**）。四足三爪，背上有蝙蝠翼，能蓄水降雨。黃帝與怪物**蚩尤**（**Shiyuu**）交戰時，應龍曾喚起暴風雨支援黃帝的軍隊，但因為戰鬥過程中四周充斥著蚩尤的邪氣而無法隨黃帝升天，所以就在中國南方住下，也因此有應龍在的南部多雨，其餘地方則常有乾旱之苦。

Ouseichuu 日本

応声虫（おうせいちゅう）

應聲蟲

跟蛔蟲一樣寄宿在人類的腹部，會帶來奇怪疾病的怪物。長達30cm以上，外型就像是頭上長角的蜥蜴。江戶時代中期的故事集《新著聞集》中有則故事：某男子的肚子裡長了類似蛔蟲的東西，持續高燒不退，後來在腹部表面長了嘴巴狀的息肉。那張嘴巴不只會模仿人說話，還會要求餵食，讓男子非常苦惱，因此將之取名為應聲蟲。後來男子喝下驅蟲的藥方之後，才總算把蟲從肛門排出來。

O

Ovinnik 俄國

オヴィンニク

歐文尼克

斯拉夫各國傳說中棲息於穀倉裡的精靈。外表為全身毛茸茸的黑貓或猛犬，吼聲似犬，赤紅的雙眼如火焰燃燒般炯炯有神。性格頑劣，雖住在穀倉裡卻會放火燒倉。以畫精靈聞名的比利賓120則把歐文尼克畫成擁有猿猴般的毛皮、頭頂光禿且腹部腫脹的瘦小老人。

Paimon
パイモン
派蒙

傳說中所羅門王撰寫的魔法書《雷蒙蓋頓》中列舉的72名惡魔之一。外型與人類相同，相貌柔和，頭戴冠冕，如王者般騎駱駝現身。出現時身旁會跟著許多隨從，並從遠處傳來音樂聲。對藝術與科學有深濃的涵養，說話聲宏亮無比，能讓召喚者獲得名聲，受眾人尊敬。乃是魔王**路西法**（Lucifer）最忠實的部下之一。

Pan
希臘
パン
潘

希臘神話中登場的半人半獸神。外型為男性的上半身加上山羊腳與犄角。樣子與性格均與**愛基潘**（Aegipan）相同，不過兩者的出身不同。潘是赫密斯神的孩子，不過母親生下潘之後見到祂的外表大吃一驚而逃走了。赫密斯後來抱著孩子到眾神的住處——奧林帕斯山（Olympus Mount）給眾神看，大家見到這孩子都非常高興，將祂命名為「潘」，乃是「全部」的意思。

Pauchi
日本
パウチ
包奇

北海道的淫魔。外型與人類相同，不管是男是女都一絲不掛，平時在天國裡的休休蘭培茲河旁跳舞。偶爾會出現在人間的山野裡，誘使人類的男女成為同伴；也能附身在人身上，被附身者會變得愛偷腥。要趕出附身的淫魔只要燃燒六棵小屋，並讓被附身的人在走過小屋時順便抽打鞭子即可。

Pazuzu 伊拉克

パズズ
帕祖祖

美索不達米亞神話中的風（西南風）之惡魔。具有犬
頭鷹足蠍尾，身體為背後長了兩對翅膀的人體，手則
是獅子的前腳。此地西南方有沙漠，從沙漠吹來的焚
風會使一切作物枯萎，人們認為這是惡魔帕祖祖所
為。帕祖祖有個獅頭驢齒的妻子，叫作拉瑪什圖
（Lamashtu），這個女惡魔也非常可怕，會擄走小孩
或使孕婦生病。

Peg O'nell 英國

ペグ・オネル
佩格歐妮

住在英國蘭開夏郡里布爾河（River Ribble）裡的女
妖精。每七年會使人溺死一次當作活祭品。佩格歐妮
過去是住在一戶大宅第裡的女僕。某個冬夜裡，女主
人命令她去打井水回來。佩格歐妮百般不願地出門，
結果在井附近結冰的道路上滑倒摔斷頸骨而死（也有
人說她是摔入河中溺死）。據說這個妖精就是由女僕
的鬼魂變成的。

P

Peg Powler 英國

ペグ・パウラー
佩格寶勒

住在流經約克夏（Yorkshire）的蒂斯河（Tees）裡的
女妖精。擁有一頭綠髮和長長的雙臂，躲在河水裡，
貪婪地奪取人命。若有小孩子來到河邊戲水，佩格寶
勒就會從水中伸出頭來把他們拉進水裡。因此蒂斯河
水面上的泡沫又被稱為「貝格寶勒的吹泡」。聽過這
個女妖精故事的小孩，會嚇得連河水都不敢靠近。

Pegasus 希臘

ペガソス

佩伽索斯

於希臘神話中登場的神馬。背上長了翅膀，能自由地
在天空飛翔。據說佩伽索斯是在英雄柏修斯殺死**梅杜
莎（Medusa）**時，從梅杜莎頸部的傷口處誕生。乃
是負責運送大神宙斯的雷鳴與閃電的神馬。一般人無
法騎乘，只有英雄貝勒洛風（Bellerophon）靠著女神
在夢中賜予的黃金韁繩成功地駕馭了飛馬，並靠著牠
打敗了怪物**基邁拉（Chimaira）**。

Peluda 法國

ペルーダ

培魯達

曾大鬧法國拉斐特・貝那德（LaFerte-Bernard）地方
的四腳噴火怪獸。頭與尾像蛇，身上長滿獅子鬃毛般
的長毛，背上沿著脊椎長了一排毒刺。據說在聖經中
的大洪水來臨前就已經存在，到處襲擊農場殺害牛馬
等牲畜，或者是使作物枯萎。若農夫們想反擊就會到
河裡大鬧一場，引發洪水造成災害。

Pentachi-Koro-Oyashi 日本

ペンタチ・コロ・オヤシ

火把怪

半夜在北海道樺太島上高舉火把奔跑的妖怪。名字乃
高舉火把的妖怪之意。外型不明。據說曾有個叫作托
優克西的村民半夜遇到火把怪，只見雪地反射著火把
的光芒，照得周遭如白晝般明亮。膽小的托優克西嚇
得拔腿就跑，不過另一名男子聽到後立刻找出妖怪將
他殺死，並在同一時間失去意識昏了過去，不過翌日
一看，這妖怪的真面目原來是隻邪惡的渡鴉
（Common Raven，一種大型烏鴉）。

Peri

ペリ

翼仙

伊朗高原上的妖精。背上有
翼，男女均具有理想中的容
貌：男性充滿威嚴，女性則高
雅而美麗。身體是由四大元素
中的火素所構成，以麝香或紫

檀的香氣爲食。平常住在險峻的高山上或深邃的泉水中，不過有時也會到人類居
住的地方。與日本的**天女（Tennyo）**相同，女的翼仙有時也會與人類的男性結
婚。

Peryton

ペリュトン

鹿頭鳥

傳說中的大陸亞特蘭提斯（Atlantis）上的一種怪
鳥。曾有人在地中海群島上目擊牠的身影。鹿頭鳥的
身體與翅膀是鳥類，而頭部與腳部則是鹿。沒有自己
的影子，受光照射映出的是人影，但每殺死一個人類
就能取回自己原本的影子，因此鹿頭鳥總是積極地殺
人。雖然一頭鹿頭鳥一次頂多只會殺一個人，但牠們
通常是成群結隊的行動，因此對人來說非常危險。

P

Phoenix

フェニックス

不死鳥

全世界只有一隻的美麗怪鳥。外型似鷹，頸部周邊爲
金色，身體爲紫色，尾巴則是混入玫瑰色的青藍色。
活了500年後會飛到阿拉伯的某處，撿拾肉桂的樹枝
築巢並死於其中。根據一世紀羅馬人老普林尼所言，
不死鳥死後會從屍體骨髓中長出一種蛆蟲，不久後就
會長回原本的樣子。據說曾有人目擊牠飛到埃及的赫
利奧波利斯城。

Phoenix 歐洲

フェニックス

菲尼克斯

傳說中所羅門王撰寫的魔法書《雷蒙蓋頓》中列舉的
72名惡魔之一。以埃及的**不死鳥（Phoenix）**的模樣
現身。說話聲溫柔且深入人心，被他悅耳的聲音迷惑
者會自己跳入惡魔口中。性格不好爭鬥，長於作詩，
平時所說的話會自然而然的變成詩篇。原本是天界的
座天使，夢想著有朝一日能回歸原本的地位。有時也
化身成人，但此時聲音則不堪入耳。

Picts 英國

ピクト

匹克特人

蘇格蘭山丘上的妖精，別名「匹赫人」（Pechs）。
體形與小孩相當，紅髮長手，腳掌寬闊，下雨時會倒
立著以腳掌當傘。擅於建築，只要一個晚上就能召集
同伴建起石城。有人認為蘇格蘭境內的所有古城都是
匹克特人建造的。也有人認為匹克特人其實並非妖
精，而是蘇格蘭境內的原住民[121]。

Pisaci 印度

ピシャーチ

毗刹質

古印度的惡魔**羅刹（Raksha-
sa）**族中的一支。由犯下凶狠
大罪的人死後變成。雖多以怪
物的姿態出現，但因為能變化
成各種型態，所以不清楚他的

真實面目。與另一種名叫達爾拔的惡魔很類似，常搗毀墳墓啃噬死人的骨肉，故
也稱作「食肉鬼」。有時也會攻擊活人或家畜，並會妨礙祭祀的儀式或詛咒人。
另外，據說見到毗刹質者會在九個月內死去。

Pixies

英國

ピクシー
綠仙

英國西南部地方傳說中喜歡成群行動的妖精。外型為
身高20cm左右的人類，紅髮大嘴，鼻子尖聳且尖端
往上翹。常人無法見到他們，不過只要把四葉苜蓿擺
在頭上就可看見了。愛惡作劇，例如有時乳牛並沒生
病卻沒有分泌乳汁，那是因為他們合力先把牛乳擠掉
了。只要在牛的乳房塗上綠仙討厭的鹽水就能防止他
們惡作劇。

Polévik

俄國

ポレヴィーク
波勒維克

俄國各地（除了北部地區以外）守護原野與麥田的精
靈。據說每一處原野都有一個波勒維克守護著。模樣
像人但無性別，身體彷彿是以泥土做成一般，表面長
滿了長長的雜草，左右眼的顏色不同。行人若是誤入
麥田，波勒維克就會突然出現使之迷路。對偷懶的農
夫非常嚴厲，如果有人想破壞田地就會被他以鐮刀殺
死。

P

Poloudnitza

俄國

ポルドニッツァ
波露得妮查

俄國北部守護原野與麥田的女精靈。住在原野上，會
懲罰在田野裡搗亂的人。通常穿著一身白衣，模樣是
個美麗的少女，另一說是個可怕的妖婆。出現於收割
時期的中午。由於中午是農家工作的休息時間，因此
此時若是見到田裡有人在工作，就會以不守規定為由
抓住他的頭髮劇烈搖動，逼迫他們停止工作。有時也
會讓到麥田裡玩耍的小孩迷路。

Poltergeist

ポルターガイスト

騷擾靈

會搖晃房子、亂丟物品及破壞
家具的精靈或現象。輕微者如
發出奇怪聲響，嚴重者如整棟
房子像遇到地震般劇烈搖晃，
或是房子突然起火燃燒，家人
莫名其妙受傷等等。「Poltergeist」一詞乃是喧鬧的靈魂之意，有人認爲騷擾靈
是附身在青春期少年少女身上的惡靈，因此只有他們在家時才會產生這類現象。

Polyphemus

ポリュペモス

波呂斐摩斯

希臘神話中的**賽克洛斯**族之一。賽克洛斯（Cyclops）
是一種獨眼的巨人族，而波呂斐摩斯則是族裡體形特
別巨大的一位。英雄奧德修斯在漂流途中來到巨人們
居住的西西里島上，他的兩名部下被波呂斐摩斯抓住
摔到地上，兩三口就被吃個精光。奧德修斯們趕緊逃
回船上，但波呂斐摩斯仍緊追不捨，拿起石頭丟向船
隻，船在他的攻擊之下差點被擊沉。

Pooka

プーカ

波卡

喜歡變成馬形的愛爾蘭妖精122。屬於**惡作劇妖**
（**Bogies**）的一種。喜歡惡作劇，變成可愛的小馬引
人靠近，待人騎上馬背後又將人摔入水中。平常則以
小孩身高的人類外型出現，講義氣，會報答對他親切
的人。在某則故事中，有個磨坊家的兒子把自己的上
衣送給波卡，於是就有許多波卡免費前來磨粉，該戶
人家就這樣富有了起來。

Preta

プレタ
亡靈

出現於印度，乃是人死後出現的一種靈魂。從前據說
人死後靈魂會變成亡靈升到天上的靈界。但是未受正
式祭拜的亡靈則會變成**步多鬼（Bhuta）**在地上徘徊
並加害於人。隨著時代的演進，人們對亡靈的印象越
來越差，最後演變成對上不了天國的死者之稱呼。佛
教思想則是將亡靈視為**餓鬼（Gaki）**，認為他們住
在地底世界。

Procel

プロケル
普羅喀爾

傳說中所羅門王撰寫的魔法書《雷蒙蓋頓》中列舉的
72名惡魔之一。以貓眼**天使（Angels）**的外型出現。
能做出天候惡劣的幻影，也能隨心所欲地改變水的溫
度。手持永不融化的冰劍當作武器。此劍能使人凍
傷，被砍到的部分不久後就會腐爛掉落。原本是能天
使（Virtues，天使9階中的第6階）。現在仍夢想著回
到天界。

P

Puck

パック
波客

英格蘭愛惡作劇的妖精。或說是**淘氣地精（Hobgoblins）**
的一種。上半身為人，下半身與耳朵為山羊，頭頂上
則長了山羊角。據說他也能變身。曾經在童話故事中
變成一張椅子對人惡作劇，也曾經變成母馬來誘惑公
馬；大部分的時間都住在山林之中，但有時也會住在
人家裡。此時會順便幫忙做家事。

Purson

プールソン

普爾森

傳說中所羅門王撰寫的魔法書《雷蒙蓋頓》中列舉的
72名惡魔之一。外型爲擁有獅頭的人類男性，體格壯
碩，手持著蛇騎在熊背上現身。有時也會化成可愛的
小孩。另一說原本是天國的座天使或力天使，在地獄
中統率22個軍團。被召喚時能傳授人過去與未來的知
識，也能指出寶藏的所在。

Purusa

プルシャ

原人

印度創世神話中登場的巨人。世上所有的一切都是由
他所生。月亮生於他的心思，眼睛生出太陽，頭生出
天，兩腳生出大地，耳朵生出四方。據說他的體形遠
超過地上的空間。連過去與未來都是此巨人身體的一
部分，世上的一切合起來不過是巨人的四分之一而
已。而剩下的四分之三則構成了天界。

Pygmaioi

ピュグマイオイ

俾格米人

希臘神話中的小矮人。住在地中海東部的群島與埃及
周邊。身高約35cm，但男性象徵非常雄偉。族人中
有個叫作**尼可大馬斯（Nikodamas）**的小矮人曾與人
類女性結婚；此外，據說赫拉克勒斯打倒**安泰歐斯
（Antaeus）**時，突然從旁出現將他團團包圍的小矮
人就是俾格米人。

Python 希臘

ピュトン

畢頌

希臘神話中住在德爾斐地方的
龍。德爾斐是有名的神諭宣達
處，而畢頌則在此守護忒彌斯
（Themis）的預言。後來阿波
羅神攻進此處打倒了畢頌，將

牠拋入大地的裂縫後，在原地建起德爾斐神殿，並由一批女祭司接手傳達神諭的
工作。不過這些女祭司接手後皆莫名地處於亢奮的狀態，因此有人認爲這種亢奮
狀態是因爲吸入畢頌從地底吐出的毒氣所造成。

Quetzalcoatl 墨西哥

ケツァルコアトル

奎札柯特

於阿茲特克神話中登場的蛇神。擁有蛇身與綠色的羽
翼，也能變成人形。據說在現在這個世界誕生以前，
世界曾被創造過三次。其中兩次是由奎札柯特所創，
另一次則是戰神泰茲卡特利波卡（Tezcatlipoca）所
創。第四次則是兩神合作在天地間豎立巨木撐住天
空，現在的世界才宣告誕生。但是後來在泰茲卡特利
波卡的陰謀之下，奎札柯特被逐出阿茲特克。

P
Q

Quicksilver 歐洲

クイックシルヴァー

女騷擾靈

屬於**騷擾靈**的一種。所謂騷擾靈是一種即便沒有地
震，家具也會自動晃動的現象，人們認爲這是精靈們
的惡作劇。而騷擾靈也有性別之分，女性的稱爲
「Quicksilver」，比男性的吵鬧，會亂丟衣櫃裡的衣
物，或是發出鈴聲般的尖銳笑聲，吵醒睡眠中的人。
會使用英語的女騷擾靈，則會在離開前用口紅在鏡子
或窗戶玻璃上寫個「Q」字。

Ra　　　　　　　　　　　　　　　　　　　　埃及
ラー
拉

古埃及鷹頭人身的太陽神。爲赫利奧波利斯城的太陽
信仰中的最高神。拉可說就是太陽本身，每天搭乘著
「數百萬年之船」昇天，白天時照耀地上的12州（十
二小時），晚上則旅行於冥界的12州。航海時拉必須
與蛇魔**阿波非斯（Apophis）**交戰，如果阿波非斯勝
過拉，天氣就會變得惡劣；如吞下拉，就會產生日
蝕。

Rahab　　　　　　　　　　　　　　　　西亞
ラハブ
拉哈伯

在《舊約聖經・約伯記》裡被
神打傷的海怪[123]。有人說牠
是類似**利維坦（Leviathan）**
的海龍，也有人說牠是全身由
水構成的怪物。在古巴比倫的

創世神話中，牠是女神**蒂雅瑪特（Tiamat）**所生的十一匹怪物之一。而在猶太
人的傳說中，拉哈伯原本是天界的**天使（Angels）**，在天地創造時因爲反抗神而
被踢死拋入海中。因此拉哈伯常常被視爲惡魔的一員。

Raigounezumi　　　　　　　　　　　　日本
賴豪鼠（らいごうねずみ）
賴豪鼠

於《太平記》和《平家物語》
中登場的巨大老鼠怪。出現於
十一世紀後半白河天皇（1072
年即位）的時代，當時三井寺
有個名爲賴豪的高僧想要建立

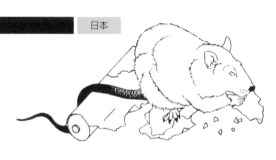

戒壇[124]，但受到延曆寺的妨礙而不得不停止。賴豪就這樣含恨而死，死後就變
成賴豪鼠這種奇怪的老鼠，數量有八萬四千隻之多。這群老鼠具有鐵牙石身，一
口氣衝進延曆寺內，啃咬佛像與典籍，讓延曆寺的和尚們非常困擾。

Raijin 日本
雷神（らいじん）
雷神

能操控雷電與降雨的神。外型爲穿著虎皮褲的**鬼（Oni）**，背著由波浪鼓串起來的環狀太鼓，出現在雷雲之上，一敲鼓就會引發打雷閃電。據說祂與雨有很深的淵源。近世（指安土桃山時代〈1573～1603年〉～江戶時代）以前的傳說常將雷神描述成**龍（Ryuu）**或蛇的模樣。有時也會以小孩的相貌現身。不過雷神也有迷糊的一面，在平安時代初期的說話集《日本靈異記》中，雷神打雷時居然不小心跟著雷電一起掉到地面。

Raijuu 日本
雷獸（らいじゅう）
雷獸

傳說中會隨著打雷一起從天而落的怪獸。瀧澤馬琴在《玄同放言》中說明，雷獸的體形與小狗相當，頭部細長，一身灰毛，但嘴巴的尖端是黑色的，尾巴似狐，爪似鷹。不過關於牠的外型仍有種種不同的說法，有說法表示牠有兩隻前腳，四隻後腳，三條尾巴等等。於三國峰、河內山、飯豐山等地出沒，當烏雲低垂掩蓋山峰時就會乘雲飛翔，隨著打雷落到地面。

R

Rainbow Serpents 澳洲
虹蛇（にじへび）
虹蛇

澳洲原住民部落崇拜的彩虹精靈之總稱。種類繁多，外型也是各式各樣。幾乎全都住在河川或湖泊的底部，司掌降雨和水。虹蛇對澳洲原住民而言是最偉大的精靈，與創世神話息息相關。與月亮精靈月男的關係友好，月夜之時月男會到泉水拜訪虹蛇，一起談論世界上的祕密，因爲月男知道所有能從空中見到的事務，而虹蛇知道從地面看得見的一切事情。

Rakshasa 　　　　　印度
ラークシャサ
羅剎

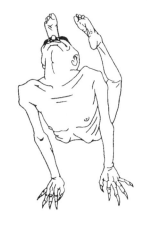

於印度神話中登場的惡魔。相對於另一種惡魔**阿修羅**
（**Asura**）常與眾神對抗，羅剎則是常攻擊人類。好
色、暴虐、欺瞞、好吃……幾乎所有的邪惡性格他們
都具備了。專吃人肉及擾亂重要儀式的進行。外型古
怪，每個都有其獨特的長相。有的是獨眼，有的是三
眼，也有四腳的，而且還有巨人和矮人之分。據說他
們能隨心所欲地變成各種型態。

Ranchou 　　　　　中國
鸞鳥(らんちょう)
鸞鳥

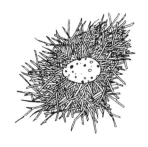

古代中國人眼中的聖禽——**鳳凰**（**Houou**）的一種。
外型與鳳凰相同，身上有五種色彩但整體顏色偏藍。
多棲息於中國邊境地方，只出現於和平的時代。鸞鳥
的卵據說非常營養，《山海經》中提到中國南方有個
民族稱羽民國，該國人民有食用鸞鳥卵的習慣，因此
每個人都像仙人一般健康且長壽。

Rangda 　　　　　印尼
ランダ
蘭達

峇里島上的魔女。原本是人類，但因為老是使用魔術
詛咒人，使得邪惡的力量不斷集中到身上而變成了魔
女蘭達。眼睛凸出，臉色赤紅，前齒暴露在外，有四
根獠牙，舌頭伸長到腰際，頭髮長及地面。善於使用
黑魔法附身在人身上使人得病或死亡，也會擄走小孩
並且吃掉。此外也會驅使她的**魔寵**（**Familiar**）——
雷雅克（**Leyak**）執行種種惡行。

▶

Rapushinupurukuru

ラプシヌプルクル

拉普西奴普魯庫魯

於愛奴傳說中登場的**龍（Ryuu）**。名字是「長了翅膀且具有魔力的神」的意思，樣子爲長了翅膀的巨蛇。和蛇一樣在天氣炎熱時活動頻繁，天氣寒冷時則動作遲鈍。這隻龍在某則故事中爲統治洞爺湖的大精靈，一到寒冷季節就會浮上湖面哭訴，不斷喊著「快焚火、快焚火」。到了牠活躍的夏季或是在火旁時，若有人直呼其名諱就會暴怒。

Rasetsuchou

羅刹鳥（らせつちょう）

羅刹鳥

於袁枚的《子不語》中登場的怪鳥。外型類似於鶴，毛色偏灰，嘴如鉤，兩爪巨大且雪白。是由墓地中的屍體累積下來的陰氣所變成，會攻擊人食其目。亦能變成人。清雍正年間（1723～1735年）曾出現於北京，當時羅刹鳥化身成新娘出現在結婚典禮上，攻擊新郎與眞正的新娘，還挖走了他們的眼睛。

R

Raum

ラウム

勞姆

傳說中所羅門王撰寫的魔法書《雷蒙蓋頓》中列舉的72名惡魔之一。別名「萊姆」（Raim）。受召喚時以鳥類的樣子出現。能破壞都市或毀壞人的名譽，也能使人獲得好評進而取得更高的地位，還能讓男女之間產生愛苗，或使原本敵對的關係和解。熟悉未來之事。原本是座天使之一，墮入地獄之後則是統率30個軍團的伯爵。

Ravana

ラーヴァナ

羅波那

印度神話中的惡魔——**羅刹（Rakshasa）**族之王。
他擁有十顆頭與二十隻手，眼睛為古銅色，牙齒為新
月形，身形巨大如山，高聳入雲。以愣伽島
（Lanka，即斯里蘭卡）為據點，率領眾多惡魔與神
對抗，和**毗濕奴（Vishnu）**神的化身羅摩相爭。在這
戰鬥之中，羅摩曾砍下無數次羅波那的首級，但每次
羅波那都立刻重生。最後是使用婆羅門製作的箭射穿
心臟才總算打倒羅波那。

Redcap

レッドキャップ

紅帽妖

一種邪惡的妖精，住在英格蘭與蘇格蘭境內受詛咒的
古城中。外型為頭戴紅帽，身材矮小且瘦骨嶙峋的老
人。長著長長的獠牙與銳利的爪子。天黑時若有荒野
中的旅人到他的古城投宿，他就會以扛在肩上的斧頭
將之砍死，並重新以旅人的鮮血染紅帽子。不過見到
十字架的話就會嚇得掉下一根牙齒逃走。

Reikandaiou

靈感大王(れいかんだいおう)

靈感大王

中國明代小說《西遊記》中登場的魔王。棲息於通天
河，司掌降雨，也能降雪使河水凍結。體形巨大，全
身長滿了鱗片，一片鱗片就有臉盆大小。胸鰭與尾鰭
為人類手腳的樣子，有時也被描寫成巨大的魚形怪
物。在故事中讓**孫悟空（Songokuu）**一行人大感困
擾的靈感大王，真面目其實是觀世音菩薩蓮花池裡的
小金魚，最後是觀世音菩薩出面將牠收服，把牠變回
金魚的樣子。

Remora 希臘

レモラ

印魚[125]

棲息於古希臘與羅馬海域的怪魚。是一種小型的藍白色魚，頭上有片軟骨形成的吸盤，聚集在岩礁附近。船底如果被印魚的吸盤吸住，光一隻印魚的吸盤，就能讓400人划的槳帆船（galley）無法動彈。西元前31年，愛上克麗奧佩脫拉的羅馬將軍安東尼（Mark Antony）在與屋大維（Gaius-Julius Caesar Octavianus，即後來的羅馬帝國第一任皇帝奧古斯都）交戰時，艦隊因故無法準時出航，據說就是被一隻印魚耽擱。

Ribesal 波蘭

リベザル

利貝索

這是位於波蘭與捷克斯拉夫國境附近的羅森貝克山上的幽靈。山頂若是突然被雲層掩蔽、下起暴風雨的話，就是這個幽靈的傑作。普朗西的《地獄辭典》中將他畫成圓臉尖鼻，臉的周邊長著樹葉，身體為木桶，右手是蟹螯，左手是獨腳仙，且左腳右腳分別是鳥與山羊的奇怪模樣。據說他是地底的妖精**侏儒**（Gnome）之王。

Rimmon 歐洲

リモン

臨門

地獄的醫生。別名「拉蒙」。能治好麻瘋病，為地獄中最早的醫生，但從沒有人要求他治病。原本是天界的大天使之一，乃是敘利亞人的暴風雨與雷電之神。有時也與神**巴力**（Baal）被視為同一存在。名字是喊叫者或吼叫者的意思，不過也有人認為或許是瑣羅亞斯德教中的邪神阿里曼（也就是**安格拉‧曼鈕**〈Angra Mainyu〉）之名在傳承的過程中演變而來。

Roane

ローン
羅恩

棲息於蘇格蘭海域的妖精，擁有海豹的外型。「roane」一詞是海豹的意思，不過對當地人而言，海豹是穿著海豹皮在海裡生活的妖精。他們上陸時會把毛皮脫下，此時的他們就與人類毫無差別。羅恩是個性非常溫和的妖精，即使漁夫們傷害海豹也不會想要復仇，只會變成人形拜託漁夫們不要再傷害同伴而已。

Robin Goodfellow

ロビン・グッドフェロー
好人羅賓

英國的**淘氣地精（Hobgoblins）**中最有名的一個。愛惡作劇，經常在莎士比亞的作品或伊莉莎白王朝的文學中登場。在某個故事中，好人羅賓的父親是妖精王**奧伯龍（Oberon）**，母親則是人類的女性。六歲前他與母親一起生活，但由於太愛惡作劇而讓母親非常困擾，最後終於因此而離家出走。後來他從父親奧伯龍處獲得了變身的能力，開始以妖精的身分過活。

Roc .

ロク
巨鵬

馬可波羅在《馬可波羅遊記》裡描述的一種住在印度洋某處島嶼上的巨大鳥類。雙翅展開有23m長，光一根羽毛就有9m以上。能輕鬆地把大象拋上天空重重摔下後食用其肉。有說法表示巨鵬其實是怪鳥鷹獅（Griffon）的真面目。另外，在《天方夜譚》的〈辛巴達歷險記〉中也描述了辛巴達發現巨鵬卵的場景，其卵異常巨大，人繞卵一圈竟然要走150步。

Rokurokubi 日本

轆轤首(ろくろくび)

轆轤首

脖子能伸長數公尺的怪物。白
天與一般人類沒什麼兩樣，過
著正常人的生活。一到了晚上
睡覺時脖子就會伸長，但本人
多半不會知情。根據江戶時代
後期的隨筆《甲子夜話》的描述，轆轤首的脖子伸長時脖子會先冒出一陣細長的
煙，之後就算脖子頂到天花板本人也毫無知覺地繼續睡覺。

Ronobe 歐洲

ロノベ

羅諾比

傳說中所羅門王撰寫的魔法書《雷蒙蓋頓》中列舉的
72名惡魔之一。有人說他會以魔物的樣子出現，不過
關於其外型並無明確記載。另一說他的外型很難以形
容，就像是一片紅霧；會傳授召喚者修辭學或與外國
語言相關的知識，也能讓朋友甚至是敵人對自己有好
感。另外，他也會賜予召喚者忠實的僕人。

R

Rousalka 俄國

ルサールカ

羅莎卡

住在俄國的河川或泉水裡的女性水精靈。由溺死在河
裡的人類少女所變成。外型為呈現藍白色且病懨懨的
長髮美女。會用她的魅力誘惑河邊的男子，並將之拉
進河中。從聖靈降臨節126（Pentecost）一直到夏天
結束前會住在森林裡的樹梢上，過著唱歌跳舞的日
子。喜歡問人謎語，只要能解開謎題就會放了對方。

Ryokurou 中國
綠郎（りょくろう）
綠郎

中國一種會詛咒人至死的**貓鬼（Byouki）**。在袁枚的
《子不語》當中，綠郎乃是男貓鬼，與女貓鬼紅娘是
一對，出現於廣東的廣州城內。會附身在未婚的男女
身上，被附身者會被咒死，因此深受人恐懼。若綠郎
附在女性或紅娘附在男性身上時，只要立刻舉行特別
的儀式就能夠得救。但若是綠郎附在男身或紅娘附在
女身上則絕對無法挽救。

Ryoumensukuna 日本
両面宿儺（りょうめんすくなすくな）
兩面宿儺

日本神話中住在岐阜縣山中的巨人。身高約3m左
右，前後各有一張臉，手臂和腳均有四隻，無腳後
跟。根據奈良時代的史書《日本書紀》的記載，兩面
宿儺不僅不聽從朝廷的命令，還在當地作亂，使人民
痛苦不堪，因此朝廷派遣軍隊鎮壓。而飛驒當地的傳
說則完全不同，他們認為兩面宿儺樣子雖奇特，卻是
身穿威武鎧甲打退惡**龍（Ryuu）**的英雄。

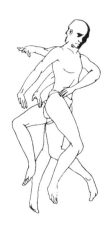

Ryuu 中國
龍（りゅう）
龍

中國和日本河海裡的怪物。能
隨心所欲地控制降雨和暴風，
因此自古以來就被視為雨神。
通常認為牠具有蛇一般的細長
身體加上四足，頭上有犄角。

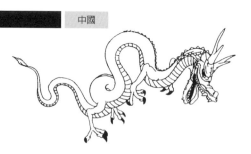

而東漢的學者王符則針對龍的外貌提出九似說，即頭似駱駝，角似鹿，眼似**鬼
（Oni）**，耳似牛，頸似蛇，腹似**蜃（Shin）**，鱗似魚，爪似鷹，掌似虎。據說
蛇活500年即生鱗，再經500年則能成龍，之後還會長出角與翅膀。

Ryuuguudouji 日本

龍宮童子（りゅうぐうどうじ）

龍宮童子

小孩模樣的福神。若做了對海神有益的事，海神就會遣龍宮童子前來答謝。樣子雖然是留著鼻涕與口水的骯髒小鬼，但若是用心養育就能實現養育者的任何願望。因此傳說中有許多人靠著童子變成了村中的富豪。但願望實現的越多童子的外表就會越骯髒，因此有許多人在願望實現後就把童子送還給海神，就此變回了窮人。

Ryuuhaku 中國

龍伯（りゅうはく）

龍伯

中國神話中住在遙遠北方的龍伯國中的巨人。某天巨人國中有個巨人獨自一人出外釣魚，在位於海之盡頭的山谷中釣起六隻烏龜。但這些烏龜其實是支撐海上仙山（仙人們居住的樂園）的烏龜，因此五座仙山中的兩座就這樣漂流到北極去。天帝知道這件事後非常不高興，就這樣把龍伯的身體縮小，但即使如此他們的身高還是有1萬m以上。

R

Ryuuma 中國

龍馬（りゅうま）

龍馬

中國與日本傳說中的馬怪。在日本龍馬乃是**龍（Ryuu）**使母馬懷孕生下的。據說奈良時代的貴族藤原廣嗣[127]（Fujiwara-no-Hirotsugu）的愛馬就是龍馬，他常為了公事在下午駕著此馬奔行1500公里。在中國龍馬則是神奇的水**精（Sei）**，外型雖然是馬，身高卻有2.5m以上，身上長了鱗片，背上有翅膀，頭上有雙角。《西遊記》中載著三藏法師上天竺取經的就是龍馬。

Ryuutou　日本

龍灯（りゅうとう）
龍燈

出現在海上，並逐漸向海邊的山崖移動的怪火，有時候也會以相反的方向移動。有單獨出現的，也有成群出現的。大小從直徑數cm到30cm以上的都有，飄浮的樣子彷彿是在嬉戲。鈴木牧之[128]（Suzuki Bokushi）的《北越雪譜》中形容，龍燈會於每年農曆6月28日出現在越後醫王山米山寺，大小從雞蛋左右到手球程度都有，而飄浮方式也不一，有的是像蝴蝶般飄飄然飛舞，也有活動非常激烈的。

Sabnak　歐洲

サブナク
斯伯納克

傳說中所羅門王撰寫的魔法書《雷蒙蓋頓》中列舉的72名惡魔之一。樣子爲獅頭戰士，出現時騎著一匹藍白色的醜馬。通常是爲了戰爭而召喚他。在軍事上擁有絕佳的能力，詳知築城的技術。甚至能瞬間豎立起城堡塔樓。另外，斯伯納克能讓敵人的傷口無法痊癒，讓我方受傷的士兵立刻痊癒。此外，也能將敵人變成石頭。

Saenokami　日本

境の神（さえのかみ）
境界神

防止惡靈與瘟神（Yakubyougami）等入侵村落的神明。也可寫作「塞神」或「道祖神」。鎮守在各村落的邊界、山腰或橋上等處。外型多半爲一塊石頭，也有爲妖怪模樣的。平安時代後期的故事集《今昔物語集》中，滋賀縣安義橋上有一個貌似鬼女的境界神，祂身高接近3m，眼珠子只有一顆，手指只有三根。當地人對之甚爲畏懼，即便如此祂仍算是一種境界神。

Saezuriishi

囀石（さえずりいし）

囀石

日本群馬縣吾妻郡內有塊能說人話給人建議的石頭，是塊三角形的大石。據說古代有一名追殺仇敵的武士來到此地，夜晚倚著石頭過夜，半夜似乎聽到有顆石頭在喃喃自語，仔細一聽，原來是關於仇敵的消息。於是武士就靠著這些消息一償宿願。後來這塊囀石也曾對其他人說話，但那位武士覺得詭異而拔刀劈砍，後來說話聲就沒再出現了。

Sagari

下がり（さがり）

馬頭垂

出現於岡山縣內的馬頭妖怪。在夜晚的道路上忽然從朴樹上垂下馬頭嚇人。類似的妖怪全國都有。像福岡縣的馬足怪（Umanoashi）則是在伸出古牆的樹枝之間垂吊著馬腳，通過時稍不注意就會被馬腳狠狠踹上一腳。而青森縣則有從樹上垂吊著棺材的妖怪。

R

S

Sagojou

沙悟淨（さごじょう）

沙悟淨

明代小說《西遊記》中，三藏法師的第三個徒弟。外型與人類相近，但容貌非常醜陋，眼睛放出火焰般的光芒，聲音似龍（Ryuu），脖子上垂掛著九顆骷髏。原本在天界中乃是玉皇大帝身旁的侍從武官，因為在宴會時打破盤子而被貶入凡間。後來在流沙河住了下來變成妖怪，吞吃想過河的人。在觀音菩薩的教化下成為三藏法師的徒弟。

Saiken 中國

犀犬(さいけん)

犀犬

中國志怪小說集《搜神記》中介紹的一種住在地底的
狗。雖然目不能視,但能在地底快速移動而不露蹤
跡。總是雌雄一對同時出現,且接受餵食,能為飼養
牠們的家庭召來幸運,若好好飼養就能富貴顯赫。據
說晉惠帝時曾在江蘇發現犀犬的蹤影,該戶人家雖然
把其所在的洞穴封了起來,但第二天早上犀犬還是失
去蹤影。據說東晉元帝時也有人發現,但飼養時不慎
使之死去而沒能獲得幸運。

Saitaisai 中國

賽太歲(さいたいさい)

賽太歲

明代小說《西遊記》中登場的魔王。身形巨大,身高
達5m以上,手腕粗達5掌合握。住在朱紫國的麒麟山
獬豸洞中,率領了許多妖怪。擁有三個神奇的金鈴
鐺,第一個響會起火風,第二個響會起煙霧,第三個
響則會颳起沙塵。其實賽太歲的真實身分是觀世音菩
薩的坐騎金狼,他趁著牧童打瞌睡時溜下凡。最後是
由菩薩前來收服帶回天庭。

Sakushi 中國

鑿齒(さくし)

鑿齒

中國神話中被英雄后羿打倒的怪物。或說似人,或說
似獸,也有說法表示牠是半人半獸的怪物。唯一確定
的是牠口中長了一根像鑿子般、長達1m的牙齒。鑿
齒棲息於南方名為壽華的沼澤地帶,並於當地為非作
歹。雖然懂得使用矛、盾等武器,一邊用盾防禦弓
箭,一邊逃到崑崙山東方,但最後仍不敵后羿的射箭
技術被追上殺死。

Salamander

サラマンダー

火精

一種住在火中貌似蜥蜴的怪物。被鍊金術士認爲是火
的精靈。歐洲人認爲用火精皮做成的衣服就算髒了丟
進火裡就能光亮如新。因此就有人把石綿布當作火精
的皮來販賣。根據老普林尼的著作《博物誌》的記
載，火精只出現在雨天，但天氣若過於濕冷，火就會
熄滅。

Saleos

サレオス

塞列歐斯

傳說中所羅門王撰寫的魔法書《雷蒙蓋頓》中列舉的
72名惡魔之一，別名「札雷歐斯」（Zaleos）。乃是
地獄的公爵，受召喚時會騎著鱷魚現身。勇猛頑強，
身穿銀色鎧甲，頭帶冠冕。雖身穿戰袍，但幾乎不戰
鬥。非常喜歡喝酒，能讓人與人之間產生情愛關係。
此外，他也能隨心所欲地操控人類的肉慾。

Samael

サマエル

撒末爾

猶太教、基督宗教中的惡魔，別名「死之天使」。原
本爲天界的大天使，曾在摩西死亡時前去迎接。名稱
乃是神的惡意之意，相當於死神的存在。其模樣或說
是手持劍或弓箭的醜陋骷髏，或說是長了翅膀的蛇。
有時人們也將他與**撒旦**（Satan）視爲同一存在，據
說《舊約聖經》中引誘夏娃偷吃智慧果實的蛇就是撒
末爾。

S

Sanchu

三虫(さんちゅ)

三蟲

道教思想中存在於人體內的三隻蟲，亦稱作「三
尸」。體長約10cm，或說外型類似於人形。道教中
將人的身體分成上（頭、腕）、中（胸）、下（腹、
腳）三個部分，住在上部的蟲名爲「彭倨」，中間的
是「彭質」，下面的則是「彭喬」，而三蟲會在人體
內做怪，使人猝死。另外也有說法表示三蟲會向司掌
人性命的北帝稟報宿主所行之壞事，北帝會據此縮減
其性命。

Sandman

サンドマン

撒沙人

德國傳說中能使人睡著的妖精。樣子爲背著袋子的老
人，袋子裡裝滿了魔法沙子。只要被袋中的沙子撒
到，不管是誰都會打起瞌睡，然後沉沉睡去。撒沙人
的性格並不殘酷，但德國的母親們卻常拿他來恐嚇熬
夜的小孩，說「再不睡撒沙人就要來挖你們的眼珠子
了」。也有人說，撒沙人會把挖掉的眼睛帶回去給自
己小孩吃。

Sanemorimushi

実盛虫(さねもりむし)

實盛蟲

由平安時代的武將——齊藤實盛（Saitou Sanemori）
的惡靈變成的怪蟲，會大量出現啃噬稻子。實盛原屬
於源義朝（Minamoto-no-Yoshitomo）的軍隊，活躍
於保元・平治之亂中。最後死於手塚太郎主從手中。
由於實盛是因爲腳被稻草絆倒才被殺，所以死後就變
成怨恨稻子的蟲。現在日本有些地方仍舉行儀式性的
驅蟲祭典，稱爲「實盛祭」。在福岡縣的祭典中，人
們會手持實盛與手塚太郎的人偶，演出交戰的戲碼。

Sansei 中國

山精（さんせい）

山精

於中國與日本山區出沒的精靈。中國的山精別名「山魈」、「山魅」等等。根據編纂於四世紀的典籍《抱朴子》129的記載，山精身材近似小孩，只有一隻腳，且腳掌方向前後相反，不過奔跑的速度極快。以石蟹山蟹為食，妨礙他捕食的人就會被作祟，不是得病就是家裡起火。據說千年蟾蜍精是以山精為食，對山精而言蟾蜍似乎是天敵。

Sarugami 日本

猿神（さるがみ）

猿神

太陽神的猴子使者之總稱。雖為日吉神（Hieshin）的使者，但也有許多猿神失去神性而變成妖怪。這些猿神住在日本各地的山上，偽裝成山神向人要求活祭品。平安時代後期的故事集《今昔物語集》中也有類似的故事，故事中的猿神身高2m以上，使喚底下的數百隻猴子帶走村民獻上的活祭品。但是虛有其表，輕輕鬆鬆的就被年輕的獵人打倒。

S

Satan 歐洲

サタン

撒旦

乃基督宗教中最大的惡魔，用金錢、權力、性慾等來引誘人，使人墮入邪道。早在《舊約聖經‧約伯記》中就已經出現，此時雖與神敵對，但未具有特別強大的力量，仍聽命於神。在某個時期甚至擁有天使的翅膀。到了中古時代則變成了頭長角，頭後長了另一張臉且腳掌分裂的怪物，為與神敵對的對手中最強大的一個。後來也常以撒旦之名稱呼最強大的惡魔，如**路西法**（**Lucifer**）、**別西卜**（**Beelzebub**）、**彼列**（**Belial**）等等。

Satori

覚(さとり)

覺

岐阜縣深山裡像大猴子的妖怪。別名「玃」（Kaku），據說中國也有類似的妖怪。江戶時代中期的圖鑑《和漢三才圖會》中，說明牠是長滿黑色長毛的似猴怪獸，像人一樣以雙腳步行。最大特徵就是能看穿人的心理，因此就算想殺死牠也會被看穿而逃走，因此絕對無法捕捉到。因爲具有此能力，而被取名爲「覺」。

Satyrs

サテュロス

撒泰爾

希臘神話中的山林精靈。上半身爲人，下半身爲山羊，頭上長著短角，全身長滿剛毛。爲人所熟知的是他們加入了酒神戴奧奈索斯的流浪之旅，此外，他們也是牧神潘之子**西勒諾斯（Silenus）**的隨從。他們是自然富饒的化身，同時也是情慾的俘虜，總是跟在美麗的**寧芙仙子（Nymph）**後面，沉醉在戀愛之中。最愛惡作劇與淫亂的嬉鬧。

Sazaeoni

栄螺鬼(さざえおに)

蠑螺鬼

由海中的蠑螺變成的鬼（Oni）。據說蠑螺壽命超過30年就會生出眼睛手腳變成蠑螺鬼。鳥山石燕的《畫圖百鬼徒然袋》中將牠畫成從螺殼中伸出雙手的鬼怪。另外，房總半島上則傳說著有一個蠑螺鬼化身成單身旅行的女性，半夜敲門欲投宿某戶人家，結果將該戶主人殺死。蠑螺鬼通常都待在海裡，月夜會浮上海面開心地跳舞。

Scylla

希臘

スキュラ
史琪拉

希臘神話中住在麥斯納海峽岩壁上的怪物。腰部以上是美麗的女性，以下則是六顆犬頭與十二隻腳。同一海峽的另一邊則是能捲起大漩渦的怪物**卡里布地斯**（**Charybdis**）。當水手想避開漩渦盡量靠近岩壁行駛時，史琪拉就會以迅雷不及掩耳的速度攻向水手，釣魚般地瞬間把水手們拉上岩壁吃掉。

Sea Bishop

歐洲

シービショップ
海主教

中世紀歐洲人認爲海中住著一種長了人臉的海怪，名爲「海主教」（Sea Bishop）或「海修士」（Sea Monk）。據說這種怪物曾在挪威等北歐地區被海浪打上岸、或是被漁網捕撈到。根據當時遺留下的紀錄，這種怪物臉部像人，頭部光滑，身上長滿鱗片，身穿修士服，腕部爲魚鰭而非人手，下半身則爲魚尾。

S

Sea Serpent

全世界

シー・サーペント
海蛇

存在於世界各地海域中的大海蛇。非指特定種類的蛇，而是指會攻擊船隻的巨大海蛇之總稱。體長大多爲100m左右，從數百公尺到數公里長的都有。也有許多紀錄指出，曾有人目擊大海蛇與抹香鯨搏鬥；或說蛇身太過巨大，光通過身旁就花上數日等等。巨大的海蛇表皮非常堅硬，浮在海面上時常被誤認爲島嶼。

Seere　　　　　　　　　　歐洲

セーレ

系爾

傳說中所羅門王撰寫的魔法書《雷蒙蓋頓》中列舉的
72名惡魔之一。被召喚時是以留著一頭玉米色長髮，
乘著有翼馬的男子之姿現身。是個任何事情都難不倒
他的天才，轉瞬之間就能完成被賦予的任務。此外，
他也能帶給身旁的人好運，就算什麼事都不做，召喚
者身上也會有好事發生。

Sei　　　　　　　　　　全世界

精(せい)

精

宿於物體之上便能使該物活動起來的奇妙存在。精並
無實體，但能顯現出暫時的姿態，有時也會宿於植物
或礦物之上。世界各地均有類似的存在，而中國或日
本則普遍認為任何事物只要持續存在百年、千年以上
就會吸收自然界的精華而成精。由陳舊器物變成的**付
喪神（Tsukumogami）**就是個好例子，只要有精宿
於其上，就算是器具也能活動起來。而在中國，長得
奇形怪狀的**魑魅魍魎**有時也會被稱作野山之精。

Seikai　　　　　　　　　中國

精怪(せいかい)

精怪

中國傳說中與人有關並引起種種怪異現象的**精
（Sei）**之總稱。如棲息於山中會侵襲人的**魑魅魍魎**
就是其代表。而俗稱為妖怪的存在也都包含在內。諸
如犬之精怪、龜之精怪、水之精怪等等，不論任何事
物都可能會變成精怪。精怪多為人眼所不能見，同時
也擁有變身或使用幻術的能力，因此宿於某物上時常
讓人難以分辨。或說鏡子能映出精怪的真面目，可藉
此做判斷。

Seiryuu
中國

青龍(せいりゅう)
青龍

乃是中國的**四神**之一——神聖
的**龍**（**Ryuu**）。樣子與一般
的龍無甚差異，如名所示全身
為青藍色。但古代陶壺上的青
龍頭部有時也被繪成白色或黃
色。四神與五行思想的關係密切，青色之龍乃是東方的守護者，出現於春天。青
龍在日本也被視為神聖之獸，如平安時代後期的說話集《今昔物語集》中，就有
聖德太子的魂魄乘著青龍渡海到中國取回佛教經典的故事。

Sekhet
埃及

セクメト
色克特

埃及都市孟斐斯的主神佩塔（Ptah）之妻，為擁有母
獅首人身的女神。具有如獅子般可怕的威力，稱號為
「強力者」，乃是戰爭與疾病的女神。在古埃及的人
類滅亡神話中，人類企圖反叛太陽神拉（Ra），於
是神就派遣色克特到地上大肆破壞。但色克特貪嗜酒
類，見到棄置地上的啤酒就按耐不住痛飲一番，喝得
爛醉，人類的危機也就這樣解除了。

Selkies
英國

S

セルキー
賽爾基

蘇格蘭東北岸附近的歐克尼群島和謝德蘭群島上擁有
海豹外型的妖精，在現實生活中是確實存在的大海
豹。但當地的人們認為這種海豹是由身披毛皮的妖精
所變成，脫下毛皮後就會恢復成人類的樣子。男性賽
爾基變成人形時會調戲人類的女性。而女妖精要是被
拿走所脫下的毛皮就回不了海裡，不得已只好與偷自
己毛皮的男子結婚。

Senko
中國

仙狐（せんこ）

仙狐

擁有特別高段的神祕能力，地位接近仙人的**狐狸**（**Ko**）。中國人認爲只有通過特別考試的狐狸才能成爲仙狐。通過考試者稱爲生員，反之則稱爲野狐。只有生員才能修行狐狸的仙道，所謂的修行包含了變成人的方法、人語和鳥語等項目。學會人語及變身方法者才能變成人的樣子。要成爲仙狐必須修練1000年以上，但要變成人則只需500年。

Sentoukun
中國

錢塘君（せんとうくん）

錢塘君

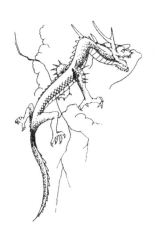

唐代小說《柳毅傳》中登場之強大的**龍**（**Ryuu**）。身長300m以上，非常巨大。兩眼炯炯有神，舌頭、鱗片與鬃毛均呈現赤紅色。性格暴戾，出現時會挾帶著天崩地裂的巨大聲響。身體周邊雷鳴不斷，能吹起暴風與雪雨。錢塘君原本是錢塘江的水神，堯的時代因掀起大洪水把五岳淹沒而被貶入凡間。

Seraphim
歐洲

セラピム

熾天使

天主教中最高階級的**天使**（**Angels**）。與普通的天使一樣外表與人類相當相近，但背上有三對翅膀。翅膀上的每一根羽毛都有著類似孔雀羽毛上的眼形花紋。其中一對翅膀隱藏住臉部，一對遮掩腳部，剩下的一對則負責飛行。他們是最接近神的存在，因此對神的愛也異常之深，這股愛讓他的身體燃燒著火焰。更古老的時代則是以飛天蛇的樣子出現。

Śesa

シェーシャ

舍濕

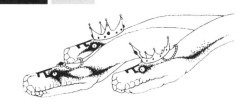

印度神話中的蛇神——**那迦**
（**Naga**）族之王，爲千首巨
蛇。印度教的宇宙觀認爲世界
有七層的地下界，但舍濕所居
之處卻更爲底下，以牠的一千

顆頭支撐著大地。千頭之中，每一顆的頭頂均有卍字的印記，且戴有耳飾、王
冠、花冠等裝飾品。每過一劫[130]（Kalpa）舍濕就吐出火焰把宇宙燒盡。此外，
舍濕也常與**阿難陀**（**Ananta**）被視爲同一人物。

Seth

セト

塞特

獸頭人身的埃及神祇。關於祂的頭部到底是什麼動物
至今仍是個謎，通常都直呼祂爲「塞特的動物」。臉
部的輪廓類似狗或狐狸，鼻子像鳥嘴般往前伸長，耳
朵則像角般尖尖隆起。原本是司掌黑夜的戰鬥神，於
太陽神**拉**（**Ra**）航行天際時立於船頭與地獄的怪蛇
阿波非斯（**Apophis**）交戰。不過後來在奧塞利斯神
話中則變成了壞人，殺死奧塞利斯並將之分屍。

S

Shachihoko

魚虎（しゃちほこ）

魚虎

設置於日本城堡屋頂上的龍頭魚像之總稱。據說魚虎
原本是中國南海上的怪魚，虎頭魚身，腹部長有羽
毛，全身長滿毒針。總是跟在鯨魚身旁監視牠們的飲
食。這是因爲鯨魚必須遵守只能吃小魚的戒律，如果
鯨魚打破禁忌吃了大魚，魚虎就會把牠們的舌頭咬
斷。另外如名所示，魚虎上岸之後就會變成老虎。

Shax　　歐洲

シャックス

沙克斯

傳說中所羅門王撰寫的魔法書《雷蒙蓋頓》中列舉的
72名惡魔之一。以鸛鳥的外型出現，說話聲音沙啞，
能爲召喚者偷取他人的錢財，或告知他們財寶的所在
之處。另外也能使特定人士的眼耳口功能失常，使之
不能聽、不能看、不能說話。需要特別注意的是，沙
克斯習慣說謊，他所做的承諾最好不要相信。

Shelob　　英國

シェロブ

屍羅

於英國作家托爾金的《魔戒》中登場的巨大蜘蛛怪。
在小說的舞台中土世界裡有一隻自遠古以來就已存在
的怪物，名叫**昂哥立安（Ungoliant）**，據說牠就是
屍羅的祖先。屍羅住在山上一個如迷宮般的洞窟中，
在洞窟裡布滿蜘蛛網，等著迷路的生物自投羅網。這
些入網的生物都成了牠的食物，因此牠的肚子總是吃
的脹脹的，而牠的頭部就直接長在鼓脹的腹部之上。
頭上有一群複眼，會放出神祕的光芒，令生物不得動
彈。

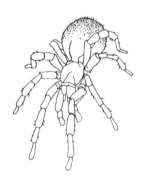

Shemhazai　　歐洲

シェミハザ

桑哈札

基督宗教中的惡魔，原本爲**天使（Angels）**。當神在
地上創造人類時，桑哈札曾與天使**阿撒瀉勒**
（Azazel）一起反對此事。由於神認爲天使到了充滿
誘惑的地上之後，會比人類更容易墮落，因此把桑哈
札送到地上接受試煉。結果桑哈札果然迷上了人類的
女性，成爲情慾的俘虜，並生下巨人一族，地上世界
因此變得更加墮落。於是神降罪懲罰他們，讓他的妻
子與巨人之間自相殘殺直至滅亡。

Shibaten

日本

シバテン

芝天

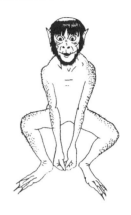

日本高知縣河川裡的**河童**（**Kappa**）。與外型類似猴子的河童——**猿猴**（**Enkou**）很相似，身高約1m，力量強大，常向來河邊玩水的人挑戰相撲。不過有時也會惡作劇，讓人產生幻覺而整晚一個人相撲。據說芝天通常都住在山裡，農曆6月12日以後才下山變成河童。別名「芝天狗」，另一說他原本其實是**天狗**（**Tengu**）。

Shichihoda

日本

七步蛇（しちほだ）

七步蛇

於淺井了意（Asai Ryoui）的志怪小說集《伽婢子》中登場，出現於京都東山的怪蛇。身上帶有劇毒，被咬者七步以內就會身亡，故曰七步蛇。長

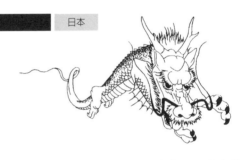

約6cm，形狀似龍，長有四足，顏色赤紅，鱗片金光閃爍且耳朵直豎。故事中位於東山的某棟宅第突然出現許多怪蛇，將牠們全數撲滅後不久，庭院中的樹木全部枯萎，石頭也全部碎裂，最後就在碎石之下發現了這尾怪蛇。

S

Shichinindougyou

日本

七人同行（しちにんどうぎょう）

七人同行

出現於日本香川縣的亡靈集團。樣子與人相同，總是七人排成一列行動，若不幸遇上他們就必死無疑。通常見不到其蹤影，不過若從牛的跨下望去

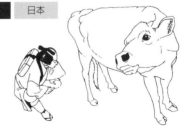

就可見到，或說耳朵會動者亦看得見。傳說中某個人牽牛趕路，來到十字路口時牛突然停止前進，他覺得有異蹲下一看，就見到七人同行排成一排走路。另外同樣是七人一組的亡靈有七人童子，但他們的外型為小孩。

Shichinindoushi 日本

七人同志(しちにんどうし)

七人同志

出現於日本香川縣的亡靈集團。與七人同行一樣為七人一組的集團，不過七人同志乃是在農民暴動中被處刑的七個同志之鬼魂，他們因為死後無法成佛而變成亡靈。出現於雨天的傍晚時分，七人都身穿蓑衣，不知道在談論著什麼事。由於是抱著怨恨死去的鬼魂，因此人們認為遇到七人同志是非常不吉利的事情，會被詛咒而生病。

Shidaidaka 日本

次第高(しだいだか)

次第高

出現在日本廣島縣與山口縣內道路上的妖怪。樣子原本為人形，但受人注視時卻會越變越大，並從上面瞪視對方。若大吃一驚而抬頭與之相望則會變得更巨大。故此時必須沉著應對，立刻走到高處俯視他，這樣一來次第高就會逐漸恢復原狀。島根縣內也有幾乎與次第高一模一樣的怪物，名為「次第坂」（Shidai-saka）。這個妖怪不僅會變大，如果對方嚇得發愣就會攻擊他。

Shii 日本

黑眚(しい)

黑眚

中國與日本傳說中的怪物。非常危險，一碰到牠不只是接觸到的皮膚連喉嚨都會受傷。據說1701年日本奈良縣吉野的山中曾有大量的黑眚出現。根據相關文獻的記載，黑眚外型似狼，身高約1.3m，體長約1.6m。個體毛色不一，頭頂尖尖隆起，腳趾間有水蹼。動作非常敏捷，一旦被追上就難以逃脫，不過似乎只要趕緊趴倒在地牠們就會停止攻擊。

Shikairyuuou

四海龍王(しかいりゅうおう)

四海龍王

中國傳說中管理四方之海的四位龍王。原形是龍,但平時是以身高4000m以上的人類模樣出現。分別是東海龍王敖廣、南海龍王敖潤、西海龍王敖欽、北海龍王敖順。各是統領一方的代表性人物,其中又以東海龍王爲其代表。各龍王在海底均築有華美的龍宮,在宮中處理事務。他們的職責是司掌雨水,不過其上還有玉帝,需有其命令才能降雨。

Shikigami

式神(しきがみ)

式神

陰陽道中的陰陽師使喚的鬼神。外型像是童子或**鬼(Oni)**,一般人看不見他們。聽陰陽師的命令行動,連家裡的雜事都能一手包辦。原本是附身在人身上的鬼神,能使被附身的人或動物按照陰陽師的命令行動,曾有被附身者在過程中死去。在陰陽師之間的戰鬥中,也能使用法術將對方送來的式神送回去,不過也有人因爲被送返的式神附身而死。

S

Shikiouji

式王子(しきおうじ)

式王子

在日本高知縣香美郡物部村所信仰的伊邪那美流當中,爲陰陽道祈禱師所使喚的鬼神,乃是陰陽道中的**式神**。與其他式神相同,能附在病人身上趕走附在他身上的惡靈。式王子並非指特定的神靈,而是透過祈禱讓存在於世上的無數神靈或精靈變成式神。其性格凶暴,是非常可怕的神。受召喚的式神子隨著祈禱師的能力而有所不同,其中強大的式王子有素盞鳴尊(Susanoo)或五郎王子(Gorou-no-Ouji)等等。

131

Shikkenken　　日本

シッケンケン
一足雪女

出現於日本長野縣諏訪地方的雪女（Yukionnna）。
與一足鼓風（Shikkenken）一樣是以單腳走路，因此
可藉由足跡認出一足雪女曾經過此地。名字是由她給
人以單腳蹦跳的印象而來。除了此地以外，其他地區
的傳說中也有單腳的雪女，由此可見單腳並不是什麼
稀奇的特徵，但一足雪女比較特別的地方是她會綑綁
住遇見她的人。

Shikyou　　中國

四凶（しきょう）
四凶

於上古帝堯的時代，西方棲息著四隻凶惡的怪獸。分
別是似犬的渾沌（Konton）、半人半獸的饕餮
（Toutetsu）、似虎的窮奇（Kyuuki），以及半人半
獸的檮杌（Toukotsu）。各個都是上古偉大帝王的後
代，但因為天性凶暴異常，而被帝舜流放到西方守
護，以防止魑魅魍魎入侵。只是他們不改凶殘的本
性，很快的就忘了被賦予的任務而在該地施暴，且極
盡殘忍之能事。因此被人們喚作四凶而深深畏懼。

Shin　　日本

蜃（しん）
蜃

在日本及中國的傳說中能做出海市蜃樓的大蛤蜊精。
海市蜃樓中的「蜃」指的就是一種大型的蛤蜊，而
「樓」則是樓閣之意。據說這種蛤蜊吐出的氣能形成
樓閣，故曰蜃樓。鳥山石燕的《今昔百鬼拾遺》中也
有蜃樓的項目，裡頭描繪了巨大的蛤蜊在海中吐氣作
出樓閣的樣子。蛤蜊自古以來就被視為一種神祕的生
物，傳說中雉雞入海會變成大蛤蜊，麻雀入海則變成
普通的蛤蜊。

Shinnomoujin 　　　　　　　中國
秦の毛人（しんのもうじん）
秦毛人

中國湖北房山中的巨人。身高3m，全身覆滿長毛，時常侵襲村里搶奪食物。這些毛人原本是秦朝築長城時不堪勞役負荷而逃出者，從此躲在山中避禍不出，久而久之就成了不死之身。由於他們不怕槍砲弓箭，所以村人對他們也是無可奈何。不過只要對他們高喊「築長城！築長城！」就會嚇得落荒而逃。

Shinoda-no-kitsune 　　　　　　日本
信田の狐（しのだのきつね）
信田之狐

平安時代的陰陽師——安倍晴明（Abe-no-Seimei）的母親，乃是隻狐狸（Kitsune）妖。原本住在大阪信田的森林裡，在某次危難中被安倍保名拯救生命。狐狸爲了要報答他而化作一個名爲葛葉的女子，並與安倍結爲夫婦，生下了晴明。某日，葛葉看著庭院裡的花朵看得出神，不小心現出狐狸的原形，不得不離開塵世回到森林裡。離開前特別爲孩子留下黃金盒子與水晶球。據說晴明就是靠著這些寶物的能力成爲了不起的陰陽師。

S

Shiramiyuuren 　　　　　　　日本
シラミユウレン
白身幽靈

出現於愛媛縣海域的神祕白色發光體，簡稱爲「白身」（Shirami）。樣子像巨大的白色麵線，夜裡出現在海上時會慢慢地接近漁船並在船的周邊飄蕩。漁夫們習慣稱這怪物爲笨蛋，但如果在白身幽靈出現時這麼叫可就不得了了，一聽此稱呼，怪物就會生氣地纏住槳阻擋船行，讓漁船動彈不得。

Shiranui
日本

不知火（しらぬい）
不知火

九州八代海與有明海域附近的
妖怪，於農曆7月最後一日的
半夜現身。出現於海岸到海上
數公里處的海域，最初會出現
一顆或兩顆稱作親火（Oyabi）
的火團，接著數量開始增加，從左右兩排延伸出去，最後會有數百顆到數千顆火
光一字排開，距離可達4～8km遠。這種怪現象自古以來就已存在，景行天皇
（西元71年即位）討伐九州南部原住民時，軍隊就曾以不知火作為標誌行船到熊
本。

Shireijuu
中國

四靈獸（しれいじゅう）
四靈獸

古代人認為有四種靈獸為萬獸之長，分別是**龍
（Ryuu）**、**鳳凰（Houou）**、**麒麟（Kirin）**、**龜**。
並將這世上像魚一般有鱗片的動物稱作鱗蟲，像鳥一
般有羽毛的稱作羽蟲，像獸一般有毛的稱作毛蟲，擁
有堅硬甲殼的則稱作甲蟲，總計這世上有360種動物
存在。而各類野獸之首分別就是龍、鳳凰、麒麟與
龜。此外，這四隻靈獸也是瑞獸（吉祥之獸），只出
現在無戰亂的和平時代。

Shîsâ
日本

シーサー
西薩獅

日本沖繩縣內用來鎮邪去惡的怪獸，家家戶戶屋頂上
都會裝飾著這種怪物的陶像。「西薩」之名源自於
「獅子」一詞，而他的樣子也是由獅子演變而來。此
外，沖繩人認為人死後的靈魂會化作火球，並稱之為
火魂（Fîdama）。據說火魂會引起火災，平時都躲
在廚房的消火罈[132]裡。而西薩獅正具備了驅趕火魂
的能力。

Shishin 中國

四神(ししん，)

四神

古代傳說中守護四方的聖獸。依東西南北的順序，分別是**青龍（Seiryuu）**、**白虎（Byakko）**、**朱雀（鳳凰，Houou）**、**玄武（Genbu）**。與五行思想相呼應，聖獸身體的顏色各對應東西南北所代表的顏色。五行思想對古代人的生活影響甚大，皇帝出巡時會高舉四神之神像與旗幟，朱雀在前，玄武在後，青龍在左，白虎在右。此外，建築物的東西南北也會裝飾著四神的像或圖案。

Shishuda 東亞

枳首蛇(ししゅだ)

枳首蛇

生長在中國與日本的雙頭蛇，長約30cm，粗細與小指相當。身體兩端有頭。醫學典籍《本草綱目》中有記載，枳首蛇兩頭的其中之一是模擬蛇頭

的外型，眼睛嘴巴的形狀都相當模糊，但兩邊都能前進。雖有鱗，但樣子近似蚯蚓，常見於夏天下雨之後。據說日本曾有船夫捕捉到長達1m的枳首蛇。

Shiyuu 中國

蚩尤(しゆう)

蚩尤

中國神話中與黃帝有過一場大戰的怪物。關於其外型，或說是銅頭鐵額獸身之怪，或說爲具有六臂牛蹄的人身等等。蚩尤以砂石鐵礦爲食，與他外表相同的兄弟共有80人之多。戰爭時除了這些兄弟以外，還召集了無數的魑魅魍魎爲伙伴，並且招來風雨煙霧使黃帝軍吃足苦頭。此外，據說戰爭中所需的戰斧、盾牌、弓箭等武器都是由蚩尤發明的。

Shizai

中國

四罪（しざい）

四罪

神話時代危害天下的四大惡人與怪物。分別是人面蛇身、能招來洪水的共工，頑劣不堪的堯之長子——丹朱，與丹朱合作反叛堯的蠻族——三苗，以及身負治水重責卻任意妄爲的鯀。此四罪最後被堯討伐，不過丹朱的子孫後來變成了長有鳥喙的種族。另外也有人認爲四罪其實就是**四凶**（**Shikyou**）。

Shock

中國

ショック

馬妖

出沒於英格蘭東部沙福克（Suffolk）地方的妖精。屬於**惡作劇妖**（**Bogies**）的一種，通常會以驢子或馬的樣子現身。如名所示，這種妖精喜歡嚇人。有時也會變成幽靈的樣子出現在喪禮會場上。捕捉他是件非常危險的事，若是被他反咬一口，傷痕終其一生都不會消失。

Shogoth

南極

ショゴス

修格斯

洛夫克萊夫特小說中登場的一種奇妙的**軟泥怪**（**Slime**）。能變成任何形狀，但身體充滿臭味且會放出燐光。聚集時爲約5m寬的團塊。能生活在地上、地底、水中的任何地方，在地底仍能以驚人的速度移動。身體能自由變形，長出眼睛魚鰭等各種動物的器官來。原本是由某個高智能種族創造出來作爲奴僕的生物，經過數億年的不斷進化而獲得自由，現在潛藏在南極大陸深處的某個角落。

Shokuin 中國

燭陰（しょくいん）

燭陰

於《山海經》中登場，爲住在北方一座稱爲鍾山的靈山上的龍神。亦稱作「燭龍」。外型爲人面龍（**Ryuu**）身，身體赤紅，身長4000km以上。燭陰乃是司掌自然界的神明，不眠不食，張目成晝閉眼成夜。呼氣即成寒冷的冬天，吸氣則成夏。平常不呼吸，但只要稍一吐氣，激烈的風暴就會席捲中國全土。

Shoujou 日本

猩猩（しょうじょう）

猩猩

住在日本各地的一種類似**狒狒（Hihi）**的怪物。有的住在山裡，也有的住在海邊。像猿猴一般全身長滿長毛，但貌似人類，能通人語。好酒色，曾有隻猩猩被酒所誘，差點被設置在海邊的陷阱捕捉到。體形大小隨著各傳說而有所不同，當中較大者約2m高。據說曾有人目擊此猩猩並隔著山谷以火繩槍射擊命中，但猩猩卻安然其事。

Shoukera 日本

精螻蛄（しょうけら）

精螻蛄

在守庚申[133]（**Kousinmachi**）的夜裡監視人們是否有遵守節日禁忌的妖怪。所謂守庚申乃是日本自古流傳的一種節日，於干支計日中的庚申之日的夜

裡徹夜靜坐不眠。鳥山石燕的《畫圖百鬼夜行》中則描繪了精螻蛄從屋頂的天窗窺視人們是否有守規矩。圖中的精螻蛄是一個勇猛壯碩的**鬼（Oni）**，雙掌各長了三根爪子。如有人違反規定就會受到他的懲罰。

Shrieker 英國

シュリーカー
鳴妖

英國約克夏或蘭開夏森林裡的一種會發出尖叫聲的妖
精。別名「尖叫怪」或「敗葉怪」（Trash）。或說
他們是**地精（Goblins）**的同類。從不在人前出現，
不過走路時會發出聲響。但也有說法表示他們因為腳
底柔軟，所以走起路來安靜無聲。各種說法的共通點
在於他們會在森林的各個地方發出可怕的尖叫聲，據
說他們的叫聲乃是死亡的前兆，聽到者不久後就會死
去。

Shutendouji 日本

酒吞童子（しゅてんどうじ）
酒吞童子

平安時代住在京都附近的大江山（Ooeyama）上的**鬼
（Oni）**。根據室町時代（1336～1573年）的故事集
《御伽草子》的描述，酒吞童子身高6m以上，頭上
長了五根角，眼睛有十五顆之多。他住在大江山上如
龍宮般豪華的宮殿中，率領了為數眾多的鬼，要說他
是日本最強的鬼也不為過。據說酒吞童子經常到京都
綁架年輕女性，讓她們在身旁侍奉自己，或者用刀子
割下她們的肉生吃。最後被源賴光[134]（Minamoto-
no-Yorimitsu）及其部下[135]合力打倒。

Shuuda 中國

修蛇（しゅうだ）
修蛇

中國神話中的大蛇，於帝堯的
時代棲息於南方洞庭湖，別名
「巴蛇」。黑體青頭，身長
180m或說1800m以上。其巨大
的身體常掀起巨浪，令湖泊周

邊的漁民苦不堪言。據說修蛇能吞巨象，整頭吞下後過了三年才把骨頭吐出，所
吐出的象骨能治腹痛。修蛇危害鄉民甚鉅，最後被英雄后羿所殺，巨大的骸骨堆
積成一座小山。

Shylph

シルフ

風精

歐洲的風（空氣）之精靈。別名「吉爾菲」。認爲世
上所有物質都是由風火水土四大元素組成的觀念自古
有之，但認爲四大元素之中均有精靈的觀念，是由十
六世紀的鍊金術師帕拉塞爾蘇斯率先提出。風精原本
的構想是介於人與精靈之間的存在，後來他在於風中
自由飛翔的形象中獲得靈感，構想出花心且青春永駐
的女性精靈。

Sichininmisaki

希臘本（日本）

七人ミサキ(しちにんミサキ)

七人水鬼

出現於日本高知縣之七人一組
的亡靈集團，由死於海中的亡
靈變成。總是七人集體行動，
若在路上遇上他們就會死亡，
且受害者的鬼魂會加入他們的

行列。七人水鬼各個都是不能超渡的鬼魂，不過只要有新人加入，最前面的人就
能獲得超渡。因此不管有幾個人加入，人數永遠維持七個不變。

Silenus

シレノス

西勒諾斯

希臘神話中登場的半人半獸怪，別名「賽樂諾斯」。
上半身爲人，下半身爲馬，臉上長了馬耳獅子鼻，各
個都長得一副老人的模樣。他們是牧神**潘（Pan）**之
子，撒泰爾（Satyrs）之父，可見牠在性方面也是奔
放不羈，見到女性就不顧一切。最有名的事件是曾有
個西勒諾斯曾意圖侵犯最高神宙斯之妻赫拉。此外，
他們也以身爲戴奧奈索斯流浪之旅的同伴而知名。或
說西勒諾斯正是此神的養育者。

S

Silky
英國

シルキー
羽衣精

英格蘭北部地方的女妖精。介於妖精**布勞尼**
（Brownie）與亡靈之間的存在，身穿灰白色的絹質
羽衣。會在特定的家庭裡住下，幫忙打掃或做保養煙
囪等家事。這種妖精對人數少又住大房子的家庭而言
非常方便。如果有她討厭的人搬進自己住慣的家裡，
羽衣精就會在半夜搬動家具發出聲響或在天花板上大
吵大鬧，企圖把人趕走。

Sīmurgh
伊朗

シームルグ
西魔夫鳥

伊朗神話中的神鳥。別名「薩耶納」（Saêna）。
「Saêna」一詞有猛禽之意，可以想像得出西魔夫鳥
乃是近似於鷲鷹類的鳥類。在瑣羅亞斯德神話裡的遠
古之海中有兩株樹，西魔夫鳥本身就棲息於其中一株
上。牠只要一振翅，樹上的種子便會飛散四方。此種
子能孕育出世上一切的生命。而十二世紀寫成的史詩
《王書》中則說牠是學識豐富，能說人話的靈鳥。

Sirens
希臘

セイレン
賽倫

於希臘神話中登場的怪物。擁有美麗女性的頭部與鳥
的身體，其歌聲能使人毀滅。賽倫成群住在西西里島
附近的安得莫薩島（乃花朵盛開之意），總是以美妙
的歌喉唱歌。航海者聽到她們的歌聲就會被深深吸
引，並跟到島上住下以永遠聆聽她們的歌曲136。因
此航海者死後化成的白骨，就在賽倫身旁堆積成一座
小山丘。

Skeleton

スケルトン

骷髏

中世紀歐洲古戰場上經常出現的活骸骨，乃是亡靈的一種。身穿鎧甲，看起來就像是真正的騎士一樣，打倒他後剖開鎧甲一看才知是一副白骨。但據說也有不穿鎧甲的骷髏。大航海時代出海冒險的水手常有全員病死的情形，結果就變成了由一群骷髏駕駛的幽靈船在大海上漂蕩，繼續危害其他船隻。

Skoll

スコル

史克爾狼

北歐神話中住在天空的狼。總是全力奔馳追在太陽後頭，企圖將太陽吞噬。北歐神話中太陽與月亮都是由馬車拉著走，太陽之所以會在天空中不停移動就是為了要逃避此狼的追趕。天空中還有另一匹叫作哈提（Hati）的狼[137]追趕著月亮。而駕著馬車拉動日月的人則分別叫作索兒（Sol）與馬尼（Mani），前者是負責拉太陽的女性，後者則是男性。

S

Sleipnir

スレイプニル

斯萊布尼爾

北歐神話中主神奧丁的坐騎，是匹八足的駿馬。斯萊布尼爾乃是邪神洛奇化作母馬與名為史瓦第發利（Svadilfari）的公馬交配後生下的，腳程極快，與巨人芬葛尼爾（Hrungnir）的馬賽跑時，對方尚未跨上馬背斯萊布尼爾就已遠遠飛越遠方的山丘了。牠能毫不休息地不斷奔馳，所到之處不限於地上或眾神的國度，也能到達死者棲息的地獄。在世界末日來臨時，奧丁駕著牠上戰場與怪物們一決死戰。

Slime

スライム

軟泥怪

在電影或小說中登場如爛泥般怪異的生命體之總稱。美國作家布倫南（Joseph Payne Brennan）所著的《軟泥怪》乃是此類怪物最早登場的作品。軟泥怪於該作中是一隻自遠古以來就住在海底的怪物，企圖把所有生物吞進它黏糊的身體中。其細部特徵在各作品中均有不同，不過身體大致上都是呈黏液狀，具有吞下其他生物後就會變大，一經冷凍就無法動彈，解凍後又能再度行動等特徵。

Smaug

スマウグ

史矛革

英國小說家托爾金的作品《魔戒前傳：哈比人歷險記》中登場的惡龍（Dragon）。身體巨大似蛇，長有四肢，背上有翅膀。身上燃燒著火焰，從口鼻中噴出陣陣白煙。棲息在故事主角哈比人（Hobbit）世界中的「大荒原」（Wilderland）裡，有時會攻擊村里吞食家畜或哈比人。口中吐出的火焰是他最強的攻擊手段，因此不喜歡有大量水的地方。

Snake of wheel

車輪蛇（しゃりんじゃ）

車輪蛇

流傳在美國南部樵夫之間的神祕蛇類。乍看之下只是一尾普通的蛇，不過在被敵人追趕或追捕獵物時，車輪蛇會啣著自己的尾巴變成車輪狀，並像車輪一般滾了起來。車輪蛇有毒，有時也會攻擊人類。但是被牠追趕時無需慌張，只要從追過來的車輪蛇的環中穿過牠就不會再追過來了。

Sodehikikozou

日本

袖引き小僧（そでひきこぞう）

拉袖小僧

於崎玉縣川越市附近出沒的膽小神。關於其外型並無明確描述。若是傍晚一個人走在夕陽漸斜的道路上，卻突然感覺到有人在背後拉袖子，一回頭卻什麼也沒有。剛開始覺得是自己多疑，但一往前走又被拉袖子，回頭還是什麼也沒有。不管回頭幾次都看不到人，於是心生恐懼地跑著離開。這就代表拉袖小僧出現了。

Sokoyuurei

日本

底幽霊（そこゆうれい）

底幽靈

出現於長崎縣與佐賀縣海域的幽靈，乃是由死於海中的靈魂聚集而成。無明確的形狀，像是個不斷晃動的巨大白影在海中漂蕩。有時會附在船底使船動彈不得，也有時會令船隻翻覆。甚至會變成**海坊主（Umibouzu）**出現在船上。據說世界各地有許多幽靈船就是由此類幽靈變成的。

Sokujou

中國

息壤（そくじょう）

息壤

會不斷增生的怪土，別名「息土」。神話中息壤乃是天帝的至寶之一，被藏匿在祕密之處。帝堯時代發生了一場持續22年的大洪水，受命治理洪水的神——鯀爲了治水而偷走息壤。所偷之量雖然極少，但息壤很快的就大量增生變成了巨大的提防。然而就在治水工程即將成功之際被堯發現了此事，結果鯀被處刑，工程也因而失敗。

Songokuu

孫悟空(そんごくう)

孫悟空

明代小說《西遊記》的主角，乃是一隻像紅毛猿般的猴子。生於東勝神州傲來國花果山上的靈石之卵，自稱爲美猴王。初生時即擁有強大的力量，學習仙術之後就變得更加厲害，並藉之取得能瞬間飛十萬八千里遠的筋斗雲與縮放自如的如意金箍棒。性格叛逆，連天界的眾神都不放在眼裡，後來成爲三藏法師的弟子，一路護衛法師上天竺取經。

Sorei

祖靈(それい)

祖靈

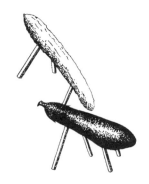

日本人自古以來供奉的祖先之幽靈。也就是指盂蘭盆節時回到家裡的幽靈，也被稱作「精靈」（Shouryou）。基本上與其他幽靈相同，不過只有壽終正寢且舉行過33回祭禮的幽靈才能成爲祖靈。如果因爲後無子嗣之類的理由而沒受到祭祀的話，幽靈就無法成爲祖靈，而變成孤魂野鬼。

Sougenbi

叢原火(そうげんび)

叢原火

樣子爲在火焰中浮現出和尚頭的**鬼火（Onibi）**。鳥山石燕的《畫圖百鬼夜行》中說這是出現於京都壬生寺旁的怪物，漢字也寫作「宗源火」。宗源是某個和尚的名字，曾偷甕壬生寺的香油錢與燈油，因此死後變成了叢原火這種怪物。日本有許多人死後變成怪火的傳說，在《古今百物語評判》中也有類似的例子，有個偷走比叡山中堂的燈油之僧侶，死後也變成類似叢原火的怪物。

Soukyo 中國

藻居（そうきょ）

藻居

中國的木與水的精靈。乃是身長不及20cm的矮小老人，夏天棲息於森林，冬天則棲息於河川。據說藻居曾出現在漢武帝面前，不發一語指天花板與地板後就消失無蹤。以賢良著稱的東方朔向武帝解說這是精靈前來拜託皇帝勿因建設宮殿而採伐森林。皇帝接受精靈的意見而停止宮殿的建設，後來出行至瓠子河時精靈們現身演奏樂器與唱歌作為謝禮。

Souryuu 中國

相柳（そうりゅう）

相柳

中國神話中的九頭巨蛇，於帝堯當政的時代在地上作亂。地理書《山海經》中則描述相柳長了九顆人頭。這個怪物在大禹治水成功之後出現，用他的九顆頭把一切都吃掉，並把所經之處都變成充滿毒水的沼澤地，使得所有生物都無法生存。大禹出面打倒了這個怪物，但相柳所經之處已變成無法種植作物的荒蕪之地了。

S

Spartoi 希臘

スパルトイ

史巴托[138]

希臘神話中像植物一般從落在大地上的龍牙中長出的武裝戰士。龍牙是出自於住在底比斯（Thebes）泉水中的**龍（Dragon）**，那隻龍後來被英雄卡德摩斯（Kadmos或Cadmus）打倒，在龍牙落到地上的瞬間長出一群史巴托來，不知為何史巴托們開始自相殘殺，最後只剩下五個，他們成為後來底比斯貴族之祖。而剩下的龍牙則輾轉流傳到科爾基斯（Colchis）王埃厄特斯手中，變成戰士與英雄伊阿宋交戰。

Sphinx

スフィンクス

斯芬克斯

希臘神話中的怪物，具有女性的頭部與乳房，身體爲
背上長有鳥翼的獅子，乃是怪物**艾奇德娜（Echidna）**
與**泰風（Typhon）**生下的女兒，聽從女神赫拉的命
令來到底比斯附近懲罰墮落至極的底比斯人。斯芬克
斯守在山崖上向往來的旅行者詢問「朝爲四足，午爲
二足，晚上又變成三足生物是什麼」的謎語，並吃掉
回答不出來的人。這種人面獅身怪是源自於埃及（請
參照**安德洛斯芬克斯〈Androsphinx〉**的項目）。

Spirits of Solomon

ソロモン王の悪魔（ソロモンおうのあくま）

所羅門王的惡魔

聖經中的所羅門王撰寫的魔法書《雷蒙蓋頓》中列舉
的72名惡魔。傳說中有72個反抗神的惡魔被所羅門王
封印在黃銅的壺中並放置於湖底。但是這些惡魔後來
被尋寶者發現並解放出來。這些惡魔通常住在地獄
中，擁有各自的名字與印記，知道這些知識的巫師就
能召喚他們讓他們爲自己服務。

Spriggans

スプリガン

守護妖精

英國康瓦耳地方的妖精，樣子像個老人，守護著古代
巨人製作的環狀巨石或埋藏在地底下的財寶。平時身
材瘦小，但可以隨心所欲地改變身體的大小。此外他
也是妖精宮廷的保鏢，若有人欺負妖精就會挺身而出
與之作戰，戰鬥時每走一步身體就會越變越大。也有
說法表示他其實是古代棲息此處的巨人之幽靈。

Spunkies 英國

スパンキー
子靈之火

蘇格蘭低地地方的**鬼火（Will o'the Wisp）**，乃是由
未受洗禮就死去的孩童靈魂變成的藍白色火焰，由於
他們既上不了天堂也下不了地獄，只好在地上世界徘
徊直到世界末日。對子靈之火而言萬聖節是一年一度
的特別夜晚，他們會為今年死去的靈魂引路。此夜可
在老教會附近見到大量子靈之火飛舞的現象。

St. George's Dragon 利比亞

ゲオルギウスの竜（ゲオルギウスのドラゴン）
聖喬治之龍

被卡帕多西亞（Cappadocia，
土耳其首都附近）的騎士聖喬
治打倒，口能吐毒氣的惡龍。
西班牙巴倫西亞（Valencia）
的聖喬治祭壇上將牠畫成類似

鱷魚的模樣。牠住在利比亞境內的小國席勒納內，席勒納王每日都會獻出兩頭羊
作為祭品。但不久後龍轉而要求國王獻上活人，國王最後不得不獻出自己的女
兒。此時聖喬治恰巧旅經此地，見義勇為打倒了惡龍。

Stolas 歐洲

ストラス
斯托剌

傳說中所羅門王撰寫的魔法書《雷蒙蓋頓》中列舉的
72名惡魔之一。樣子為近似烏鴉或貓頭鷹的畸形鳥，
擁有銀質的爪子，眼睛周邊呈紅色。有時也會以人類
的樣子出現。對草藥及靈石的知識豐富，除了能教人
這些事物在魔術上的功用以外，還精通占星術，能傳
授召喚者此類知識。因此召喚他的人，多為想瞭解這
方面知識的人。

S

Stymphalian Birds

ステュムパリデスの鳥（ステュムパリデスのとり）

斯庭法羅斯鳥

希臘神話中，棲息於伯羅奔尼撒半島上的斯庭法羅斯沼地（Stymphalian marshes）附近森林裡的怪鳥。怪鳥的翅膀以青銅製成。總是成群結隊地行動，會攻擊人或在田地裡四處排泄穢物，最後被英雄赫拉克勒斯所殺。赫拉克勒斯吹響鍛造之神赫發斯特斯製作的笛子，怪鳥紛紛受到驚嚇而飛起，赫拉克勒斯趁機使用塗過**海德拉（Hydra）**毒液的弓箭將之一一射落。

Succubus

サキュバス

女夜魔

歐洲的**夢魔（Night-Mare）**，可說是**男夜魔（Incubus）**的女性版。夜晚侵襲睡眠中的男性使之作夢，並與之進行性行為，奪取他的精力。中古歐洲人認為男性會夢遺就是女夜魔作怪所致。女夜魔真正的容貌雖醜，但在夢中卻非常美麗，讓男性難以拒絕她的誘惑。此外，女夜魔會藉此獲得精液，並從這些精液中創造出新的夜魔。

Suiko

水虎（すいこ）

水虎

棲息於日本青森縣、長崎縣以及琵琶湖周邊河川湖泊裡的妖怪。與**河童（Kappa）**相似但頭上無盤子。不過他比河童更可怕，會把玩水的小孩拉進河裡，吸乾活人的血液，並附身在人身上。若見到被水虎殺死的屍體，只要將屍體置於木板上安放在田裡的茅廬（屋頂以稻草製成的小屋）中使其腐爛，屍體腐化的同時殺人的水虎也會跟著死亡。據說水虎原本是中國湖北省的妖怪，樣子為長了堅硬甲殼之年約三、四歲的小孩。

Sukunahikonanomikoto 日本

少彦名命(すくなひこなのみこと)

少彦名命

於《古事記》中登場的矮人神。誕生於原始之神高皇產靈神（Takamimusubi-no-Kami）的指間，身穿飛蛾皮製成的衣服，乘在大國主神的手掌上降臨於出雲（Izumo）之國。之後兩人巡迴日本各地合力創造國家，並開發出治病的藥方及防止害蟲的咒術。在國家建設告一段落時，少彦名命被栗子的莖打中，飛到海洋另一方的常世之國139（Tokoyo-no-kuni）去了。

Sunakakebabaa 日本

砂掛け婆(すなかけばばあ)

撒沙婆婆

平時躲在神社或森林中的樹上，一旦有人通過就撒沙子嚇人的妖怪。住在兵庫縣與奈良縣一帶，從不在人前出現，除了直接撒沙在人身上以外，有時也會只發出撒沙的聲音。其他地區也有類似的撒沙妖怪，不過多半是狸貓（Tanuki）所為，稱撒沙狸。千葉縣的傳聞則說是有隻類似貓的小動物夜裡在利根川的河床上玩耍，並跑到樹上向路過的行人撒沙。

Sunekosuri 日本

脛擦り(すねこすり)

擦腿怪

日本岡山縣的妖怪。通常出現在夜裡，所以沒人知道牠的樣子如何。只知整體看來像一隻小狗，只會在雨天出現，朝行人走來在腿上磨蹭一下後就離去。讓行人覺得有東西擦過腿部而心裡發毛，回頭看卻空無一物。除了擦腿怪以外，香川縣還有類似的妖怪稱纏腳怪。這種妖怪像棉花一般，會纏住路過行人的腳部使之難以行動。模樣如何雖不明確，不過據說曾有人抓過牠的尾巴。

S

Surt

スルト

史爾特爾

北歐神話中鎮守火焰國穆斯佩爾海姆，手持火焰劍的
巨人。火焰國位於世界的南方盡頭，在世界誕生之前
就已經存在，但實在是太炎熱了，因此生物無法在國
中生存也無法在附近住下。史爾特爾是火焰國的守門
者，從不離開入口處，因此在神話中甚少登場。當世
界末日來臨時，他就會率著火焰國的人民打倒眾神，
燒盡世上的一切。

Suzukagozen

鈴鹿御前(すずかごぜん)

鈴鹿御前

住在日本三重縣與滋賀縣交界處之鈴鹿山上的鬼女。
別名「立烏帽子」（Tateeboshi）。鈴鹿山自古以來
就是有名的**鬼（Oni）**之住所。謠曲《田村》中說這
裡住了上千個鬼，且曾與前來討伐的武將坂上田村麻
呂交戰。根據東北地方的傳聞，鈴鹿御前乃是個絕世
美女，與東北地方名為大獄丸（Daigokumaru）的鬼
合作企圖顛覆日本。但是不知為何，鈴鹿御前在敗給
田村麻呂後竟與他結婚，並且合作打敗大獄丸與高丸
（Takamaru）等鬼怪。

Sytry

スィトリ

西迪

這是傳說中所羅門王撰寫的魔法書《雷蒙蓋頓》中列
舉的72名惡魔之一。別名「畢特魯」（Bitru）。豹頭
人身，背上長有**鷹獅（Griffon）**的翅膀。不過頭部
也能變成獅子老虎等其他野獸。他擁有控制所有與
性、愛有關之事的魔力，只要召喚者請求，不論是哪
位女士都能讓她全裸地來到召喚者面前。有時西迪自
己也會以美麗女性的姿態出現。

Taiba

提馬（たいば）

提馬

出現於日本各地的魔風。特徵是只會攻擊馬，對人來說只是普通的風而已。這道風從馬的鼻孔入侵，穿過身體從肛門排出後馬就會立即死亡。最初是像一道小型的旋風在馬前方盤旋，不久後就變大移動到馬身上，馬因爲痛苦而抬起前腳，然後隨即倒下氣絕身亡。馬一死風也會隨之消失。淺井了意的小說集《伽婢子》中稱之爲「提馬風」，並說明此風出現於靜岡、愛知、岐阜等縣。

Taisai

太歲（たいさい）

太歲

傳說中住在地底的怪物。外型宛如紅色的肉塊，全身長滿數千顆眼睛。太歲原指木星，每12年繞行天空一週。怪物太歲則會配合木星運行的軌道在地底下移動。進行土木工程時也可能會挖到他，放著不管的話就可能會被詛咒而整族滅亡。若要避免慘事發生只有一發現立刻將土塡回，並中止土木工程才行。

Takiyashahime

滝夜叉姬（たきやしゃひめ）

瀧夜叉姬

由平將門140（Taira-no-Masakado）的三女如月尼（Nyogetsuni）變成的鬼女。平安時代中期將門被朝廷殺後，如月尼就帶著弟弟良門逃到東北地方。在該處學會蝦蟆仙人的妖術，每晚浸在水無野川的水中修行，百日後終於成爲瀧夜叉姬。瀧夜叉姬的目的是與弟弟良門一起爲父親報仇。她收了許多妖怪爲部下，並率領其他強力的武將展開復仇，但在過程中受源賴信（Minamoto-no-Yorinobu）襲擊，最後自殺身亡。

S
T

Taksaka　　　　　　　　　　印度

タクシャカ

陀剎迦

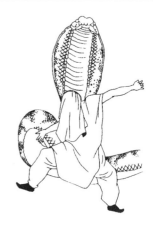

印度神話中的蛇神—那迦（Naga）族之王，同時也
是世上最早誕生的那迦之一。與其他那迦一樣具有蛇
的外型，並且留下了替某個聖人報仇的故事：某天，
有個修行中的聖人被俱盧族國王環住[141]（Parikshit）
羞辱。得知此事的聖人之子想對國王復仇而向陀剎迦
請願。陀剎迦接受他的請託，化成小蟲接近國王後突
然變回大蛇將他咬死。

Talos　　　　　　　　　　　希臘

タロス

塔羅斯

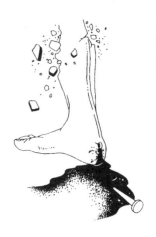

希臘神話中守護克里特島的青銅巨人。一日巡邏克里
特島三次，會拋石頭攻擊靠近的船隻。也能以高熱把
身體燒得赤紅後抱住敵人將之燙死。身體中有一條從
頭連到腳踵的血管，而腳踵上的青銅釘子則是血管的
終點。這根青銅釘的作用類似於水管的拴子，將之拔
出的話就會全身血液流出而死。

Tankororin　　　　　　　　日本

タンコロリン

柿子精

柿木之精（Sei），樣子為穿著僧服的巨漢，也念作
「Tantankorin」。每一株柿木上均宿有柿子精，一旦
柿子因為放著不管而腐爛的話就會現身。他在傍晚出
現，從家中有爛柿子的住宅庭院裡走出，朝大街上漫
步而去。柿子精的懷中放了許多柿子，在市區裡邊走
邊掉柿子。仙台市一帶常有人目擊此妖怪。

▶

Tanuki 日本

狸(たぬき)
狸貓

日本自古以來能變成人類或器物的動物。在《日本書紀》推古天皇的項目裡寫著「陸奧國中有貉化人吟歌」，當中的貉指的就是狸貓，由此可知人們從很久以前就認爲狸貓會變化了。比起以變化聞名的**狐狸（Kitsune）**，有一句成語說道「狐狸七變化，狸貓八變化」，可見狸貓的變化能力更勝狐狸。除了**一目小僧（Hitotsumekozou）**、**海坊主（Umibouzu）**、**大入道（Oonyuudou）**等妖怪，狸貓也能變化成茶壺或金幣等物體。

Tanukioshou 日本

狸和尚(たぬきおしょう)
狸和尚

變化成和尚的樣子到各地旅行的**狸貓（Tanuki）**。據說在靜岡縣伊東市某個歷史悠久的家族中，收藏了此狸的圖墨寶。過去有個號稱是建長寺和尚的旅行者來此借宿，並寫了一帖字作爲留宿的紀念。然而他有許多奇怪的行動令人十分在意，像是吃飯時把整個頭埋進飯鍋等等。不久後就傳來小田原城的城下有個和尚被狗咬死後變成老狸貓的消息，大家才知道他的眞面目。

Tarasque 法國

タラスクス
鱷龍

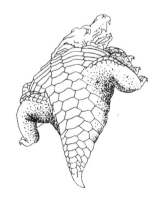

法國中部隆河（Rhône River）流域裡的**龍（Dragon）**。爲怪物**利維坦（Leviathan）**與驢子交配生下的怪物，形似鱷魚但非常巨大，能一口吞下人類。具有六足，身上覆滿如甲殼般堅硬的鱗片，口中有獠牙，且會吐出毒氣。凶猛異常，會射出包著火焰的糞便攻擊船隻或旅行者，讓附近的村民非常痛苦。在十三世紀於義大利出版的《黃金傳說》中，聖人阿爾塔捉到了這隻怪物，後來牠被村民用石頭丟死。

T

Tatarimokke 日本

タタリモッケ

崇梟

多見於東北地方的嬰靈。過去貧窮的農村常因糧食不足而把剛出生的嬰兒殺死。崇梟便是由這些死嬰的鬼魂所變成。鬼魂原本並無實體，是在森林中飄蕩時宿於貓頭鷹身上才變成崇梟。因此貓頭鷹呵呵的叫聲其實是嬰兒的哭聲。故曾死過小孩的家庭特別重視貓頭鷹。

Taxim 東歐

タキシム

塔克辛

東歐的一種活死人。據說抱著恨意而死的人類死後屍體會從墓中爬出，沒達到復仇的目的絕不罷休。因爲他們原本就是埋在土中的屍體，所以身體已經髒污腐爛並發出惡臭。由於他們不是被惡魔附身而是基於自身的怨恨，所以任何咒語對他們來說都沒有效果，一旦開始活動就只有等到復仇成功，憤怒之心平息了之後才會安息。

Teikou 中國

帝鴻（ていこう）

帝鴻

於中國神話中登場的一種怪物般的神。根據《山海經》的記載，帝鴻住在西方名爲英水的河川下游湯谷附近。外型像是長有六足四翼的黃色袋子，並散發出爐火似的紅光。沒有頭顱與眼睛，但是對歌舞知之甚詳。有人認爲帝鴻看似獸類，也有人認爲牠是神鳥。此外，也有說法表示牠是莫名其妙不知所謂的怪物——**渾沌（Konton）**的祖先。

Tenaga-ashinaga
手長足長（てながあしなが）
手長腳長

古代住在日本東北地方鳥海山上的巨人。手腳非常長，故以此名之。性格暴虐，常下山攻擊日本海上的船隻或襲擊村鎮吃人。當地的守護神大物忌神（Oomonoimi-no-Kami）得知他們的惡行後就派出靈鳥監視，若巨人出來搗亂就叫「有」，反之則喊「無」作爲警報。但巨人的惡行仍無收斂，最後大物忌神只好讓鳥海山噴發，使整座山陷入火海中，這才把巨人趕走。

Tenagadako
石距（てながだこ）
石距

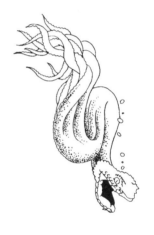

棲息於瀨戶內海沿岸的奇妙章魚。樣子雖然是普通章魚，但據說是由蛇變成的。《和漢三才圖會》中說明這是「蛇入海所變者」。而隨筆《甲子夜話》中亦提及此物，說明蛇入海後表皮被岩石刮裂，裂開的皮膚長出腳者即爲石距。另一種說法則表示2m以上的蛇入海後痛苦不堪，結果身體裂開，一變二，二變八，就這樣變成石距了。

Tengu
天狗（てんぐ）
天狗

一種住在日本各地深山幽谷中的妖怪，乃是魔界的統治者。臉紅鼻長，作山伏打扮，手持羽毛團扇，腳穿高腳木屐腰配大刀。在古代的認知中，天狗被認爲是隨著打雷從天摔落的狗，但在修驗道的影響下變成了山伏的樣子。據說天狗力量強大，能飛天或施展魔法，但弱點是害怕法力高強的僧人。同類中還有具神通的**大天狗（Daitengu）**和長了鳥嘴的**烏鴉天狗（Karasutengu）**等等。

T

Tenjouname　日本

天井なめ（てんじょうなめ）

舔天花板怪

夜晚無人時偷舔天花板造成污痕的妖怪。據說老房子天花板上的污痕就是這種妖怪幹的好事。鳥山石燕的畫集《畫圖百鬼徒然袋》中把他畫成人身獅子臉的模樣。或許是為了舔舐方便，他的舌頭長達50cm。據說群馬縣館林市內曾捉到過這隻妖怪，捉到後就罰他把天花板上的蜘蛛絲舔乾淨。

Tenjousagari　日本

天井下がり（てんじょうさがり）

倒吊鬼

夜晚突然倒吊在天花板上嚇人的妖怪。鳥山石燕的畫集《今昔畫圖續百鬼》中亦有記載。他的樣子與人類相近，不過全身長滿茸毛，鼻子似獅，身體細長，只見腰部以上的部分倒吊在天花板上而沒露出腳部。此外，倒吊鬼倒吊下來時臉部高度恰好與人臉齊高，且會伸出舌頭嚇人，見者莫不膽寒。

Tenka　日本

天火（てんか）

天火

隨著打雷從天落下的橙色火球。會單個或數個火球同時出現。從天降下後就會快速地在原野上移動，並入侵房子中。全世界都發生過類似的情形。日本很早就有相關的記載，江戶時代中期的《和漢三才圖會》中說明這是約20cm寬的火球，且會隨著打雷落到地面。掉落的火球在數分鐘內就會消失，不過剛落下時溫度很高，容易引起火災，故被視為災厄的象徵。

Tenkei 　　　中國
天鷄（てんけい）
天雞

世上所有雞類之王。傳說中，中國東南方的大洋上有
座稱爲度朔山的神山，那裡有棵從樹幹到枝枒距離長
達1200km的巨大桃樹。天雞住在那棵桃樹上，每當
太陽昇起陽光照到桃樹時就會鳴叫報時，這就是一天
之中最早的雞鳴聲。其他雞聽到天雞的鳴叫，就會一
個接著一個地鳴叫報時。

Tenko 　　　中國
天狐（てんこ）
天狐

中國和日本的傳說中位階最高的**狐狸（Ko）**。中國
人認爲狐狸修練五十年能化成女人，一百年能化成美
女，修練千年則能升天成爲天狐。而天狐的職責是侍
奉天帝，牠擁有絕佳的容貌，全身金毛，且有九條尾
巴。樣子雖與可怕的**九尾狐狸（Kyuubinokitsune）**
相同，不過天狐並不會加害於人。

Tennyo 　　　日本
天女（てんにょ）
天女

侍奉天界眾神的女性半神或精靈之總稱。印度神話中
的**阿布沙羅絲（Apsaras）**或北歐神話中的**瓦爾基麗
（Valkyrja）**均屬此類。日本也有許多天女的故事。
日本的天女乃是身穿羽衣的美麗女性，經常降到地上
入浴。但入浴時羽衣若被人偷走就會無法回到天上。
因此有許多男性偷走羽衣而與天女結婚的故事，但天
女後來找回羽衣回到天上的情形也很多。

T

Tenome　　日本

手の目(てのめ)

手眼怪

一種兩隻手掌上各長一眼的妖怪。臉上只有口鼻，沒
有眼睛。乃是由被騙而死的失明者**怨靈（Onryou）**
變成的妖怪，會靠著手掌上的眼睛尋找復仇的對象。
成書於江戶時代的《諸國百物語》中有則故事說道：
這種妖怪常以80歲左右的老人模樣出現在京都七條河
原的墳墓旁。傳說中曾有年輕人覺得有趣前去試膽，
結果被披頭散髮的手眼怪啃得連骨頭也不留。

Teratsutsuki　　日本

寺つつき(てらつつき)

啄寺鳥

外型類似啄木鳥的怪鳥，出現於聖德太子建立的四天
王寺或法隆寺，企圖以鳥喙啄壞寺廟的建築。或直接
稱爲「啄木鳥」（Keratsutsuki）。歷史上，聖德太子
曾與蘇我馬子（Soga-no-Umako）合力討伐貴族物部
守屋142（Mononobe-no-Moriya），守屋死後**怨靈**
（Onryou）化作啄寺鳥欲破壞太子建立的寺廟。根
據鐮倉時代的軍記物語《源平盛衰記》中的記載，太
子變成了老鷹，成功地把啄寺鳥趕出四天王寺。

The Arimaspians　　希臘

アリマスポイ人

北地獨眼人

流傳於古希臘人之間，居住於歐洲北方的一支獨眼巨
人族。據說該地盛產黃金，但怪鳥**鷹獅（Griffon）**
守護著金礦讓人類無法靠近。這些黃金後來之所以會
進入希臘，就是北地獨眼人與鷹獅戰鬥搶奪的結果。
西元前五世紀的希臘人希羅多德也在其著作《歷史》
中提到這支種族，不過他同時也表示他並不相信有這
種巨人存在。

The Blue Men　英國

ブルー・マン
藍人

出現於蘇格蘭與赫布里底群島（Hebrides）之間的明
奇（Minch）海峽上的魔物。樣子與人類相同。與日
本的**船幽靈**（**Funayuurei**）類似，每當有船隻經過就
會成群游來包圍船身。之後會強迫船員陪他們玩唱歌
遊戲，船員要是輸了就會攻擊船隻使之沉沒。有時也
會使沉船浮起來乘於上頭。有人認爲他們是一種墮天
使。

The Cauld Lad of Hilton　英國

ヒルトンのコールドラッド
希爾頓的妖精少年

英國諾森伯蘭郡希爾頓城中出現的妖精少年，特徵與
妖精**布勞尼**（**Brownie**）相近。據說是由過去被城主
殺死的馬廄少年的幽靈所變成。與布勞尼一樣會在夜
晚幫忙完成廚房與房間的打掃工作。也喜歡惡作劇，
有時會把整理好的地方弄得一團糟。僕人們若是覺得
可怕就會贈送他一條披風與連帽長袍，之後他就不會
再出現了。

The Cretan Bull　希臘

クレタの雄牛（クレタのおうし）
克里特的公牛

希臘神話中克里特島上的凶暴
公牛。據說島的統治者米諾斯
（Minos）在成爲國王之前，
兄弟間曾爭奪王位。米諾斯主
張自己才是正統的繼承者，證

據就是自己能行奇蹟。於是他向海神波賽頓祈禱，求祂讓公牛現身於海上，若出
現便將之獻給神。結果公牛出現了，米諾斯卻沒有遵守諾言將公牛收爲己有。海
神震怒，讓凶暴的公牛大鬧一場。

T

The Elymanthian Boar　希臘

エリュマントスの猪（エリュマントスのいのしし）

厄律曼托斯山的野豬

希臘神話中的凶暴野豬，乃是女神阿蒂密絲（Artemis）派到地上的巨獸。野豬在厄律曼托斯山住了下來，並常到附近的田裡破壞。過去阿蒂密絲也曾派另一頭野豬到卡利敦作亂，當時是在二十個英雄奮力合作之下才成功打倒牠[143]。厄律曼托斯的野豬是隻與之相當的猛獸，當地的農民對牠可說是一籌莫展。最後是英雄赫拉克勒斯前來追捕，才總算捉到牠。

The Nemean Lion　希臘

ネメアのライオン

涅墨亞的獅子

希臘神話中住在涅墨亞山谷中的獅子。爲怪物**雙頭犬（Orthrus）**與**艾奇德娜（Echidna）**的孩子，乃是不死之身。即使英雄赫拉克勒斯以阿波羅神送的弓箭攻擊，或者是使用棍棒類的武器都沒有效果。最後赫拉克勒斯是以空手勒住牠的脖子才總算將牠打倒。之後赫拉克勒斯身上便披著這頭獅子的皮當作衣服。而主神宙斯則是爲了紀念這場戰鬥而將牠升上天變成星座，這就是獅子座的由來。

The Snake with seven heads (Mushmahhu)　伊拉克

ムシュマッヘー

穆許瑪赫

古巴比倫創世神話《埃努瑪・埃利什》中登場的怪物。日文中常稱之爲「七頭大蛇」，如名所示，穆許瑪赫有七個頭。牠乃是原始母神，同時也是蛇怪**蒂雅瑪特（Tiamat）**爲了與主神馬爾杜克戰鬥所生的十一匹怪獸之一。牙齒銳利，性格非常殘酷，身上流的不是血液而是毒液。不過在實際戰鬥中並未有所發揮，蒂雅瑪特敗北後就立刻被馬爾度克捉走了。

The Theban Dragon

希臘

テーバイの龍（テーバイのドラゴン）

底比斯之龍

希臘神話中的巨龍（Dragon），守護著底比斯阿利
茲（Ares）泉水不讓任何人靠近。乃是戰神阿利茲的
後裔。樣子像蛇，全身覆滿金黃色鱗片，並不斷流出
毒液。據說英雄卡德摩斯來此地時，隨行的部下因為
前去汲水而被龍所殺。卡德摩斯因此親手打倒了巨
龍，取出龍牙撒在地上，結果龍牙就像種子一般長出
稱為**史巴托（Spartoi）**的戰士。

Thog

美國

トグ

塗格

於美國作家霍華[147]（Robert
E. Howard）的小說《逼近的
暗影》（The Slithering
Shadow）中登場的一種近似
軟泥怪（Slime）的怪物。頭

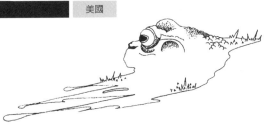

部類似蟾蜍，身體則像果凍般可以自由伸縮，觸手上帶有毒刺。平常躲在地底休
息，空腹時則到地面上獵捕人類為食。能附在地面或牆壁上移動，看起來就像黑
影或髒污，因此難以察覺牠的存在。生氣時全身會發出光芒。原本是太古時代的
神。

Thoth

埃及

トト

透特

埃及的人身朱鷺頭神。有時也被描繪成狒狒的樣子。
身為智慧之神的透特在神界中擔任書記之職，同時祂
也是古埃及的城市——大赫爾莫波利斯城
（Hermopolis Magna）的最高神。當冥神奧塞利斯的
法庭使用「拉的天秤」測量死者心臟的重量時，透特
就站在天秤旁以葦桿筆在草紙上記錄，並將數據交給
奧賽利斯過目，作為死者能否上天國的依據。

T

Thunderbird

サンダーバード

雷鳥

北美原住民神話中的怪鳥。住在高空中，外型似鷹，身形無比巨大。鳴叫振翅即成雷聲，眼睛放出光芒即成閃電。出現在許多部落的神話中，或說牠背上背著整片湖泊，也有說法表示牠能口吞整條鯨魚。在提諾克印地安人的神話裡，人類皆生於雷鳥之卵，而火山則是雷鳥在山上點火形成的。

Tiamat

ティアマト

蒂雅瑪特

於古巴比倫神話中登場的原始之神，上半身爲女性，下半身是蛇。體形非常巨大，率領著自己創造出的十一隻怪物與主神馬爾杜克作戰。馬爾杜克在這場戰鬥中獲得勝利，將蒂雅瑪特的身體撕成兩半，結果袖一半的身體變成了天空，另一半變成了大地。她的乳房變成山脈，山脈旁湧出泉水，而雙眼流出的淚則水形成了底格里斯河（Tigris）與幼發拉底河（Euphrates）。

Titans

ティタン

泰坦神族

希臘神話中在世界創始之初統治整個世界的神族，或說是巨人族。祂們是烏拉諾斯（天）與該婭（地）之子，男神女神各有六人145。男神稱爲「Titan」，女神稱爲「Titanis」。12神中最年幼的克洛諾斯後來成爲宇宙的統治者，但在與以自己孩子宙斯爲首的神族戰鬥中敗北身亡，而其他泰坦神們也被送入地獄幽禁。

Tochishin 　　　　　　　　　　中國
土地神（とちしん）
土地公

管轄村鎮的神明。管轄具有城牆之大型市鎮的土地公
則稱為城隍爺。城隍爺的位格比土地公高，身上穿著
古代的官服，而普通的土地公則是作一般老人打扮。
土地公或城隍爺可說是冥界的地方行政官，負責管理
各地的孤魂野鬼，或是像**閻羅王（Enraou）**般裁決
村鎮民死後該上天國還是地獄。

Tomokazuki 　　　　　　　　　　日本
共潛き（ともかずき）
共潛怪

日本三重縣志摩地方海域的不祥妖怪。每當海女於陰
天獨自下海捕魚時就會出現：往上浮時四周明明沒有
別的漁船，但一潛入海中就會感覺到身旁有人。志摩
的海女們頭上會綁著避邪的頭巾，而共潛怪的頭巾則
有一端特別長，因此一看就能分辨。有時共潛怪會邀
請海女一起潛入更深處捕魚。但遇到他的人通常會立
刻停止捕魚，且在這兩、三天內暫時不出海。

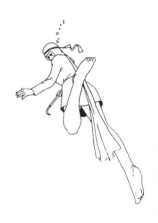

Tooriakuma 　　　　　　　　　　日本
通り惡魔（とおりあくま）
上身魔

突然附身在人身上使人發瘋而犯下罪行的妖怪。妖怪
離開後被附身者就會恢復神智，不過不會有犯罪時的
記憶。江戶時代常有相關的傳說，根據《世事百談》
的記載，某個武士鄰居家的主人發狂拿著刀子亂揮，
但在他發狂之前，武士曾看到疑似是上身魔的妖怪身
穿白色襯衣、手持長槍、披頭散髮地從鄰家飛奔而
出，且立刻消失無蹤。

Toshidon 日本
トシドン
歲老爺

一種出現於日本鹿兒島縣的妖怪。外型為白髮長鼻的老人，於每年除夕夜騎著無頭馬到家家戶戶拜訪。歲老爺的歲乃是年紀的意思，歲老爺拜訪過的地方每個人都會增添一歲。另外歲老爺一聽到哪家的孩子不聽話就一定會懲罰他們。離開時會留下稱作歲餅的糕餅代替壓歲錢。

Toubyou 日本
トウビョウ
土瓶蛇

中國地方[146]與四國地方以蛇靈培養成的附身怪。也念作「Tonbe」或「Tonbo」。長約20cm，粗細與鉛筆相當。除了腹部為淡黃色以外，其餘部分呈現黑色，脖子上有一圈黃色帶狀斑紋。被土瓶蛇附身的家庭稱為「土瓶入住」，除了能使該戶人家變得富有以外，土瓶蛇也會意會到主人的心情，附到主人厭惡的人身上作祟。被附身者會全身紅腫，腹痛如針刺。

Toufukozou 日本
豆腐小僧(とうふこぞう)
豆腐小僧

雨天時端著豆腐出現的妖怪。外型為頭戴大斗笠的光頭孩童，手端著盛有豆腐的盆子，於陰雨綿綿的竹林裡現身。豆腐小僧一出現就會先探頭看看附近，若有行人通過就會立刻靠近，端著豆腐拜託行人吃一口。如接受拜託而吃下豆腐，就會得到全身長黴菌的怪病而痛苦不已。

▶

Touju 中國

倒壽（とうじゅ）

倒壽

根據成書於南北朝的《神異經》[147]的記載，倒壽為棲息於中國西方邊境的怪物。虎身人面，全身覆滿60cm長的長毛，口中有3m長的獠牙。幾乎與住在同一地區的怪物檮杌（**Toukotsu**）一模一樣。戰鬥一旦展開就不會認輸，會戰到死亡為止。不過倒壽似乎比較聰明，能看穿人製作的陷阱，因此難以捕捉到牠。

Toukotsu 中國

檮杌（とうこつ）

檮杌

於中國神話中帝堯的時代住在西方之怪物。具有人的面孔和老虎的身體與四肢，不過體形比老虎還要大。全身覆滿長約40cm的毛，口中長了山豬的獠牙，尾長5m以上。檮杌乃是古代帝王顓頊之子，但凶頑逞惡，不知進退，一戰鬥就會戰到死亡。因為牠完全不理會別人的教訓，故別名「難訓」（難以教誨之意）。

Tourouki 中國

刀勞鬼（とうろうき）

刀勞鬼

江西山中的**疫鬼**（**Ekiki**）。根據四世紀干寶所著的《搜神記》中的記載，刀勞鬼只出現在狂風暴雨的日子，並發出吼聲向人吹出毒氣。被吹到者身體會變得腫漲而痛苦不已，快則半日慢則一天，毒性會蔓延至全身而死。雖然不清楚其外型為何，但似乎有男女之分，男刀勞鬼之毒蔓延較快。被刀勞鬼毒氣噴到者若不立刻就醫就必死無疑。

T

饕餮（とうてつ）
饕餮

中國神話中有四種爲人所恐懼的怪物稱作**四凶**
（**Shikyou**），饕餮就是其中之一。牠具有人頭羊
身，口中有虎齒，全身長滿長毛。乃是生長於西南方
荒野上的野蠻怪物，食欲非常旺盛，什麼都吃，不從
事勞動而直接向人奪取。而且性格惡劣，欺善怕惡。
爲古代帝王縉雲氏的子孫，因作惡多端而被舜流放到
西方。

トリトン
屈東

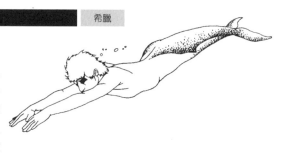

希臘神話中的海神。上半身爲
人，下半身爲蛇。或說下半身
爲海豚的尾鰭。父親乃是海神
波賽頓。和父親一樣使用三叉
戟，一同住在海底的黃金宮殿
中。能藉由吹響法螺來控制海水，並常使用這種特殊能力來幫助人。神話中屈東
曾在一場淹沒全希臘的大洪水中吹起法螺使海水平息，而使丟卡力翁[148]
（Deucalion）夫婦獲救。

トロル
食人妖

斯堪地那維亞半島諸國傳說中的巨人族。據說他們是
北歐神話中**霜巨人**（**Jotunn**）的後裔。出現在人們安
睡的白夜（white night）夜裡，在村子裡徘徊。雖說是
巨人，但其實更接近妖怪，每當食人妖靠近家畜身旁
時，就會使牠們受到嚴重的驚嚇，導致母牛乳汁分泌量
減少、母鳥不再產卵等後果。由於他們總是在黑暗的影
子中現身，因此樣子並不是很明確，只知他們有手腳與
頭部。在歐洲其他國家的傳說中則是一種醜陋的侏儒。

Tsuchigumo 日本

土蜘蛛(つちぐも)

土蜘蛛

平安時代奈良縣葛城山上的巨大蜘蛛。頭大身體小且手腳修長。原本是古代反抗大和朝廷而被神武天皇討伐的民族。據說他們死後的**怨靈（Onryou）**變成了妖怪，化身爲葛城山上的蜘蛛。此蜘蛛有次變成法師的樣子拜訪武士源賴光的宅第，噴出絲線欲將他殺死。賴光於是率領家臣一路追到葛城山，最後打倒了變回巨大蜘蛛原形的妖怪。

Tsuchinoko 日本

槌の子(つちのこ)

槌之子

昭和40年代（1966～1976年）於日本造成話題的蛇怪。體長約30cm～1m，身體直徑約10cm，腹部平坦，宛如啤酒瓶上長了三角形的頭部與細小的尾巴，形狀非常奇特，有段時間曾多次在日本各地被發現而成爲話題。目擊者表示槌之子平坦的腹部能充當翅膀從樹上滑翔而降，或說牠將身體蜷成一圈在地上滾動，甚至說牠能在水中游泳。雖曾大規模搜捕但從未抓到過。

Tsukihimokozou 日本

付紐小僧(つきひもこぞう)

腰帶小僧

長野縣內一種與**洗豆怪（Azukiarai）**關係密切的妖怪。他會出現在洗豆怪出沒的地點附近，解開身上的和服腰帶孤單地走在傍晚的路上。若有人見到他服裝不整的樣子想幫他繫上腰帶，就會在不知不覺中被腰帶小僧所騙，跟著他走了整晚的路。等到發覺時已經天亮了。

T

Tsukumogami　日本
付喪神（つくもがみ）
付喪神

精靈附在經年累月的老舊器物上變成的妖怪。日文漢字也寫作「九十九髮」，乃白髮的意思。日本人認為任何器物只要年代久遠就能獲得變身的能力而變成付喪神。因此付喪神的數量可說多得數不清。大半的付喪神就像**破傘怪（Karakasa）**一樣，擁有眼、鼻、口、手腳等等。有些也能變成人體的一部分，例如在某則故事中被捨棄的杓子變成了手向人討栗子。

Tsunemotomushi　日本
常元虫（つねもとむし）
常元蟲

由名為南蛇井常元（Nadane Tsunemoto）的武士之**怨靈（Onryou）**變化而成的蟲群。常元為十六世紀後半的武士，常趁亂打劫別人的財物。後來被人逮捕，綁在自家門口的柿木上砍頭而死，並將遺體埋在樹下。次年從柿木根部長出大量宛如雙手被綁在背後的人形蟲。村民認為這是常元的怨靈作祟而以之命名。

Tsuraraonna　日本
つらら女（つららおんな）
冰柱女

出現於日本秋田縣的妖怪，由冬天凝結在屋頂上的冰柱變成的**精（Sei）**。和**雪女（Yukionna）**一樣皮膚雪白，非常美麗。會在下大雪的夜裡前來求宿一晚，若因天寒而勸她入浴則會溶化。溶化後就會變回冰柱凝結在天花板上。此外，冰柱女也會與人類男性結婚，但當春天來臨冰柱溶化時冰柱女就會消失而去，然後在冬天來臨時現身。

Tsurubebi 　　　　　　　　　　　　　　日本

釣瓶火（つるべび）

吊桶火

與**吊桶怪**（**Tsurubeotoshi**）一樣突然從樹上垂吊下
來忽上忽下移動的怪火。出現在夜晚人煙稀少處的大
樹上，看起來就像是幾顆青白色的球體。因與吊桶怪
很類似所以稱為吊桶火。江戶時代的《今昔百物語評
判》中解說道，吊桶火乃是大樹之**精（Sei）**，只出
現在年代久遠充滿精氣的樹木上，一般精氣不足的年
輕樹木上是看不到的。

Tsurubeotoshi 　　　　　　　　　　　　日本

釣瓶落し（つるべおとし）

吊桶怪

躲在人煙稀少處的樹上之妖怪。一旦有人從樹底下通
過，就會突然把井中汲水用的桶子丟到行人頭上嚇
人。而且不只是丟桶子，還會上下拉動，有時甚至會
把行人釣上去。關於他的外型，或說是顆人頭，或說
像吊桶一樣，也有說法表示他長得像一顆球。據說京
都龜岡市的吊桶怪是顆人頭，會從樹上垂吊下來，上
上下下地移動，同時說著：「晚上的工作做完了嗎？
要不要來吊吊桶？」

Typhon 　　　　　　　　　　　　　　　希臘

テュポン

泰風

希臘神話中最巨大的怪物，亦稱作「Typhoeus」。頭
到腿部是人類男性，雙腿以下則是巨大的蛇。身長高
達天上的星辰，張開雙臂可觸及東西兩極，手腕由
100條蛇組成。眼與口能噴出火來，力量強大，能舉
起山脈。敗給主神宙斯之後被囚禁在山底，這座山就
是現今義大利的埃特納火山。

Ubagabi　　日本

姥ヶ火（うばがび）

姥火

鬼火的一種，外型爲一顆正在吐火的老婦頭顱，據說
是由貪心的婦人死後變成的。最有名的例子爲井原西
鶴的《西鶴諸國故事》中「捨身爲油瓶」[149]的姥
火。在故事中，河內國（大阪府）內有一名老婦爲了
偷枚岡明神（Hiraokamyoujin）神社的燈油而死，並
在死後變成姥火。她的行動速度極快，瞬間能飛過一
里（約4km），而且被她飛過肩膀的人都活不過三
年。不過只要對她大喊「注油漏斗」[150]就會逃走。

Ubu　　日本

ウブ

嬰靈蜘蛛

出沒於新潟縣佐渡島的嬰靈。若半夜走在無人的路
上，聽到某處傳來了嬰兒號哭聲，回頭一看，就會看
到一隻巨大的蜘蛛邊哭邊追著人跑。不想被抓到的
話，只要脫下草鞋過肩一拋，大喊「這才是你媽」，
蜘蛛就會消失。據說嬰靈蜘蛛是由被拋棄的不幸嬰兒
變成的妖怪，遇上牠如果沒有依照前述的方法就可能
會被殺死。

Ubume　　日本

産女（うぶめ）

產女

抱著剛出生的嬰兒出現在路旁的女妖，逢人就拜託人
幫忙抱孩子。一般認爲是由在生產過程中去世的孕婦
變成的，下半身通常帶著血跡。另外也有人認爲可能
是橋上女妖橋姬（Hashihime）抱著嬰兒化成的。一
旦接受她的要求抱住嬰兒就會感到嬰兒越來越重，若
能承受住重量，產女就能獲得超渡。有些故事中的嬰
兒會在不知不覺間變成樹葉。

Ubumedori
日本

姑獲鳥（うぶめどり）

姑獲鳥

與抱著嬰兒現身的妖怪——**產女（Ubume）**為同一存在。此稱呼是起於江戶時代，漢字寫成「姑獲鳥」，日文則念作「Ubume」或「Ubumedori」。姑獲鳥是一種貌似蒼鷺的怪鳥，全身包覆著藍白色火焰在空中飛翔，降落地面之後就會變成女性的樣子，也就是產女。當牠以女性的姿態出現時，就會要求路過者幫忙抱嬰兒。當名字念作「Kokakuchou」時則是指另一種中國妖怪，可能是中國的姑獲鳥在傳入日本後與當地的妖怪產女混淆的緣故。

Ukobach
歐洲

ウコバク

烏可巴客

負責在地獄的火爐裡添油保持火焰燃燒的惡魔。現身在地上時全身包覆著火焰，在地獄裡的身分並不高。十九世紀的法國人普朗西在《地獄辭典》中將他描繪成大頭尖耳，長了細長尖尾的姿態。此外，《地獄辭典》中將他的職責描繪成搬運虐待地獄亡魂用的煤炭。插圖中的烏可巴客正手持鏟子搬運火熱的煤炭。

Ullikummi
土耳其

ウルリクムミ

烏利庫梅

在古代西台人的庫瑪爾比[151]（Kumarbi）神話中登場的石巨人。烏利庫梅像植物一般從海巨人烏貝盧里（Ubelluri）的肩膀上長出來，並且不斷成長，不久後就高達9000丹納（約96300km），直逼天上眾神的居所。然而，烏利庫梅卻不像植物那樣安靜，他每天都到陸地上破壞城市，甚至向眾神挑戰。力大無比的他，連70位神聯手都莫可奈何。最後眾神把烏利庫梅與烏貝盧里連結的腳跟處斬斷後，才將之擊斃。

U

Umibouzu 　　日本
海坊主（うみぼうず）
海坊主

世界各地的海域均有類似的怪物出沒，被日本人歸類爲妖怪。大部分的傳說都將海坊主描述成一個會將船隻吞下肚或使之翻覆的禿頭巨人。但由於他的體形過於巨大，所以通常只能看到其身體的一部分，即使如此，露出的部分還是長達數公尺至數十公尺。日本各地海域都有海坊主的傳說，據說不幸遇見他時只要把船上最重要的貨物拋入海裡就能得救。在岩手縣的傳說中，有個變成美女的海坊主誘惑人下海游水嬉戲，但一下水就把人吞進腹中。

Umikozou 　　日本
海小僧（うみこぞう）
海小僧

住在靜岡縣海域的**河童（Kappa）**，外型爲髮長及眼的少年。通常躲在海底，不會出現在人面前。除非釣客拋入的釣線恰好垂到他身旁，此時他才會拉著釣線浮上海面，並對釣客微笑。靜岡縣的海域除了海小僧以外還有**浪小僧（Namikozou）**，他是一種小若拇指的海浪精靈，與海小僧並無關連。

Uminyoubou 　　日本
海女房152（うみにょうぼう）
海女

外貌與一般人無異的女妖，只是她全身覆滿鱗片、指間長有蹼。別名「海夫人」。出沒於日本周邊的海域，通曉人語，亦能在陸地上生活。在岩手縣流傳著一個傳說：當漁夫出海捕魚久久未歸，妻子們在家苦苦等候時，海女會突然帶著包袱現身，打開包袱一看，裡頭裝的是溺死丈夫的頭顱。妻子們往往會因為過度震驚而跳海自殺，後來這些女性也都成了海女。

Umioshou

日本

海和尚（うみおしょう）

海和尚

海中的妖怪，跟**海坊主**（**Umi-
bouzu**）是同類。《和漢三才
圖會》中稱之爲「和尚魚」。
外型爲鱉身人頭，頭頂光禿，
全身赤紅，體形大者身長達

1.5m～1.8m。在海上遇到海和尚是不吉祥的事，因此漁夫們捕捉到的話就會立刻
將之殺死。海和尚遇到這種情形時會雙手闔攏流淚求饒。福井縣若狹灣一帶的漁
民因爲怕他作祟，所以捉到時就會請他喝酒，然後放回海中。

Umizatou

日本

海座頭153（うみざとう）

海盲客

出沒於三陸沖海域的妖怪，與**海坊主**同類。鳥山石燕
的《畫圖百鬼夜行》將他畫成手持枴杖、背著琵琶的
失明僧侶。不過在民間傳說中則是一個巨人，常步行
於月落之際的海上。與海坊主一樣，會嚇唬漁夫或翻
倒船隻。然而不知爲何，海座頭出現的時間都恰巧與
海坊主錯開，等海坊主消失之後才會現身。遇到海盲
客時，只要老實回答所詢問的問題他就會消失。

Undead

歐洲

アンデッド

不死魔物

諸如歐洲的**吸血鬼**（**Vampire**）和吸血屍（Nach-
zehrer）、海地的**僵屍**（Kyoushi）、阿拉伯的**食屍魔**
（**Ghul**）等會再度甦醒的屍體之總稱。這種怪物有
些本來就是魔物，不過大部分是因爲特別的精靈入侵
屍體、或透過魔術喚醒才再度復活。也有些是還沒死
就被埋入墳墓裡，入葬後醒來卻被當成是死後復活。
這些怪物通常擁有可怕的外型，會攻擊活人將之吞噬。

U

Undine

ウンディーネ

水精

歐洲棲息於河川泉水旁的仙子。乃是十六世紀瑞士化學家帕拉塞爾蘇斯構想出的象徵四大元素中的水之精靈。外型爲美麗的少女，常與人類相戀。水精原本爲沒有魂魄的精靈，但與人類相戀生下孩子後就能獲得靈魂。然而，與水精結婚的人類若在河川等地附近責罵她，她就不得不與愛人分離回到水裡。

Ungaikyou

雲外鏡（うんがいきょう）

雲外鏡

屬於**付喪神（Tsukumogami）**的一種，是由歷經百年的古鏡化成的妖怪，會在鏡面上映出妖怪的臉孔。根據鳥山石燕的《畫圖百鬼徒然袋》中的描述，雲外鏡是一種會在圓形的大鏡子中浮現野獸般猙獰面貌吐舌嚇人的妖怪。另外石燕也推測某些被認爲是照妖鏡的鏡子很有可能就是雲外鏡。

Ungoliant

ウンゴリアント

昂哥立安

英國作家托爾金的作品《魔戒》中的蜘蛛怪。在太陽月亮都還未出現的遠古時代就已存在。牠是黑暗的化身，總是渴求著光明，會把周遭的光亮吞噬殆盡。等到連一片光亮都不剩時，就與黑暗國度的統治者**魔苟斯（Morgoth）**一起攻擊神國，吞食會綻放光芒的兩株神樹。然而昂哥立安的飢餓感未因此而消失，連魔苟斯的寶物都被他吃進肚子裡，最後被魔苟斯流放到極北之地。

Ungur

澳洲

ウングル

溫格爾

澳洲原住民部落神話中的**虹蛇（Rainbow Serpents）**。在世上還是一片汪洋的遠古時代誕生於海底泥濘之中。牠不斷丟擲回力棒（Boomerang）捲起泡沫，並從這些泡沫中創造出陸地。溫格爾是世上所有精靈之母，所有精靈均從牠的卵中誕生。而世上的一切又是由這些精靈手中創出，所以溫格爾可說是世上一切事物的根源。

Unicorn

歐洲

ユニコーン

獨角獸

具有馬的外型，額頭上長了一根角的俊美怪獸。日文常譯作「一角獸」。外表看起來雖然是夢幻而優美的駿馬，但在中世紀歐洲的民間故事中卻常被描寫成殘酷的猛獸。擅長咬人或用腳把人踢飛，額頭上的角如刀劍般銳利，能貫穿整頭大象。根據老普林尼的敘述，獨角獸頭似雄鹿，軀體與馬相近，具有象腳豬尾，且角長約1m左右。

Unseelie Court

英國

アンシーリーコート

邪妖精

居住於蘇格蘭一帶的邪惡妖精。包含**亞歷布朗（Yallery Brown）**、邪矮人（Duergar）、小鳥史達林等各式各樣的小妖精。個性扭曲，不管別人對他們多親切都不會報恩。在某則故事中，某個亞歷布朗被關在瓶子裡，一名親切的男子救了他；他謊稱要報答男子，卻反過來設計陷阱作弄他，男子最後以悲慘的命運收場。

U

Ura 日本

溫羅（うら）

溫羅

與日本岡山縣吉備津神社的釜鳴神事（以水滾時鍋子發出的聲響占卜吉凶的儀式）關係密切的**鬼（Oni）**。身高4m，頭上有顆像角一般突起的瘤，血盆大口裂至耳朵，齒尖如鋸，口能噴火。住在總社新山，善於使妖術作惡，朝廷因此派遣吉備津彥命（Kibitsu Hiko no Mikoto）前往平定。雙方你來我往，分別變身成河馬、鯉魚、鵜鳥等動物展開激戰。戰敗被殺的溫羅頭顱被埋在吉備津神社的鍋爐下，死後仍吼叫個不停，而釜鳴神事的舉行正是爲了平息他的怒氣。

Ushikatayamanba 日本

牛方山姥（うしかたやまんば）

牛方[154]山姥

山姥（Yamanba）的一種，會攻擊牽著牛同行的商人。外型是衣衫破爛的老太婆，常躲在山間的道路附近，只要有商人打扮的人經過就會靠近討魚吃，如果商人好心地給了一條，她就會一口吞下，然後繼續索討。整箱魚都吃光了以後，就會連搬運行李的牛一併吃掉。日本傳說中的山神喜歡吃虎頭魚，牛方山姥也跟這些山神一樣，一吃就停不下來。

Ushimajimun 日本

牛マジムン（うしまじむん）

牛魔怪

沖繩縣傳說中的牛形怪物。沖繩縣內有很多動物形**魔怪（Majimun）**的故事，特別是從搬運棺材用的棺轎變化而來的牛怪故事。在某則故事中，有一名力大無窮的男子碰上了牛怪，一陣纏鬥後折斷牛角獲得勝利，男子高興地帶著牛角回家一看，發現牛角竟然變成了棺轎上鳥形裝飾的一角。

Ushirogami

後神(うしろがみ)

後神

一種會躲在背後偷拉人頭髮的膽小神155
（Okubyougami）。會先讓人以為她就在面前，然後
溜到背後偷拉人頭髮。性格十分討人厭，一開始會在
一旁鼓吹人蠻幹，但是到了緊要關頭時又會施法讓人
害怕退縮。也有人說她並沒有拉人頭髮，而是用火熱
或冰冷之物貼在人的脖子上嚇人。鳥山石燕的畫集
《今昔百鬼拾遺》將後神畫成頭頂有隻眼睛的女幽
靈。

Utukku

ウトゥック

烏圖庫

古代蘇美、巴比倫的精靈。整體外型與人類相似，但
卻長了牛首與雙翼。分成善惡兩種，善的烏圖庫被稱
作**拉瑪蘇（Lamassu）**，為神與人之間溝通的橋梁和
人類的守護神。惡的烏圖庫則稱作**埃提姆**
（Edimmu），會帶給人疾病與死亡，在某些神話中
與吸血鬼非常類似。另外，**迦剌（Gallas）**與**那姆塔**
（Namtar）等邪靈也是埃提姆的一種。這些邪靈平
常棲息於冥界，偶爾會出現在地上。

Uwâguwâmajimun

ウワーグワーマジムン

豬魔怪

化身成豬形的**魔怪（Maji-
mun）**，外型與普通豬隻別無
二致但是沒有影子。走在夜晚
的路上時，豬怪會從意想不到
的地方衝出來穿過人的跨下。

被牠穿過的話，魂魄就會被奪走而陷入昏迷，嚴重者甚至會死亡。有時也會在夜
晚幻化成人形出現在男女齊聚嬉戲的場所。沖繩有句「兀汪達・古衰塔」的咒
語，只要一念此咒，那些化成人形的魔怪就會落荒而逃。

Valefor 歐洲

ヴァレフォル
華利弗

傳說中所羅門王撰寫的魔法書《雷蒙蓋頓》中列舉的
72名惡魔之一，亦稱爲「瑪列法爾」（Malephar）。
大致擁有獅子的外型，不過有時候也會以獅身驢頭的
模樣出現。通曉魔法靈藥的製作方法，也能讓人類變
成動物，會對召喚他的巫師傾囊相授。不過因爲他長
得像小偷，又與盜賊之間有很深的關連，所以人們對
他的評價很差。

Valkyrja 北歐

ワルキューレ
瓦爾基麗

在北歐神話中侍奉主神奧丁的**天女**（Tennyo）。亦
拼作「Valkyrie」。外型爲美麗的女性，身穿甲冑騎
著馬，於戰場中尋找優秀的英雄並賦予其必死的任
務。這些被選出的戰死英雄們被稱作英靈
（einherjar），他們會被送到神國中成爲奧丁底下的
戰士。瓦爾基麗們則會表演歌舞來迎接英靈們。

Vampire 歐洲

ヴァンパイヤ
吸血鬼

由墳墓中的人類屍體復活後變
成的吸血怪物。據說是以東歐
諸國爲中心流傳到歐洲各地。
外表與人類無異的德古拉伯爵
亦屬此類。但吸血鬼在早期傳
說中就如屍體般醜陋。他們臉色赤黑，吸了血後會全身浮腫，白天躲在墳墓裡，
晚上才出來活動。被吸過血的人也會變成同類。此外，吸血鬼害怕十字架與大
蒜，要用木椿敲入其心臟才能打倒他們；能隱身或變形，但無法瞞過動物。

Vannik

ヴァンニク

凡尼克

躲在俄國蒸汽浴室裡的妖精。外型與人類相近，不過
多半在蒸汽瀰漫的情況下出現，因此不確定他切確的
樣子。爲守護浴室與浴槽的精靈，人類離開浴室時，
若把門打開方便他們進出，凡尼克就會帶著許多精靈
來此入浴。這是與凡尼克友好的祕訣，但切記別爲了
看妖精而擅自把門打開。

Vassago

ヴァッサゴ

瓦沙克

傳說中所羅門王撰寫的魔法書《雷蒙蓋頓》中列舉的
72名惡魔之一。外型爲瘦到只剩皮包骨的老人，出現
時乘著巨鱷，身旁有一鳥。兩眼雖盲，卻通曉過去現
在和未來的事，同時也對淫亂的惡行或女性的祕密知
之甚詳。只要召喚者發問，就會仔細地說明。雖不算
什麼重要的惡魔，不過仍有許多求知欲旺盛的巫師會
召喚他。

Vāsuki

ヴァースキ

婆蘇吉

印度神話中的蛇神——**那迦（Naga）**族之王。在早
期印度教中佔有重要的地位，尤其是在「攪乳海」神
話156中。在眾神的權力尚未確定的時期，眾神爲了
取得長生不老的神聖飲品——甘露（Amrita），而與
阿修羅（Asura）們合作。眾神拔起巨大的曼陀羅
（Mandara）山置於海中的巨龜上並以婆蘇吉纏住高
山，然後與阿修羅各執一端前後拉扯攪拌乳海，甘露
於爲完成。

V

Vepar 歐洲
ヴェパル
威沛

傳說中所羅門王撰寫的魔法書《雷蒙蓋頓》中列舉的
72名惡魔之一,位居地獄侯爵,統領29個軍團。擁有
人魚（Ningyo）的外型,也能夠變成人,但是變成人
之後手指腳趾間仍留有蹼。乃是海洋的守護者,能操
縱海浪造成風暴使船隻沉沒,也能創造出幻影或海市
蜃樓。此外,威沛也能讓小傷口惡化腐爛,使人在三
天內死亡。

Vine 歐洲
ヴィネ
拜恩

傳說中所羅門王撰寫的魔法書《雷蒙蓋頓》中列舉的
72名惡魔之一,擁有獅子的外型,現身時騎乘黑馬手
持毒蛇。能為召喚者建立雄偉的堡壘,一聲令下就能
夠呼風喚雨招雷,輕而易舉地破壞對手的建築物。不
僅知悉過去現在未來的一切事務及祕密,還是唯一能
告訴召喚者其他巫師或女巫刻意隱藏的真正名字的惡
魔。

Vishnu 印度
ヴィシュヌ
毗濕奴

與濕婆神並列為印度教的最高神,走三步就能跨越全
宇宙。祂的形象通常是四隻手臂分別執法螺、圓盤、
棍棒、蓮花,乘於神鳥**迦樓陀（Garuda）**之上。在
宇宙肇始之際躺在千首龍**阿難陀（Ananta）**身上沉
睡,一覺醒來就從肚臍上長出一朵蓮花,並從花中生
出創造神婆羅門,然後又從額頭中生出破壞神濕婆。
每當世上陷入混亂,就會派遣祂的化身降世。

Vivian

ヴィヴィアン
薇薇安

在中世紀歐洲的亞瑟王傳說中登場的美麗女妖精。為騎士蘭斯洛的守護精靈，別名「湖上夫人」。所居住的宅第位於法國一座海市蜃樓般的無水之湖中，底下有眾多騎士和僕人服侍她。她有次在無意間見到年幼的蘭斯洛被遺棄在湖岸邊，便將他帶回並養育成一位了不起的騎士。她同時也是個巫婆，能瞬間變出湖泊來。據說賜給亞瑟王魔劍斷鋼神劍（Excalibur）的就是她。

Vodianoï

ヴォジャノーイ
否狄阿諾伊

棲息於俄國河川的男性水妖。比利賓將他畫成長滿鬍鬚的蛙頭怪物，露出水面的上半身與海豹沒有兩樣，通常會待在水車小屋或水門旁等人來玩水。若有人坐在水門上泡腳，他就會把腳拉進水裡；如果有人在河裡游泳，就會使人溺斃。據說他的目的是要讓水脫離人的限制，因此會招來洪水沖壞水門與堤防。

Vouivre

ヴィーヴル
維芙龍

棲息於法國地區的龍（Dragon）。巨大的身體像蛇，身上有蝙蝠翅膀。維芙龍僅有雌性存在，通常生活於地底，出現在地上時全身會化成火焰，

且會吃人。眼睛為紅寶石或石榴石（garnet）之類的寶石，在黑暗的地底世界裡也能散發光芒飛翔無礙。在河邊喝水時會把眼睛取下，此時眼珠若是被偷走，就會因此而失明。

Vrtra

ヴリトラ

弗栗多

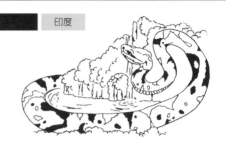

於古印度的宗教文獻《梨俱吠
陀》中登場的巨龍，名字為
「障礙」的意思。無手無足，
外型與蛇無異，曾阻塞天河之
水引起旱災，讓地上的人類痛
苦不堪。弗栗多乃是不死之身，唯一的弱點藏在嘴巴裡。英雄因陀羅以伐折羅攻
擊他的嘴巴，終於將之擊斃，被阻塞的河川於是又開始流動。另外也有說法認為
弗栗多死後仍不斷轉世，年年與因陀羅交戰。

Vual

ヴアル

化勒

傳說中所羅門王撰寫的魔法書《雷蒙蓋頓》中列舉的
72名惡魔之一，亦名為「瓦爾」（Wall）。外型為巨
大的黑色駱駝，有時也會化身成身披斗篷、膚色黝黑
的人。能賦予人博得女性青睞的能力，也多半是因為
這個原因被召喚出來。另外，從其外號「埃及的惡
魔」可得知他對埃及的知識非常豐富，同時亦通曉過
去與未來的事，能傳授人種種知識。統率了地獄36個
軍團。

Vucub Caquix

ヴクブ・カキシュ

維科布・卡基許

馬雅神話中的惡魔。牙齒是翡翠，身體是閃閃發光的
金銀。身高極高，據說站立時能略過高山看到後方的
地平線。以南其樹（Nantze tree）的果實為食。最初
地球上只有他一個人，一聽到神要造人，就打著要當
人類領導者的如意算盤。最後也因此被孿生神胡那普
（Hunapu）與喀巴倫格（Xbalanque）奪走眼睛、牙
齒而死。

Wadjet
埃及

ウジャト
巫賈特

古埃及擁有眼鏡蛇外型的女神，希臘語的名字爲「布托」（Buto）。乃非常古老的神祇，在王朝成立前就爲尼羅河下游三角洲一帶所信奉，一般認爲祂就是太陽神拉頭上的昂首聖蛇（Uraeus）。能以劇毒打倒敵人。古代的時候，崇拜巫賈特的下埃及（Lower Egypt）與崇拜禿鷹女神奈赫貝特（Nekhbet）的上埃及（Upper Egypt）曾一度分裂，因此後來上下埃及統一時，眼鏡蛇與禿鷹並列之像就成了國王的象徵。

Waira
日本

ワイラ
猥羅

收錄於鳥山石燕的《畫圖百鬼夜行》中的一種綠色怪物。身體似牛，頭似獅子，腳上長了巨大的鉤爪。外表看起來雖然可怕，不過個性非常溫呑，平

常總是趴在地上伸出舌頭休息。據說是蝦蟆獲得靈力後變成的怪物，但關於其眞實面目則毫無所知。由石燕描繪的圖看來，可以想像這是一種住在深山裡蒼鬱樹林間的怪物，平時以小動物與昆蟲爲食，平靜地生活。

Wanyuudou
日本

輪入道（わにゅうどう）
輪入道

車輪形的妖怪。外型爲牛車車輪的正中間有一顆禿頭男子的頭顱，全身著火地在夜晚的道路上前進。鳥山石燕的《今昔畫圖續百鬼》中說明見到輪入道者靈魂會被奪走。在江戶時代的怪談集《諸國百物語》中則是以**單輪車（Katawaguruma）**之名來稱呼，並說明這是種會攻擊小孩的可怕妖怪。若是在夜晚的街道上遇見帶有小孩的女性，他就會趁機把小孩大卸八塊。

V
W

Warodon 日本

ワロドン

童大爺

鹿兒島縣內的一種住在山中的**河童（Kappa）**。與熊
本縣內的**山童（Yamawaro）**屬於同一類型的妖怪。
名稱中去掉了「山童」的「山」字，再加上表示敬稱
的「大爺」（日文寫作「殿」）而成。能自由變化身
體的大小，一般而言身高約1m左右，但某則故事中
則描述一小灘水窪裡居然住了上千隻童大爺。據說他
身體即使被切成好幾塊也能立刻恢復原狀。不過如果
有一部分的肉被吃掉就會無法復原。

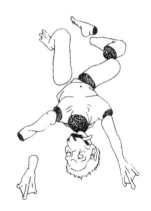

Water Leaper 英國

ウォーター・リーパー

躍水魔蛙

棲息於威爾斯沼澤地，外型像青蛙的妖精。大小如
犬，身體似蛙，沒有手足，但是長有魚尾與飛魚翅。
為肉食性，雖然住在水中但喜歡吃地面上的動物，能
一口吞下老鼠、貓、狗等小動物。稍不注意甚至連漁
夫、釣客都可能會遇難。躍水魔蛙陷入危機時會發出
尖銳且淒厲的尖叫聲，聞者會陷入昏迷，嚴重者甚至
會死亡。

Wendigo 加拿大

ウェンディゴ

溫敵哥

這是加拿大森林地帶的因努依特人（Inuit）及原住民
的傳說中提及的怪物。身高5m以上，臉似骸骨，身
形巨大但動作敏捷。在大雪中也能以肉眼看不清的速
度急馳。他飛快的行動速度簡直像是滑過雪地一般，
即使如此，雪地上還是留下一個個清晰的腳印。以人
類為食，偶爾也會攻擊村落擄走村民。不過對當地人
而言是守護精靈，因此也會主動獻上活祭品。

Werewolf

歐洲

ワーウルフ

狼人

意指從人類變身成狼的情況,日文中常譯作「人狼」。主要出沒於白俄羅斯、東歐、北歐等地的森林地帶。平常以普通人的身分生活,一到晚上就會變身成狼。變身的方式分為兩種,一種為完全變成狼的樣子,另一種則是維持人形但全身長出長毛。不管是哪種類型,變身者的理性都會完全喪失而變得非常凶暴,會攻擊其他人與家畜。而受攻擊而死的人也會變成狼人。

Wight

英國

ワイト

屍妖[157]

於托爾金的《魔戒》中登場的活屍體。日文譯作「塚人」。乃是附在古墓中與寶藏一起安葬的國王與王妃屍體上的邪惡靈魂,外型為身體上掛著華美裝飾品的木乃伊,一走動身上的戒指或金飾就會發出響聲;或許是因為想增加同伴的緣故,一直住在古墓中的屍妖只要有人靠近就會詛咒人並拖進墳墓中殺害。不過他不會對具有堅毅心智的勇者們出手。

Will o'the Wisp

歐洲

ウィル・オ・ザ・ウィスプ

鬼火

傳說中在幽靈現身前出現的藍白色火焰。別名「ignis fatuus」(為「愚人之火」的意思)。過去有個叫作威爾的大壞蛋被仇家所殺,死後巧妙地欺騙了聖彼得而獲得第二次的人生。但是在新的人生裡仍不改前非,繼續行惡。導致最後既上不了天堂也進不了地獄,魂魄永遠在世上遊蕩。惡魔同情他,分給他一點點地獄的業火,這就是鬼火的由來。

W

Worm[158]

ワーム
蛇龍

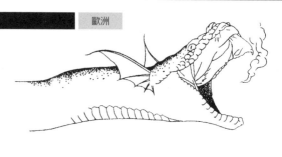

棲息於歐洲各地的龍（Dra-
gon）。古代傳說中擁有巨蛇
般的細長身體，無翼無足的怪
物。特徵爲全身濕滑、口能吐
毒氣、身體遭砍斷後能立刻恢
復等等。通常住在井水或泉水附近，專門吃接近的少女。隨著時代演進，蛇龍的
形象開始與其他龍同化，身上有了翅膀或腳。例如英國傳說中就有擁有十二隻腳
的蛇龍。

Wyvern

ワイバーン
飛龍

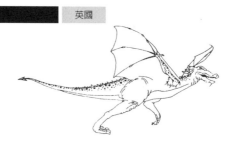

棲息於英國地區的龍（Dra-
gon）。據說是由法國的**維芙
龍**（Vouivre）傳入英國後演
變而成。臉部如鱷魚般細長，
口中長了整排的利牙，雙足類
似於老鷹，尾巴尖端有箭頭般的突起。經常出現在歐洲的紋章之中，在紋章學裡
象徵著「敵意」[159]，由此可知牠的性格非常凶暴。平常住在陸地上，但也有住
在湖裡的品種，只不過這種飛龍腳上有蹼。

Xaphan

グザファン
煞風

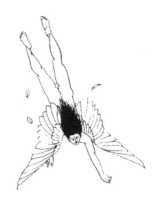

負責以鼓風器把空氣送進地獄鍋爐的惡魔。也稱作
「賽風」（Xephon）。具備人類的外型，長有一對
尖耳，頭頂上有一對角，手裡拿著象徵自己的鼓風
器。據說原本是非常聰明的天使，在魔王**路西法**
（Lucifer）謀反時向魔王建議把火吹進天國裡。但
在實行之前惡魔軍團已先戰敗而落入地獄，煞風因此
受罰必須持續將空氣送入地獄鍋爐裡。

Yagyousan

夜行さん(やぎょうさん)

夜行者

日本德島縣內出現於除夕或節分的獨眼**鬼（Oni）**。臉上與身上都長滿毛髮，騎著無頭馬到各地晃蕩。也會在守庚申或夜行日等特別的夜晚現身。不幸遇到他就會被踢飛而死，不過只要趕緊把草鞋擺在頭上平伏地面就不會有事。據說在夜行者來臨的晚上談論與飯菜有關的話題，他就會把手伸進房子裡乞討菜餚。

Yahoo

ヤフー

人面獸

強納生・史威福特的小說《格列佛遊記》中登場的似人野獸。其模樣既像人又像猴子，以四腳著地步行。頭、胸、背部、小腿上都長了蓬鬆的毛髮，臉上的鬍鬚則與山羊的鬍鬚相近，其他部位則露出淡黃色的皮膚。人面獸在馬的國度胡育姆裡是種野生動物，有時也會在胡育姆人家中被當成家畜飼養。只是人面獸經常做出愚蠢而野蠻的行為，因此受**胡育姆人（Houyhnhnms）**所輕蔑。

Yakṣa

ヤクシャ

夜叉

侍奉佛教神話中的四大天王之一——毗沙門天的精靈。男的稱為夜叉，女的稱為夜叉女。原本的職責是守護眾神的財寶，但隨著時代的演進，夜叉女變成以美貌誘惑男子進而食其肉的鬼女。曾在古印度佛教故事集《本生經》中的〈雲馬本生物語〉登場，故事中的夜叉女住在錫蘭島上，誘惑因為海難而到島上的大批男子，最後把他們吃掉。

W

X

Y

Yakubyougami 日本

疫病神（やくびょうがみ）

瘟神

日本人對會帶來災厄的神之總稱，**疱瘡神（Housoushin）**
與**窮神（Binbougami）**均屬此類，此外，也專指一
種會帶來瘟疫與災厄的神。瘟神能決定瘟疫或災厄的
大小，出現時會帶著一個裡頭放有小型棺材的竹籠，
棺材的數量就表示死傷的人數。《今昔物語集》中提
到，因為應天門起火燃燒事件而遭流放的伴善男160
（Tomo-no-Yoshio）死後怨靈變成了瘟神，他在這則
故事中還擁有抑制瘟疫流行的能力。

Yakushi 中國

野狗子（やくし）

野狗子

於十七世紀的志怪小說集《聊齋誌異》中的〈野狗
子〉登場的人身獸頭怪。故事發生於各地內戰不斷的
清朝初年。某夜，有個名叫李化龍的男子為避戰禍而
躲進屍體堆中。但是當軍隊遠離後，屍體們卻突然大
喊「野狗子來啦」而騷動不已，不久後就有怪異的怪
物靠近，打破屍體的頭蓋骨吃起裡面的腦。李化龍吃
了一驚，拿石頭將之砸傷，野狗子便按著傷口逃走
了。

Yallery Brown 英國

ヤレリー・ブラウン

亞歷布朗

住在林肯郡（Lincolnshire）的
妖精。性格邪惡，不管受到人
類多大的恩惠都一定會恩將仇
報。外型像個老人，但體形卻
有如一歲的幼兒。皮膚為茶褐
色，全身上下被黃色的長髮及鬍鬚包住，因此看不出他身上穿著什麼衣服。在某
故事中受到一個農夫的幫助，事後對農夫說「請讓我幫忙工作當作答謝」，結果
把農夫的工作搞得一團糟。因此決不可接受他的謝禮，否則就會陷入災難。

▶

Yamachichi 日本

山地乳（やまちち）

山地乳

一種會趁人睡覺時吸走人氣息的怪物，氣息一旦被牠
吸走就會死亡。山地乳平常住在山中，一到晚上就會
到供登山者休息的小木屋或離群索居的山中人家附近
尋找獵物。只要發現有人單獨睡在屋子裡就會潛入，
用他尖細的嘴巴貼近睡眠者吸取他的呼吸。不過此時
若被人撞見的話，被山地乳吸走氣息的人不僅不會
死，反而會變得更長壽。

Yamajii 日本

山爺（やまじい）

山爺

住在日本高知縣山中的獨眼獨腳妖怪。身高約1m左
右，模樣像個老人。多半待在山中，不過有時也會來
到村落。據說他的腳印呈現直徑12cm的正圓形，且
會以2m的間隔分布。以山中的野獸為食，會把獸頭
連骨帶肉啃得精光。有說法表示山爺其實有兩顆眼
睛，只不過一大一小，所以才會被人誤認為只有單
眼。

Yamanba 日本

山姥（やまんば）

山姥

住在日本各地山區的妖怪。樣子為穿著破舊衣服的老
婦人，有時甚至只以樹皮裹體。會坐在樹上咧嘴笑驚
嚇路過的人，也會為人帶來災厄。有些則會擄走村裡
的小孩吃掉，或要求人背她後用長髮勒死背她者。據
說長野縣安曇郡的山姥會在每年年底拿著葫蘆到市集
裡買酒。

Y

Yamaonna 日本

山女（やまおんな）

山女

住在山中，外型與人類女性無異的妖怪。乃是**山姥**（**Yamanba**）的一種，差異在於她年輕貌美，而且有一頭美麗的長髮。身體大小隨著各地的傳說而有所不同，像青森縣西津輕郡的山女是個身高2m左右的美女，擁有潔白的肌膚，坐在瀑潭旁梳頭髮。而熊本縣的山女則是會一邊格格笑一邊吸人血，據說女人若是遇到這個山女的話，沒過多久就會死去。

Yamaoshou 中國

山和尚（やまおしょう）

山和尚

於袁枚的志怪小說集《子不語》中登場之食人腦的妖怪。頭頂無毛全身黝黑，看起來就像是穿著袈裟的和尚，故得此名。平常住在山裡，山洪爆發時會隨著洪水來到村里，專門偷襲落單的人並吃掉他的腦。四世紀的志怪小說集《搜神記》中也有一種名爲「媼」的食腦妖，這種妖怪則是會躲在地底，吞食屍體的腦。

Yamaotoko 日本

山男（やまおとこ）

山男

住在日本各地山區的巨漢。身高約2m左右，擁有一頭長髮，且全身長滿長毛。身體與人類相同，有時會出現在山中的燒炭小屋之類的房子裡。在秋田縣北秋田郡的傳說中，有個山男來到燒炭人彌三郎家中並接受了彌三郎所給的飯團，之後就常常來拜訪，還一起玩遊戲比賽相撲。而靜岡縣的山男則會殺人，所以見到山男要趕快躲進草叢中，否則就會有危險。

Yamatanoorochi 　　日本

八岐大蛇(ヤマタノオロチ)

八岐大蛇

於日本神話中登場的**大蛇（Orochi）**。身體非常巨大，能覆蓋八座山谷與八座山峰。頭有八個，尾巴也分成八條。背上長了青苔與杉木檜木，腹部因滲血而總是保持濕滑的狀態。眼睛如中國燈籠草（Chinese lantern）般又大又紅，口能吐出火焰般的毒氣。神話中八岐大蛇來到島根縣斐伊川上流的村落，要求住在村裡的老夫婦每年要獻出一個女兒當作祭品，後來須佐之男命[161]（Susanoo-no-Mikoto）經過此地，用計成功殺死了八岐大蛇。

Yamawaro 　　日本

山童(やまわろ)

山童

住在日本熊本縣南部山中的**河童（Kappa）**。夏天時為河童住在河川裡，冬天則移居山上變成山童。身高約1m左右，看起來就像是個十歲的小孩，不過身體很短、雙腳很長，全身還長滿細毛。有時會幫忙樵夫工作，若是送他酒或飯團作爲謝禮他就會持續來幫忙。和河童一樣喜歡跟人比賽相撲。一到春分時節就會集體跨越人家的屋頂回到河邊居住。

Yarokamizu 　　日本

遣ろか水(やろかみず)

送水怪

住在木曾川上游的精靈或妖怪，能引起大洪水。從不現形，會在下大雨河水暴漲時從上游發出聲音大喊「要水嗎、要水嗎」，若有人回應「要送就送吧」，河水就會瞬間氾濫引發大洪水。根據犬山市的傳說，1967年大雨的時候曾有個名叫善助的男子回應了送水怪的呼喊，因而造成了大洪水。

Y

Yatonokami　日本

夜刀神（やとのかみ）

夜刀神

守護山谷與低濕地區的蛇怪。
樣子為頭上有角的蛇。在成書
於八世紀的地誌《常陸國風土
記》中有則相關的描述：在繼
體天皇（507年即位）的時
代，箭括氏麻多智（Yahazunouji-no-Matachi）在茨城縣一帶開墾蘆葦原時，出現
了一條有角蛇前來妨礙。到了孝德天皇（645年即位）的時代，壬生連麻呂
（Mibu-no-Murajimaro）想在同一個地點修築堤防，夜刀神又於此時成群出現。
壬生大吼一聲「叛逆天皇者格殺勿論」後，夜刀神們就此一哄而散。

Yeti　中國

イエティ

雪人

棲息於西藏或喜馬拉雅山區的雪人。身長1.5m～
2m，全身長滿長毛，頭頂尖尖地隆起。1951年登山
家在此地發現了長達30cm的腳印，因而受全世界的
矚目。由腳印可知他們打赤腳，以雙腳步行。雪人在
腳印被發現前亦曾被目擊過幾次，由於他的外型高大
醜陋，因此也有人以印度神話中的**羅剎（Rakshasa）**
來稱呼他。

Ymir　北歐

ユミール

尤彌爾

北歐神話中登場的原始巨人。在眾神與人類還未誕生
的時候，霜與冰之國尼弗爾海姆的冰溶化流入無底之
谷，像鐘乳石一般凝結成一個巨人，這就是尤彌爾的
由來。後來尤彌爾從他睡覺時流出的汗水及左右腳生
出他的後代**霜巨人（Jotunn）**族。之後誕生的眾神則
打倒了他，用他的身體做成人類居住的大地與山川海
洋。

Yonakiishi　日本
夜泣き石(よなきいし)

夜泣石

在晚上哭泣的怪石之總稱。日本各地均有類似的妖
怪。例如靜岡縣內就有顆叫作小夜的夜泣石，關於其
由來有這麼一段故事：過去有個女人等待長期旅行在
外的丈夫歸來。一日，女子因為用光了所有積蓄而去
向熟人借錢。在回來的路上突然因為陣痛而無法行
動，恰巧歸來的丈夫見到妻子身上有錢，就把妻子與
腹內的胎兒一起殺了。這股怨恨就這樣附在路旁的石
頭上，並在每天晚上發出哭聲。

Yorusuzume　日本
夜雀(よるすずめ)

夜雀

出沒於愛媛縣宇和島地方的一種麻雀妖怪。如名所
示，牠會在夜晚出現在路旁，發出嘎嘎的叫聲。覺得
有異的路人循聲探視，就會發現聲音的來源越來越
多，甚至連斗笠、袖子或和服下襬都傳出叫聲。而且
身體周遭還會圍繞著無數的蛾，令人難以前進。不過
牠們並不會傷害人類，只要冷靜等待，不久後就會消
失。

Yowie　澳洲
ヨーウィー

六腳蜥

澳洲的一種類似蜥蜴的怪物。大小與狗相當，外型類
似蜥蜴，身上長有鱗片，且擁有蛇的尾巴。一共有三
對腳，腳上長滿了獨腳仙般的棘刺。只在夜間行動，
會到住家附近偷襲家畜。以昆蟲般的腳快速移動，且
會發出讓人不舒服的沙沙聲。動作十分敏捷，因此無
法捉到這種怪物。

Y

Yukijorou　日本
雪女郎(ゆきじょろう)
雪女郎

出現在日本山形縣和新潟縣的**雪女**（**Yukionna**）。
與雪女一樣只出現在雪夜裡，不過雪女郎常抱著小孩
出現，並會要求路過的男子幫忙抱一下小孩。若接過
小孩，小孩就會越變越重，無法承受小孩重量的人就
會被殺，但若能撐過雪女郎就會賜予他怪力。某故事
中，有個武士通過考驗而被賜予一把名刀。此外，據
說小孩的身體非常冰冷，因此抱小孩者也可能會被凍
死。

Yukinbou　日本
雪ん坊(ゆきんぼう)
雪嬰

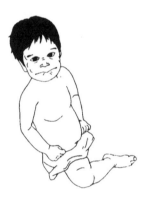

於日本和歌山縣下雪夜裡現身的獨腳妖怪。擁有小孩
的外型，會以獨腳繃繃跳跳地出現。出沒於積雪之地，
特別是樹下。鮮少在人前露面，下雪過後的翌日早晨
若在樹下見到小小的腳印就代表雪嬰曾經來過。據說
雪嬰腰部以下會包著白布，其他部分則是赤身裸體。

Yukinko　日本
雪ん子(ゆきんこ)
雪子

雪女（**Yukionna**）的孩子。有些雪女會和山形縣或
新潟縣的**雪女郎**（**Yukijorou**）一樣帶著孩子現身，
人們就將這個小孩稱爲雪子。帶著雪子的雪女見到人
就會拜託人幫忙抱一下孩子，如果如言接過孩子，手
中的孩子就會變得越來越重，不能忍耐者就會被殺。
另外雪女也會把雪子託付給人類夫婦養育。據說雪子
一入浴就會和雪女一樣溶化消失。

Yukinodou 日本

ユキノドウ

雪童

日本岐阜縣下雪時出現的雪之精靈。與**雪女**
（**Yukionna**）不同的是，他並沒有固定的外型，出
現時會變成雪球的樣子，或化身成女性。有時也會出
現在山上的小木屋裡向人乞討冷水，如照他的話做就
會被殺，端出熱水的話就會乖乖離去。如果對他唱誦
下列的咒語也會逃開：「前爲樟樹後欅樹，黃牛皮革
結八字，綁緊穿上，鬼神不怕」162。

Yukionna 日本

雪女（ゆきおんな）

雪女

夜裡出現於雪量多的地方之女妖怪，或說是雪之**精**
（**Sei**）。外表爲非常美麗的女性但身體冰冷，接近
她的人會被奪走精氣而死。有時也會出現在山上的小
木屋裡，對睡著的人吹拂白色的氣息使之凍死，只能
待在冰冷的地方，若把身體浸在熱水中則會溶化消
失。也能變成人類，某些地方則有雪女變成人類與男
子結婚的傳說。

Yukiwarashi 日本

雪童子（ゆきわらし）

雪童子

在日本新潟縣傳說中登場的雪精靈。有對膝下無子的
老夫婦爲了排遣寂寞而把雪堆成小孩的樣子。後來在
某個下大雪的夜裡，突然有個小孩跑進屋裡，老夫婦
就高興地收養了這個孩子。然而不知爲何，每逢春天
孩子的身體就會越來越瘦弱，並在不知不覺間消失。
一到冬天下大雪的日子又不知從何處歸來。終於有一
回孩子不再出現，但這對老夫婦已擁有一段美好的時
光。而這個小孩就是傳說中的雪童子。

Y

Yurlungur 澳洲
ユルルングル
尤倫古爾

澳洲原住民姆爾金族傳說中的**虹蛇**（Rainbow
Serpents）。身體非常巨大，一抬頭就能觸碰到天
際，全身爲古銅色因此也被稱作「銅蛇」。平常住在
神聖的米利爾米納泉水底部，只要有人玷污泉水就會
降下大雨，使泉水滿溢造成大洪水。原本乃是虹蛇們
的領袖，但自從牠虹蛇的資格被同伴剝奪了以後就再
也不露面。

Zagan 歐洲
ザガン
撒共

傳說中所羅門王撰寫的魔法書《雷蒙蓋頓》中列舉的
72名惡魔之一。擁有公牛的外型，身上長了**鷹獅**
（Griffon）之翼。除了擅長鍊金術以外，也能將水
變成紅酒，把紅酒變成血。水或紅酒象徵著基督之
血，因此此魔法在西歐具有特別的意義。此外，撒共
還能把普通的金屬變成金銀，把笨蛋變成聰明人。在
地獄中具有總裁的地位，統率30個軍團。

Zahhāku 伊朗
ザッハーク
佐哈克

伊朗史詩《王書》中登場的怪物暴君。在詩中，佐哈
克是個雙肩上長了蛇的怪物，統治伊朗達千年之久，
極盡暴虐之能事。他每日固定要殺兩個人挖出腦餵食
肩上的雙蛇。這篇史詩雖然完成於十～十一世紀之
間，但早在六世紀前的瑣羅亞斯德教神話中就有一隻
名爲**阿日・達哈卡**（Aži Dahāka）、擁有三頭三口六
眼的惡龍。據說此龍就是後來變成國王的佐哈克。

Zan

ザン
桑

出現於日本沖繩縣海邊的妖
怪。外表爲美麗的女子，能興
風作浪，預言海嘯的來臨。據
說桑曾準確地預言1776年的一
場大海嘯。當時有個漁夫捕到

誤入魚網的桑，並好心地將她放走。桑爲了答謝，而告訴漁夫海嘯即將來臨的消
息。漁夫連忙通知村民，但誰也不相信。不得已漁夫只好自己逃到山上避難。結
果海嘯眞的來襲，整個村子被海水席捲而去。

Zashikibakko

座敷婆子(ざしきばっこ)
座敷婆子

日本岩手縣的一種**座敷童子（Zashikiwarashi）**。樣
子爲光頭的小老太婆。趁著半夜大家都睡著時現身，
出現時會在榻榻米上拖著身體爬行，並忽然發出低沉
的笑聲。笑一陣子後就消失不見，過不久後又出現發
出笑聲。這樣重複三次後才又消失。東北地方有許多
種座敷童子，如看起來像是十二歲少女的座敷童女
（Zashikibokko），或是作和尚打扮的削髮童子
（Zangiriko）等等。

Zashikiwarashi

座敷童子(ざしきわらし)
座敷童子

東北地方家庭裡的精靈。貌似小孩，出現於舊式宅
第。並不會加害於人，不過會趁人睡著時把枕頭移到
反方向去，或者是大肆喧鬧，讓人難以入睡。不過有
座敷童子住下的家庭會變得富有，離開的話則會家道
中落。也有少女形的座敷童子，稱作座敷童女、倉童
女（Kurabokko）等等。

Y
Z

Zenki-Kouki 　　　　　　　　　　日本

前鬼／後鬼(ぜんき／こうき)

前鬼／後鬼

山岳咒術師——役小角163（Enno Odunu）使喚的一
對夫婦**鬼（Oni）**，乃是修驗道之祖。據說兩人原本
是人類，但因為身高3m以上，看起來像極了鬼，因
此被村民趕進深山。兩人在山中修行學得魔道，在某
次與役小角的戰鬥中敗給了他，領悟到自己的靈力難
以與之匹敵而誠心向役小角討教，成為其弟子。現在
在修驗道的道場中，仍時常在役小角像兩旁看到一對
笑容滿面的鬼像，那就是前鬼／後鬼。

Zepar 　　　　　　　　　　　　歐洲

ゼパル

桀派

傳說中所羅門王撰寫的魔法書《雷蒙蓋頓》中列舉的
72名惡魔之一。出現時作士兵打扮，身穿紅色鎧甲，
走路一拐一拐的。具有改變女人心意的能力，不管召
喚者是多麼無趣的男子都能讓女人熱切地愛上他。因
此只要桀派現身，不管男女都會變得淫蕩而不知羞
恥。另外，被桀派的手碰過的女性，都會變得無法懷
孕。

Zetes 　　　　　　　　　　　　希臘

ゼテス

澤特斯

希臘神話中的英雄。背上生了一對翅膀，有個外貌相
同的孿生兄弟叫作卡萊斯（Calais），兩人是北風神
包瑞亞斯（Boreas）與阿提卡（Attica）女王俄里蒂
亞（Oreithyia）之子。能在天空飛翔，曾打倒過**鳥身
女妖（Harpy）**。兄弟倆旅經面對博斯普魯斯
（Bosporus）海峽的撒爾米德索斯（Salmydessus）王
國時見到怪鳥來襲，兩人飛上天一路追逐到伯羅奔尼
撒半島，令怪鳥求饒並發誓不再襲擊人類。

Zipacná

中美

ジパクナ

吉帕克納

馬雅神話中的巨人。乃是與眾神敵對的巨人——**維科布·卡基許**（Vucub Caquix）的長男。身材極端巨大，總是把山當作背墊靠著睡覺。力大無比，能做出山脈並把山當作對手比賽球技。其弟**喀布拉坎**（Cabracàn）也是巨人，父子三人想代替眾神統治人類，而被胡那普與喀巴倫格二神所殺。吉帕克納最愛吃螃蟹，最後他被假螃蟹所騙，被山崩掩埋而死。

Zombie

中美

ゾンビ

活屍

在西印度群島被巫毒教咒術師們施以魔法而復活的活屍體。樣子雖然是人類，但因為是屍體所以身體有些部分已經腐爛。完全聽從巫師的指示行動，不會發表任何意見。活屍多半在農場裡被當作免費的奴隸。白天在墳中安睡，晚上出來工作。黑暗中亦能見物，故無需照明。犯了重罪的人有時也會被懲罰死後被做成活屍。

Zú

伊拉克

ズー

茲

古代阿卡德人神話中的怪鳥。鷹身獅面，身體比人還要巨大。又稱為「安茲」[164]（Anzu）。最初是大氣之神恩利爾（Enlil）神殿的守護者，後來懷抱著統治世界的野心，搶走了寶物「天命書版」（Tupsimati）而與眾神敵對。茲非常凶暴且頑強，頭頂能放出光芒讓射向牠的箭全部彈回，連眾神聯手也難以應付。最後茲被四道狂風刮走翅膀，眾神才得以獲勝。

Z

原典資料

■ **《十二支考》（Juunishi-kou）**

日本明治時期（1968～1912年）民俗學者南方熊楠的作品。書中介紹了十二生肖當中的虎、兔、龍、蛇、馬、羊、猴、雞、犬、豬、鼠在世界各地民俗故事中的樣貌。

■ **《三才圖會》**

中國明代寫成的類書（百科全書），全106卷，王圻撰。所謂「三才」是指天、地、人，本書將世上所有事物分類成天文、地理、人物、鳥獸等14個部分加以解說。日本亦有仿本書形式撰成的《和漢三才圖會》。

■ **《大唐西域記》**

唐代僧侶三藏法師為求佛典西行印度的遊記。弟子弁機編，全12卷。記載了當時印度的宗教狀況與地理風俗等珍貴資料，同時也是為明代小說《西遊記》的原型。

■ **《子不語》&《續子不語》**

清代中期詩人袁枚[165]撰寫的志怪小說集。搜羅多數中國各地的妖魔鬼怪故事。本篇24卷，續篇10卷。

■ **《山月記》（Sangetsuki）**

昭和初期小說家中島敦的短篇小說。以中國傳奇小說為藍本寫成。內容敘述主角李徵對自己的詩才頗為自負，並為自己遲遲未能獲得功名感到不滿，最後發狂變成了老虎。後來遇上過去的友人，敘述自己變成老虎後的心境。

■ **《山海經》**

二世紀以前寫成的地理書，作者不詳。內容充滿神話性，與實際情況有非常大的差距，不過大量記載了中國各地山海之名與地形，以及於該地棲息的怪奇生物。為瞭解中國神話的重要參考書之一。

■ **《工作與時日》（Works and Days）**

西元前八世紀希臘詩人赫西奧德的作品。乃是於波奧蒂亞（Boeotia）耕種的赫西奧德為了教誨放蕩成性的弟弟工作的重要性而寫成，當中包含了農事曆，並且說明農事的正確作法。

■ **《今昔物語集》（Konjaku-monogatarishuu）**

平安時代後期寫成的說話集，作者不詳。全31卷。卷1～5為天竺（印度）部，卷6～10為震旦（中國）部，卷11～31為本朝（日本）部，內容由上述三部分構成。全書收錄了1000則以上的故事，可說是集平安時代說話文學之大成，內容非常豐富。因此本書也是研究說話文學時不可或缺的典籍。

■ 《天方夜譚》（**Arabian Nights**）

　　古阿拉伯的著名故事集，又稱作《一千零一夜》（The One Thousand and One Nights）。作者不詳。內容是以六世紀左右印度到波斯一帶的故事爲主，再加入波斯、埃及等地的故事。於十五世紀左右成型。裡面有許多膾炙人口的故事，如《阿拉丁神燈》、《辛巴達歷險記》等等。

■ 《太平百物語（**Taihei-hyakumonogatari**）
　《（古今）百物語評判》（〈**Kokon**〉**Hyakumonogatari-hyouban**）
　《諸國百物語》（**Shokoku-hyakumonogatari**）

　　上述三本乃是江戶時代寫成的怪談故事集。標題雖均有「百物語」一詞，但並不表示內容是搜集百物語大會的故事而成，而是搜羅全國各地的怪奇故事編輯成冊。此外，故事的數量也非恰好100個，每本數量皆不盡相同。以下爲各本的出版年與內容故事篇數：《太平百物語》1732年刊行，50篇；《古今百物語評判》1686年刊行，41篇；《諸國百物語》1677年刊行，100篇。

■ 《太平記》（**Taiheiki**）

　　從十四世紀到近代，歷經長時間編寫而成的軍記物語。全40卷。描寫室町時代的歷史，內容從後醍醐天皇（Godaigo Tennou）推翻鎌倉幕府的計畫開始，到足利尊氏[166]（Ashikaga Takauji）的活躍、南北朝的對立、室町幕府內部的抗爭等等。

■ 《太平廣記》

　　北宋時編纂的類書。全500卷，李昉等人編纂。取材自大量的文獻，收錄有奇聞、異聞等類的故事。內容分爲神仙、道術、卜筮、夢、鬼等92個項目。

■ 《巴斯克維爾的獵犬》（**The Hound of the Baskervilles**）

　　十九世紀末到二十世紀初的英國作家柯南道爾[167]（Sir Arthur Conan Doyle）的小說。收錄於夏洛克‧福爾摩斯（Sherlock Holmes）系列。故事是以英格蘭西部巴斯克維爾家的主人離奇死亡及事發現場留有魔犬腳印爲事件的開端，描寫巴斯克維爾家受到詛咒的事件。

■ 《日本昔話名彙》（**Nihon-mukashibanashi-meii**）

　　昭和23年出版的民間故事集，監修者爲柳田國男。爲日本最早的正式民間故事索引書。

■ 《日本書紀》（**Nihon-shoki**）

　　成書於奈良時代，是日本最古的史書[168]。爲天皇下詔編纂的正史，從神代[169]（kamiyo）的神武天皇開始記錄起，一直到第41代的持統天皇爲止。以編年體撰述，記載了每年發生的大事。

■ 《日本靈異記》（Nihon-ryouiki）

　　平安時代初期寫成的佛教故事集。正式名稱爲《日本國現報善惡靈異記》（Nihonkoku-genbouzenaku-ryouiki），僧侶景戒（Kyoukai）撰。爲日本最早的佛教故事集，收錄了奈良時代以前日本本地發生的因果報應故事或奇特的故事等等，共116則。

■ 《王書》（Shah-nameh）[170]

　　中古世紀伊朗的民族史詩。十世紀前後由波斯詩人菲爾多西[171]（Ferdowsi）作成。搜集了自古以來的民俗傳說、神話等，費時30年才完成。描寫從伊朗建國到薩珊王朝（Sasan Dynasty）滅亡之間50位國王的治世。

■ 《世事百談》（Seji-hyakudan）

　　天保13年（1842年）寫成的隨筆集，全4卷。編者爲山崎美成（Yamazaki Bisei）。內容不限近世的風俗文化或文學，舉凡天文、醫療、植物等層面均有提及，可以窺見作者廣博的知識。

■ 《以西結書》（Book of Ezekiel）

　　《舊約聖經》中的預言書。內容主要記述祭司以西結在西元前597年被流放到巴比倫，並在囚犯之中作出預言。以西結的預言是來自於他所見到的幻覺異象，述說以色列人民是因爲自身的罪才會導致祖國滅亡。

■ 《北越雪譜》（Hokuetsu-seppu）

　　日本江戶時代末期鈴木牧之撰寫的隨筆。居住於今新潟縣的作者在本書中記載了北國生活的點滴。除了雪鄉[172]生活的辛苦以及與產業相關的記載以外，另記有各種奇談異聞。爲雪鄉民俗故事書中的傑作。

■ 《古事記》（Kojiki）

　　西元712年寫成的歷史故事集[173]。天武天皇平定壬申之亂[174]（672年）後，欲將各氏族自古代以來的傳說統整起來流傳後世而下令編纂。共分成3卷：上卷（神代）、中卷（神武天皇至應神天皇）、下卷（仁德天皇至推古天皇），內容形式仿史書風格撰寫而成。

■ 《失樂園》（Paradise Lost）

　　十七世紀英國詩人密爾頓的作品，爲英國文學中最傑出的史詩。內容敘述被逐出天國的惡魔撒旦（路西法）爲了復仇而誘惑人類墮落的故事。撒旦來到人界，誘惑亞當與夏娃吃食禁果。亞當與夏娃因此被逐出樂園。

■ 《尼伯龍根之歌》（The Nibelungenlied）

　　西元1200左右完成，爲德國英雄史詩中具代表性的傑作，作者不詳。故事從尼德蘭王子齊格飛與勃艮地（Burgundy）國王龔特爾（Gunther）之女克里姆希爾特

（Kriemhild）的戀情開始，後來齊格飛遭聾特爾王的家臣暗殺，克里姆希爾特誓言復仇等等。本書是以其特有的韻律寫成。

■《尼伯龍根指環》（Ring des Nibelungen）

十九世紀德國最偉大的歌劇作曲家華格納所作的歌劇。由德國英雄史詩《尼伯龍根之歌》改編而來。

■《平家物語》（Heike-monogatari）

鎌倉時代前期寫成的軍記物語，作者不詳。故事主軸為以平清盛[175]（Taira-no-Kiyomori）為代表的平家一族的繁榮與滅亡，穿插大量的故事與人物間的逸事，此外也安插了不少日本與中國的典故。故事從清盛的父親忠盛躋身高級貴族的時期開始，述說了約60年間的歷史。

■《本生經》（Jataka）

古印度佛教故事集。內容敘述佛陀在生為釋迦王子前曾轉世過無數次。除了生為國王、富人、庶民、盜賊以外，也曾生為猴、兔、魚等畜生，以各種身分累積善行。內容共收錄了547則釋迦牟尼前世的故事。

■《本草綱目》

中國明代的藥物百科全書，李時珍撰。共有1829條藥物的說明，與一萬條以上的處方箋。江戶初期傳入日本，對日本的本草學有巨大的影響。

■《玄同放言》（Gendou-hougen）

江戶時代後期的讀本作家曲亭馬琴[176]（Kyokutei Bakin）的隨筆。引用日本、中國的典籍解釋世上的種種事物，並陳述馬琴自己的想法。分為「天部」、「地部」、「植物部」、「人事部（一）」、「人事部（二）」。

■《田村》（Tamura）

室町時代完成的謠曲，作者不詳[177]。內容敘述平安時代的征夷大將軍坂上田村麻呂奉天皇敕命，率兵討伐鈴鹿（Suzuka）山的惡鬼。對田村麻呂與惡鬼之間的激烈戰鬥有精彩的描寫。

■《甲子夜話》（Kasshi-yawa）&《甲子夜話續編》（Kasshi-yawa-zokuhen）

江戶時代後期由松浦靜山[178]（Matsuura Seizan）所作的隨筆。包含了正篇100卷、續篇100卷、三篇78卷。為日記風格的隨筆，正篇、續篇、三篇整體內容始於1821年，終於1841年。初期的文章中有許多與離奇事件或與妖怪相關的記載。

■《白澤圖》

只存在於中國古代傳說中，但實際上並不存在的書籍[179]。在中國神話中，有個名為白澤的怪物出現在黃帝面前，向他述說世上所有魑魅魍魎的知識，而本書的內容就是

當時白澤所說的話。

■ 《仲夏夜之夢》（A Midsummer Night's Dream）

英國劇作家莎士比亞的喜劇。約成書於1595年。以夏夜的雅典郊外為舞台，敘述在雅典公爵希西阿斯（Theseus）與亞瑪遜（Amazon）女王希波麗妲（Hyppolyta）的婚禮前夕，有兩對年輕男女在妖精們的撮合下幸福地結為連理的故事180。

■ 《列王記下》（Book of Kings II）

《舊約聖經》中的一書，分為上下兩部分。〈列王記〉記錄了從所羅門王即位，北以色列王國與猶太王國滅亡，到「巴比倫囚虜」181（Babylonian Captivity）為止的400年間的歷史。乃是前先知書182的最後一本。

■ 《吉爾伽美什史詩》（Epic of Gilgamesh）

古巴比倫人的史詩。西元前2200年左右以阿卡德語（Akkadian language）寫成。詩中描述古代都市烏魯克（Uruk）的半人半神英雄吉爾伽美什與勇者恩奇杜合作打倒了森林怪物芬巴巴，以及他為了追尋永恆的生命獨自一人展開旅行等故事。內容含有大洪水的故事，對後來的《舊約聖經》造成了影響。

■ 《名所江戶百景》（Meisho-Edo-Hyakkei）

江戶時代後期的浮世繪師安藤廣重的畫集。廣重擅長以自然風情為題材，畫集中充滿了江戶庶民熟知的浪漫場景。著名的狐火圖就是出自於此畫集，標題為「王子裝束參拜隊伍，樸樹下除夕夜裡狐火」183。

■ 《地獄辭典》（Dictionnaire Infernal）

十九世紀法國人普朗西的著作，內容涉及惡魔、巫婆、精靈、魔法等等。可從本書的標題得知，這是本關於精靈、魔神、巫師、與地獄的交涉、占卜、詛咒、猶太祕教，以及神祕學、奇蹟、作假、迷信、徵兆、降靈術的事蹟等事項的總覽。

■ 《百鬼夜行繪卷》（Hyakki-yakou-emaki；Hyakki-yagyou-emaki）

室町時代完成的繪卷，作者不詳。所謂的「百鬼夜行」乃是平安時代某個特別的節日，據說當晚會有無數的妖怪出來遊行，本繪卷即描繪該日妖怪遊行的樣貌。繪卷是以隊伍的最後端開始，一隻隻地描繪隊伍中的妖怪，這些妖怪在夜晚時快樂地遊行，繪卷最後則是妖怪見到清晨陽光嚇得四處逃竄的模樣。

■ 《老嫗茶話》（Rouousawa）

江戶時代中期的奇談故事集。三坂春編（Misaka Haruyoshi）選。據說作者是福島縣會津地方的浪人，因此書中收錄了許多該地的傳說。類似於地方傳說故事集。

■ 《耳袋》（Mimibukuro）

成書於1814年的日本隨筆集，全10卷。根岸鎮衛184（Negishi Yasumori）著。作者

服勤於佐渡奉行[185]，書中就記錄著作者於執行勤務時聽到的故事，以及來家裡作客的客人之雜談。

■ 《衣索比亞以諾書》（Ethiopic Book of Enoch）

　　《舊約聖經》的僞經之一。內容以聖人以諾的生平故事爲主，闡述天使在以諾面前現身，帶著他遊歷天國與地獄並曉以祕理。天使教誨的內容從天文曆法到歷史的概觀都包含在內。

■ 《西遊記》

　　中國明代的長篇奇幻小說，吳承恩著。以三藏法師西行印度取經的史實爲根基。書中誕生於石頭中善使神奇妖術的靈猴孫悟空，與沙悟淨、豬八戒等妖怪一同保護三藏法師，一路打退種種怪物，終於達成目標的故事。

■ 《西鶴諸國[186]故事》（Saikaku-shokokubanashi）

　　江戶時代初期的作家井原西鶴[187]（Ihara Saikaku）編寫的短篇小說集。以從日本各地搜集而來的怪異故事爲藍本，除了姥火以外，也收錄了不少關於天狗、怨靈、仙人、怪異動物等的故事。

■ 《佛爾頌英雄傳》（Volsunga Saga）

　　十三世紀冰島的散文作品。以古代北歐傳承的神話和英雄傳說爲素材，所收錄的作品當中，包含了德語文化圈的英雄傳說《尼伯龍根之歌》的源頭。

■ 《伽婢子》（Otogi-bouko）

　　江戶時代初期淺井了意所作的志怪小說集。收錄了68篇具有傳奇性及浪漫元素的短篇小說。由中國明清志怪小說改編而來，依據《剪燈新話》、《剪燈余話》[188]等中國小說寫成。

■ 《吾妻昔物語》（Azuma-mukashimonogatari）

　　元祿年間完成的說話集，共有3冊。松井道圓（Matsui Douen）著，除了岩手縣內仍存有抄本以外，亦收錄於《南部叢書[189]九》中。

■ 《妖怪談義》（Youkai Dangi）

　　昭和31年發行的民俗故事書，柳田國男作。收錄有小孩離奇失蹤[190]、河童、洗豆怪、座敷童子、山姥等日本各地的妖怪故事。

■ 《希臘神話》[191]（Bibliotheke）

　　爲一世紀前後希臘人阿波羅多羅斯的著作。內容從天地誕生開始到特洛伊戰爭前後，以西元前五世紀的古典作品爲藍本，相當完整地將希臘神話統合起來，因此可說保存了較多希臘神話的原貌。

■〈牡丹燈籠〉（Botan-dourou）

收錄於1666年發行的志怪小說集《御婢子》（Obouko）中的短篇，作者爲淺井了意。在故事中，芳年早逝的彌子在死後仍繼續與愛人來往。在愛人眼裡彌子與普通人並無差別，但在其他人眼中她卻是一副骷髏。另外，三遊亭圓朝也以此故事爲藍本創作了《怪談牡丹燈籠》，該故事中的女子則叫作阿露，一般而言是阿露之名較爲有名。

■《貝奧武夫》（Beowulf）

八世紀前半寫成的英國史詩，作者不詳。被譽爲古代英國文學最了不起的傑作。第一部中，英雄貝奧武夫打倒了襲擊丹麥王宮的食人魔格蘭戴爾，第二部則擊敗了火龍，但在與火龍作戰之際，貝奧武夫中了龍毒身亡。

■《辛巴達歷險記》（Sinbad the Sailor）

故事集《天方夜譚》中的一則故事。故事中住在巴格達的大富翁辛巴達遇見了與他同名的窮苦青年，並邀請青年到他家作客，向他述說自己年輕時的七回航海冒險故事。或被巨鵬攻擊、或誤以爲大魚是座小島而登上魚背等等，由數則當時流行的海上奇談所構成。

■《亞瑟王之死》[192]（Le Morte d'Arthur）

馬洛禮爵士[193]（Sir Thomas Malory）著。十五世紀的英國小說。內容包括了從亞瑟王誕生、圓桌武士（the Knights of Round）的事蹟，到王妃圭妮維亞（Guinevere）與騎士蘭斯洛之間的不倫戀情等等，集亞瑟王傳說之大成。故事最後亞瑟王的王國瓦解，而他自己則被帶往妖精的國度亞法隆（Avalon）。

■《和漢三才圖會》（Wakan-sansai-zue）

江戶時代中期的附插圖百科全書，全105卷。大阪的醫師寺島良安（Terashima Ryouan）著。形式上模仿中國的《三才圖會》，內容分成天部（天文、天象、曆占等）、人部（人倫、親屬、官位或鳥獸魚蟲等）、地部（土地、山水、中國地誌、國內地誌等）等類別，各項目的說明均附有插圖。

■《抱朴子》

東晉時期的道教典籍，葛洪撰。內容多談神仙之事，記載了各種長生不老術的理論與方法。另外也記載了與儒家有關的政治論、時政的得失或人事的可否等等。

■《法國鄉村傳說集》（Legendes rustiques）

以鄉村題材著名的十九世紀法國女小說家喬治桑的作品。本書收錄了諸如霧女、夜裡的洗衣婦、森林妖火等多則法國中部農村的民間故事，可說是法國版的《遠野物語》。

■〈長靴貓〉（Puss-in-Boots）

收錄於十七世紀的法國詩人、評論家佩羅編寫的《鵝媽媽故事集》[194]（Tales and

Stories of the Past with Morals：Tales of Mother Goose）。內容敘述一名窮苦青年從父母親的遺產中分得一隻聰明的貓，然後在那隻貓的幫助下與公主結婚。此外〈藍鬍子〉（Bluebeard）、〈小紅帽〉（Little Red Riding Hood）等故事也都收錄於本書之中。

■《阿拉丁神燈》（Aladdin's Lamp）

收錄於古阿拉伯故事集《天方夜譚》中的故事。描述頑童阿拉丁在洞穴裡發現了神燈，並靠著燈神之力出人頭地的故事。

■《南總里見八犬傳》（The Hakkenden）

長篇小說，江戶時代後期的讀本，曲亭馬琴作。內容描述八犬士各自帶著八顆象徵著仁、義、禮、智、忠、信、孝、悌的水晶球從全國各地集合而來，他們協力合作，努力讓里見家復興起來。結局為八犬士與里見家的八位小姐結婚。

■《柳毅傳》

中唐時期李朝威所作的志怪小說。收錄於《太平廣記》中。內容為書生柳毅搭救了龍王之女，後來與她成婚成為龍界之人的故事。精彩地描述龍的世界。

■《科學怪人》（Frankenstein）

十九世紀前半的英國女作家瑪麗·雪萊的作品。一名叫作法蘭肯斯坦的大學生發現了讓非生物擁有生命的方法，並成功地讓屍體復活，但復活的屍體因為太過寂寞而變成了恐怖的殺人魔，不斷地殺人。

■《約伯記》（The Book of Job）

《舊約聖經》中的一書。約完成於西元前四世紀。主角約伯是一名家庭和樂、衣食不缺的富人，並且虔誠地信仰上帝。但撒旦卻對神說，他之所以會如此虔誠，是因為神讓他生活富足所致。神於是同意讓撒旦去試探約伯的信仰是否真誠。約伯因此蒙受嚴苛的考驗。

■《述異記》

唐宋年間寫成的書籍。全2卷，任昉著。搜羅同時代書籍中各類故事撰成。內有盤古、蚩尤、神農等人物的小傳，收錄了豐富的神話資料。

■《埃努瑪·埃利什》（Enuma Elish）

古巴比倫王國的創世神話。內容敘述馬爾杜克與原始女神蒂雅瑪特作戰，最後終於獲得主神地位的故事。故事由「埃努瑪·埃利什……」開始，故以此名之。

■《格列佛遊記》（Gulliver's Travels）

十八世紀英國作家強納生·史威福特所作的諷刺小說。內容敘述船醫格列佛遇上船難，漂流到小人國利利巴特（Lilliput）、巨人國布羅卜丁那格（Brobdingnag）、浮島拉普達（Laputa）、馬國胡育姆等地的冒險故事，充滿對英國與人類社會的諷刺。

■ 《桃山人夜話》（Tousanjinyawa）

江戶時代的故事集。竹原春泉齋著。搜集日本各地的奇談異聞。

■ 《浮士德》（Faust）

本書爲十八世紀後半到十九世紀初期的德國詩人歌德的作品。內容描述年老的主角浮士德對於自己窮盡一生探求知識卻沒有體驗到人生感到絕望，因此與惡魔梅菲斯特以靈魂爲代價締結了契約，喝下返老還童的魔藥，重新體驗人生。在第一部中，浮士德經歷了悲劇性的戀情，第二部作品則提示了人類生存的意義。

■ 《神曲》（The Devine Comedy）

十三～十四世紀的義大利詩人但丁[195]（Dante Alighieri）所作的長篇詩。內容爲但丁遊歷地獄、煉獄、天國的故事。在詩中，羅馬時代的詩人維吉爾[196]（Virgil）爲地獄與煉獄的引路人，而天國引路者則爲但丁已逝的愛人貝雅特莉琪（Beatrice Portinari）。雖是以發揚基督教精神爲目的的宗教文學，但也可以當作前往未知世界的冒險故事來閱讀。

■ 《神異經》

南北朝時寫成的志怪小說集。作者不詳。收錄了神話、傳說，以及作者本身的創作等等。

■ 《馬可波羅遊記》（Il Milione[197]）

十三世紀寫成的遊記。義大利商人馬可波羅於1271年旅行東方，經過中亞來到當時的元帝國，受元太祖呼必烈禮遇而得以旅行各地。1295年回國，後來遭熱內亞軍俘虜，於獄中口述旅行東方時的見聞，由另一個同獄的比薩（Pisa）作家魯斯提契洛（Rustichello da Pisa）筆錄而成。

■ 《曼德維爾遊記》（The Travels of Sir John Mandeville）

十四世紀法國人[198]曼德維爾所寫的東方遊記。內容模仿馬可波羅遊記寫成，但實際上作者並未到過當地，因此內容含有大量當時歐洲人對非洲、印度等地的迷思。

■ 《常陸國風土記》[199]（Hitati-no-kuni-hudoki）

編纂於奈良時代的常陸國（茨城縣）地誌。於713年受命編纂，本書記載了當時常陸國人民的生活、地名由來、古代傳說故事等等。

■ 《御伽草子》[200]（Otogi-soushi）

室町時代到江戶時代間所作的物語草子之總稱。自從收錄23篇故事的《御伽草子》於江戶時代中期出版後，就成為此類故事的代稱。內有覆缽公主、御曹子渡島、物草太郎、小敦盛、梵天國、一寸法師、浦島太郎、酒吞童子等故事。

■ 《啓示錄》（**The Book of Revelation**）

　　《新約聖經》的最後一書，約成書於一世紀。內容由約翰所見的幻象、寄給小亞細亞七個教會的信、神的啓示等部分構成，內容包括了從基督復活、升天，再度降臨並統治世界，一直到世界末日來臨之前將會發生的事情。

■ 《梨俱吠陀》（**Rig-veda**）

　　西元前十世紀的印度書籍，爲印度教經典《吠陀》[201]之一。全10卷，共1028篇讚美神明的頌詩。歷經數百年長期創作增減完成，其中一部分成爲後來印度教神話的源頭。

■ 《淮南子》[202]

　　成書於中國西漢的哲學書。由淮南王劉安與食客合撰而成。集古代知識之大成，性質近似百科全書。援用許多古代神話中的寓言故事。

■ 《聊齋誌異》

　　清代的志怪小說集，蒲松齡作。大量收錄了中國各地的怪奇、幽靈、妖怪、精靈類的故事。

■ 《軟泥怪》

　　美國作家布倫南的代表性怪奇小說，內容爲描寫一種黏液狀的怪物。

■ 《博物誌》（**Natural History**）

　　一世紀時的羅馬學者老普林尼所著的地誌。內容不限於希臘羅馬，也大量記載了非洲印度等地的地形、地名，以及當地的奇花異獸等等。爲瞭解幻獸時不可或缺的書籍。

■ 《畫圖百鬼夜行》（**Gazu-hyakkiyakou**）
　《畫圖百鬼徒然袋》（**Gazu-hyakki-tsurezurebukuro**）
　《今昔畫圖續百鬼》（**Konjaku-gazu-zokuhyakki**）
　《今昔百鬼拾遺》（**Konjaku-gazu-hyakkishuui**）

　　以上四本均爲江戶時代後期畫家鳥山石燕的妖怪畫集。在1776年到1784年間依序出版。石燕原本爲狩野派畫家，後來改當繪本插圖畫家，這些畫集對之後日本妖怪的形象有重大的影響。另外，這四本畫集目前收錄於國書刊行會[203]出版的《鳥山石燕——畫圖百鬼夜行》中。

■ 《雲笈七籤》

　　中國北宋時期皇帝敕命編纂的百科事典，內容收錄了《大宋天宮寶藏》4565卷中與道教有關的重要項目。全122卷。《大宋天宮寶藏》與《雲笈七籤》均由張君房編纂。除了引用道教書籍以外，也有不少與神話相關的資料。

■ 《黃金國的蛇母神》（The Snake Mother）

美國作家梅里特所著的幻想冒險小說。以沉睡於南美內地的亞特蘭王國爲背景，書中描寫了許多特異的半獸人，如經基因改造而成的蜥蜴人，或者是半人半蛇的蛇母神、蜘蛛人、青蛙女等等。

■ 《黃金傳說》（legenda aurea）

收錄基督教聖人的奇蹟故事、殉教故事等的傳說故事集。由十三世紀義大利熱那亞（Genoa）市第八代大主教沃拉吉納之雅各204（Jacob of Voragine）所著。對後世的幻想文學有重大的影響。

■ 《黑塚》（Kuroduka）

謠曲之一，應作於室町時代，作者不詳。在觀世流205中被稱爲「安達原」（Adachi-ga-hara）。以奧州206安達原的吃人魔女傳說爲題材。內容描述旅行途中的僧侶在天黑時巧遇荒屋，向獨居其中的老婆婆借宿，當晚老婆婆就恢復吃人魔的眞面目侵襲僧侶的故事。

■ 《奧德賽》（Odyssey）

西元前八世紀的希臘詩人荷馬所作207的史詩。參加特洛伊戰爭（Trojan War）的希臘英雄奧德修斯208於歸國途中遭逢暴風雨，歷經十年漂流歸來，本書即是描述他在漂流期間發生的種種冒險故事。

■ 《想像的動物》209（The Book of Imaginary Beings）

二十世紀阿根廷的詩人兼小說家波赫士210所著。取材自世界各地神話和傳說中的幻獸編成的辭典211。

■ 《愛麗絲鏡中奇緣》（Through the Looking-Glass and what Alice Found There）

十九世紀英國童話作家路易斯・卡羅爾212的作品。爲《愛麗絲夢遊仙境》的續集，描寫了愛麗絲進入鏡中世界歷經的種種神奇冒險。

■ 《搜神記》

東晉寫成的志怪小說集，干寶213撰。原書全30冊，但部分軼散，經後人重新整理爲20卷。搜集了中國各地如神仙、風神、雨神、水神、妖怪、怪物等各式各樣的民間故事，爲研究神話時非常重要的參考書。

■ 《新著聞集》（Shinchomonjuu）

日本江戶時代中期的故事集。18卷12冊。椋梨一雪（Mukunashi Issetsu）著。神谷養勇軒（Kamiya Yuuken）編。搜集了江戶時代中期以前的奇說異談。內容分爲忠孝篇、慈愛篇、酬恩篇、報仇篇、崇行篇、勝蹟篇、勇烈篇等全18篇。

■ 《源氏物語》（Genji-monogatari）

平安時代後期寫成的長篇故事，作者爲紫式部214（Murasaki Shikibu）。全54卷，從第1卷〈桐壺〉到第41卷〈幻〉爲止以光源氏（Hikaru-Genji）爲主角，第42卷〈匂宮〉以後則爲源氏死後的故事。

■ 《源平盛衰記》（Genpei-Jousuiki）

亦讀作「Genpei-Seisuiki」。作者不詳。軍記物語，應是鎌倉時代到室町時代間完成，爲《平家物語》215的異本216。內容描寫短時間內登上富貴榮華的平家，在經過源平之戰後急速衰亡的經過。

■ 《義經記》（Gikeiki）

室町時代寫成的軍記物語，以源義經（Minamoto-no-Yoshitsune）的傳說故事爲藍本。作者不詳。故事由義經幼年時期開始，一直到他與哥哥賴朝的對立至義經自殺身亡的故事爲止。源義經的故事從中世到近世在日本一直很受歡迎，受到本書影響而生的義經故事所在多有。

■ 《聖安東尼的誘惑》（La Tentation de Saint Antoine）

十九世紀法國小說家福樓拜的作品。爲敘述隱居於荒野之中的聖安東尼受到種種幻影糾纏的幻想故事。書中有鷹獅、豬首牛怪、獨角獸、王蛇等怪物出現。

■ 《逼近的暗影》（The Slithering Shadow）

美國作家霍華的小說。內容敘述蠻族出身的英雄柯南（Conan）所經歷的種種冒險，爲《蠻王柯南》（Conan the Barbarian）系列之一。收錄於創元推理文庫的《柯南與黑色預言者》當中。

■ 《雷蒙蓋頓》

十七世紀以前完成的歐洲魔法書（Grimoire）。假託《舊約聖經》中古以色列王國所羅門王的名義所作，作者的眞實身分不詳。第一章名爲〈哥耶提雅〉（Goetia），介紹了被稱作所羅門王的72名惡魔的詳細資料。

■ 《瘋狂的羅蘭》217（Orlando furioso）

十六世紀前後的詩人阿里奧斯托所作的傳奇史詩。內容描寫了名君查理曼（Charlemagne）統治法國時，勇士奧蘭多（即羅蘭〈Roland〉）與欲讓基督教國度陷入混亂局面的蒙古帝國作戰的經過218。怪物半獸人與魔法戒指（Magical ring）等亦出現在故事之中，據說托爾金的小說《魔戒》受該書影響頗深。

■ 《遠野物語》（Toono-monogatari）

明治43年出版之遠野219的民間故事集。由遠野出身的佐佐木喜善（Sasaki Kizen）口述，柳田國男整理筆錄而成，收錄遠野地方的傳說、民俗等119則故事。乃是觸發日本民俗學發展的紀念碑。

■《齊諧記》

中國南朝宋的志怪小說集。搜集了三國到南朝宋元嘉年間的佛教故事、說話、妖怪譚等等。原書有7卷，今已亡軼。作者為散騎侍郎東陽無疑，生卒年不詳。

■《摩訶婆羅多》（Mahabharata）

世界上最長篇的史詩，成書於西元前數世紀，據說是廣博仙人（Vyasa）所作。故事中婆羅多（Bharata）國的兩名王子——持國（Dhrtarastra）王子與般度（Bandu）王子各自生下100個王子與5個王子，《摩訶婆羅多》通篇都在描述這百王子與五王子間爭奪王位的故事。最後五王子中的阿周那（Arjuna）在黑天神的幫助下獲得勝利。

■《暴風雨》（The Tempest）

十六～十七世紀英國作家莎士比亞的戲劇。是以擁有超能力的巫師普洛斯彼羅（Prospero）為主角的幻想故事，書中亦有座棲息著精靈或海怪的魔島。於1611年寫成。

■《稻生物怪錄繪卷》（Inou-mononokeroku-emaki）

一般認為這是江戶時期完成的怪談繪卷。內容敘述備後國（廣島縣）三次（Miyoshi）一帶的稻生家在舉行百物語之會後的三十天，妖怪不分晝夜地一個接著一個出現在名為平太郎的少年面前。此書佐以插圖一一說明這些妖怪的來歷。

■《諸國里人談》（Shokoku-rijindan）

1743年寫成的江戶時代地誌。全5卷。菊岡沾涼（Kikuoka Senryou）著。內容為作者旅行諸藩國時，從各地人民聽來的故事。篇章構成如下：卷1（神祇‧釋教）、卷2（奇石‧妖異）、卷3（山野‧光火）、卷4（水邊‧生殖）、卷5（氣形‧器用）。

■《鞍馬天狗》（Kurama-tengu）

謠曲之一，應完成於室町時代，作者不詳[220]。以牛若丸（源義經的乳名）在鞍馬山修行的傳說為題材。話說鞍馬山舉行賞花會時義經被平家的小孩嘲弄，後來鞍馬山的大天狗出現在牛若丸面前，傳授他兵法的奧妙，義經因此在日後打倒了平家。

■《歷史》（The History of Herodotus）

西元前五世紀的希臘歷史學家希羅多德撰寫的史書，同時也是現存希臘史書中最古老的一本。以波希戰爭[221]（Greco-Persian Wars）為主題，在敘述波斯帝國歷史的同時，也旁及歷代國王遠征過的埃及、印度、阿拉伯、伊索比亞、利維亞等地的地誌、風俗、歷史，為瞭解古代世界的重要參考書。

■《鮫人報恩》（Koujin-no-kansha）

本書作者是以《怪談》（Kuwaidan）一書成名的小泉八雲（Koizumi Yakumo）。乃是歸化日本的英國作家，英文名為拉福卡迪歐‧漢[222]（Lafcadio Hearn）。故事描述鮫人被趕出龍宮，在走投無路之際被一個好心男子所救，不禁流下眼淚。沒想到眼淚竟

然變成了寶石，因此將之贈給男子報恩。

■ 《薰衣草龍》（The Lavender Dragon）

十九～二十世紀的英國小說家菲爾波茨的小說。內容爲與書名同名之龍的故事。

■ 《繪本三國妖婦傳》（Ehon-sangoku-youhuden）

江戶時代後期的讀本。高井蘭山（Takai Ranzan）著，蹄齋北馬（Teisai Hokuba）繪。記述九尾妖狐跨越中國、印度、日本三國興風作浪，爲非作歹的故事。

■ 《羅摩衍那》（Ramayana）

古印度的史詩，據說是詩人蟻垤（Valmiki）所作。主角爲憍薩羅（Kosala）國的王子羅摩。羅摩在後母的陰謀下與妻子悉達（Sita）離開王國出外旅行，但妻子卻在旅行途中被魔王羅波那捉走。羅摩在漫長旅行中得到了神猴哈奴曼的幫助，最後終於打敗魔王，救出愛妻，並回國登基即位。

■ 《譚海》（Tankai）

江戶時代後期的隨筆，津村淙庵著。作者將身邊友人的所見所聞記錄下來，編寫成冊。從都會到鄉村，廣泛地收錄各處的小故事和傳聞。

■ 《續博物誌》

六朝文人張華撰所著的志怪小說集《博物誌》的續篇。搜集了中國各地的妖怪、怪物故事，以及日常周遭的小事件等等，爲瞭解中國神話時不可或缺的典籍之一。

■ 《魔戒》（The Lord of the Rings）

二十世紀的英國語言學者托爾金所作的奇幻小說。乃是矮人族的哈比人比爾博·巴金斯與巫師甘道夫一起進行種種冒險的長篇奇幻故事[223]。爲《魔戒前傳：哈比人歷險記》的續集。

■ 《魔戒前傳：哈比人歷險記》（The Hobbit）

二十世紀的英國語言學者托爾金所作的奇幻小說。以侏儒族哈比人的比爾博·巴金斯（Bilbo Baggins）爲主角。故事中他與巫師甘道夫（Gandalf）及其他矮人一起旅行，最後打倒了惡龍史矛革。

注釋

1 諾斯替教，盛行於二世紀，揉合了多種神學與哲學思想，影響了當時的許多宗教，其中以與基督教結合後產生的基督教諾斯替派爲勢力最龐大的一支。諾斯替教的思想強調靈肉對立二元論，認爲至高神創造了靈體，而物質界則是由靈體中的下等神所創。人類的靈魂乃是至高神自身的一部分，只是墮落到邪惡的物質界，進入邪惡的肉體。而靠著對諾斯（Gnosis，神傳的知識）的理解能達到與至高神合一的境界。由於其學說對正統基督教的教義深具威脅性，故正統的基督教視之爲最大的異端，爲了與之對抗而編纂正典《聖經》，促進了神學的發展。

2 老普林尼，生卒年23～79年。古羅馬作家，拉丁語全名爲「Gaius Plinius Secundus」。他的《博物誌》對西方的科學歷史文明有重大的影響。

3 黑天，毗濕奴神的化身之一。

4 津輕，日本東北的青森縣西半部之習稱。

5 鳥山石燕，生卒年1712～1788年。原爲狩野派畫家，以妖怪圖畫聞名。弟子中以善畫美人畫的喜多川歌麿（Kitagawa Utamaro）最爲著名。狩野派以戰國時代的狩野正信爲祖，爲江戶幕府的御用畫派。

6 《瓜子姬》，民間故事。有不少版本，最常見的版本爲一對老夫婦撿到了在河中漂流的瓜。剖開一看，發現裡面藏了一位美麗的女孩，於是收養了她。某一天，天邪鬼在瓜子姬織布時現身將她抓走，最後老夫婦打倒了天邪鬼救出瓜子姬。

7 希羅多德，生卒年西元前484～西元前425年。西方世界中第一位撰寫史書的歷史學家。其作品《歷史》雖有許多謬誤（因此曾被後人罵作大謊言家等等）之處，但在研究古代史上仍具有極高的參考價值。

8 華格納，生卒年1813～1883年。德國歌劇作曲家、理論家。認爲音樂是用來表達人類情感、心理的手段，其作品多取材自德國傳說故事。除了《尼伯龍根指環》之外，另有《唐懷瑟》（Tannhauser）、《崔斯坦與伊索德》（Tristan und Isolde）等作品。

9 從大地獲得力量，安泰歐斯乃是海神波賽頓與大地女神該婭之子，因此只要立於大地之上就能源源不斷地獲得力量。

10 油燈，日文漢字寫作「行灯」，爲一種由竹條編成的油燈，上面糊有紙製的方形燈罩。

11 黑齒，古代日本上流階層的婦人間流行的一種化妝方式。將鐵粉溶在醋酸中，加上五倍子粉調成一種黑色塗劑塗在牙齒上。以光亮如漆器般的純黑爲最美。

12 密爾頓，生卒年1608～1674年。英國最偉大的詩人之一。著作豐富，早年積極參與政治活動，並著詩聲援；晚年失明，興趣轉而趨向宗教思想，《失樂園》即此時期的作品。除了《失樂園》以外，另撰有續篇《復樂園》（Paradise Regained）。

13 巴力比利土，此惡魔是源自於小亞細亞的神祇巴力比利土（Ba'al-berith，乃盟約之神的意思〈Lord of the Covenant〉）。以色列人也曾崇拜此神，詳見《舊約聖經・士師記》。

14 Banshee，古愛爾蘭語寫作「ben síde」，現代愛爾蘭語中則是「bean sídhe」。「bean」是女人的意思，而「sídhe」則是指妖精。

15 貝斐戈，源自於小亞細亞的神祇——巴力毗珥（Baal-Peor）。能驅使人產生探索心，進而懷疑自身的生活是否幸福。在惡魔學中被視爲七大罪中懶惰的代表（七大罪代表如下：路西弗〈Lucifer，驕傲〉、瑪門〈貪婪〉、阿斯摩丟斯〈好色〉、撒旦〈憤怒〉、別西卜〈貪食〉、利維坦〈嫉妒〉及貝斐戈〈懶惰〉）。

16 本本石，一種上尖下方的石碑（obelisk），埃及人認爲這是本努鳥的象徵。

17 弘法大師，平安時代初期的僧侶空海（Kuukai）的諡號。生卒年774～835年。曾渡唐取經，爲日本佛教大宗之一的眞言宗開宗祖師。對日本佛教普及民間有莫大的影響，故常被視爲高僧的代表，留下許多傳說。

18 伯達赫，在蘇格蘭蓋爾語中是老人的意思。

19 普朗西，生卒年1793～1887年。法國的神祕學者、惡魔學者、作家。代表作爲《地獄辭典》。

20 《地獄辭典》，1818年出版。不過流通最廣的爲1863年的版本。畫家布爾頓（M.L.Breton）爲此書畫的插圖成爲今日許多惡魔造型的範本。

21 鶇鳥，一種鶇科的鳴禽，體長約13～30cm，分布於世界各地。

22 福樓拜，生卒年1821～1880年。法國寫實主義小說大師，作品描寫細膩且客觀寫實。代表作爲《包法利夫人》（Madame Bovary）。

23 庇里托俄斯，拉庇泰人（Lapith）之王，英雄特修斯的好友間冒險伙伴。妻子爲養蜂人布特斯（Butes）的女兒希波達彌亞（Hippodamia）。這場騷動後來引發了牛人半馬怪與拉庇泰人之間的戰爭。

24 柳田國男，生卒年1875～1962年。民俗學者，對日本民俗學有莫大的貢獻。除了《遠野物語》以外，還有《蝸牛考》、《桃太郎之誕生》等作品。

25 日式褲裙，日文爲「袴」（hakama），和服中男子穿著的寬鬆褲裝，看似裙子，但中間是分開的。對武士而言乃是日常服裝，但對平民而言則是只在節慶典禮時穿上的正式服裝。

26 阿波羅多羅斯，生於西元前180年左右，卒年不詳。爲與其他同名的人做區別，又被稱作「雅典的阿波羅多羅斯」（Apollodorus of Athens），爲著名的歷史學者與神話學者。除了《希臘神話》以外，另著有《希臘編年史》（Chronicle）。

27 伊阿宋，希臘神話中取得金羊毛、率領阿爾戈號眾英雄的領袖人物，伊奧爾柯斯（Iolcos）國國王埃宋之子，半人半馬怪喀戎的徒弟。

28 喬治桑，生卒年1804～1876年。法國浪漫主義小說家。於貝里（Berry）的鄉村長大，作品中亦反映出許多該地的特色。本書即以此地的傳說爲題材。

29 曼德維爾，出生於英國的作家。生卒年不詳，並不確定是否眞有其人。本遊記是關於曼德維爾的唯一紀錄。他在海外大發現前被譽爲最偉大的探險家，但在新航路新大陸的拓展後，又被稱爲最大的謊言家。

30 馬可波羅，生卒年1254？～1324年。義大利威尼斯商人、旅行家、冒險家。幼年隨商人之父與叔父來到元朝上都，一家人受忽必烈賞識，1269受命擔任特使回國訪問羅馬教宗，此時馬可15歲。2年後又再度隨父親旅行東方。1275抵達上都後，停留中國達16、17年。1295回到家鄉，後來參與威尼斯與熱內亞的戰爭被俘，於獄中口述遊記。釋放後隱居家鄉終老。

31 洛夫克萊夫特，生卒年1890～1937年。美國恐怖小說與奇幻小說家，最大的成就爲把

恐怖故事的體裁帶入科幻小說中，創造出著名的克蘇魯神話體系。

32 修驗道，日本一種在山中修行、行祕教儀式以求感應到神佛的宗教，混雜了神道教、佛教及自古以來的山岳信仰。開宗祖師爲役小角（Enno Odunu）。或稱「修驗宗」。

33 山伏，生活在山野中的人，多指在山中修行的僧侶或修驗道的行者。其打扮爲頭上戴小型的三角帽，手持錫杖，身穿法衣，外批袈裟。天狗的服裝就是由山伏的打扮演變而來。

34 《太平廣記》，宋代李昉等人編著的類書，全書共500卷，含目錄10卷，共分92大類，下面再細分成小類。廣泛地收錄漢初至北宋的小說，所收內容以神仙、報應、神鬼等類的小說爲主。許多亡軼的唐代傳奇等文學作品均因而得以留存。

35 分身，由兩個德文組成。「doppel」意即「double」，「gänger」則是「goer」，亦即「兩個同樣的行人」的意思。

36 科西巴瓦，愛爾蘭語的意思是「安靜的」或「耳聾的馬車」（deaf or silent coach）。

37 赫卡蒂，希臘神話中很早期就出現的女神。或許是西元前五、六世紀由小亞細亞傳入。乃是泰坦神族之一。常被描寫成三頭三身背部相靠的形象。赫西奧德則在《神統紀》中說她自宙斯手中獲得了管理陸海空三地的權能。

38 瑪麗·雪萊，生卒年1797～1851年。英國浪漫派女作家，著名詩人雪萊（Percy Bysshe Shelley）之妻。

39 象頭，關於伽尼薩外表的成因有許多不同的說法。其中一種是帕瓦娣生下伽尼薩後非常得意，邀請眾神觀看，卻忘了婆尼（Sani）神的眼光能燒毀一切，而讓伽尼薩失去頭部，婆羅門神要帕瓦娣快找一頭顱回來代替，結果最先遇到的是頭大象，因而變成了這副模樣。

40 春分前後，日文寫作「春の彼岸」，指春分前後各7日的期間。後文的秋分前後亦同。

41 尻子玉，過去日本人認爲存在於肛門附近的一種器官。被拔走後就會變成膽小鬼，或說會死亡。會有這種傳說或許是因爲溺死者肛門肌肉擴張，宛如缺了球形器官所致。

42 Geflügelterlindwurm，德語。「Geflügelter」爲「有翼的」之意，而「Lindwurm」則是指一種有鱗無翼的蛇型龍，英文拼作「Lindworm」，中文常譯作龍或鱗蟲。鱗蟲乃是一種似蛇的龍，無足或僅有二足，與飛龍（Wyvern或Wivern）的關係密切。本文中的日文名詞省略了「有翼的」的部分卻留下「lindwurm」，卻用來指稱有翼龍似乎並不妥當。另外，文中所說的「linddrache」與「lindwurm」應是同一物而非有翼無翼的差別。

43 阿爾比恩，不列顛群島最早的稱呼。出現在西元前四世紀的歷史書中。乃白色的土地之意，或許是多佛海峽白堊土質的關係。

44 律法學者，即拉比（Rabbi），指猶太社會中受過正規教育，擔任宗教與精神導師的人。

45 三人的名字，斯塞諾、歐律亞爾和梅杜莎三人的名字意思依序是「強大者」（the Mighty）、「跳遠者」（the Far-Springer）、「王后」（the Queen）。

46 葛萊艾，此名有「老女人」或「灰白的」之意。

47 富蘭克林，生卒年1706～1790年。美國政治家、科學家、發明家、作家。在政治方面協助美國起草獨立宣言，而在科學與發明方面則是針對電氣所做的實驗與發明避雷針。

48 《山海經》，共18卷，含〈山經〉5卷、〈海經〉8卷、〈大荒經〉4卷、〈海內經〉1卷。〈山經〉與〈海經〉各成體系，成書時間不同，前者記載山川、動植物及遠古傳

說等等，約爲戰國初期或中期完成；後者記載海內外傳聞，夾雜了古代神話，應是秦代或西漢初期完成的。

49 讀本，江戶時代流行的一種小說形式，相對於繪本類的文圖並茂，讀本如其名是強調文字的閱讀。多以傳說故事爲題材，賞善罰惡、因果報應思想爲貫穿全書的主題。

50 四隻鳥身女妖名字的意思分別是「奔馳的風暴」、「飛快的風」、「黝黑的」、「腳快的」。

51 南方熊楠，生卒年1867～1941年。明治時期的民俗學者兼生物學家。對日本菌類研究有非常大的貢獻，同時在民俗學方面也有專攻。

52 阿里奧斯托，生卒年1474～1533年。爲十六世紀義大利最重要的詩人之一，出身於貴族之家。其著作《瘋狂的羅蘭》爲文藝復興時期義大利文學的代表性作品。其他著名作品還有喜劇《列娜》（La Lena）、《金櫃》（Cassaria）等等。

53 人造人，此字爲拉丁文，是小人的意思。

54 歌德，生卒年1749～1832年。德國浪漫主義的代表性詩人、小說家、哲學家。

55 毛利元就，生卒年1497～1571年。日本戰國時代的武將，領地爲今日本州島上的京都、兵庫以西。

56 強納生・史威福特，生卒年1667～1745年。愛爾蘭出身的英國諷刺文學作家，除了《格列佛遊記》以外，還有《澡盆故事》（A Tale of a Tub）、《布商的信》（The Drapier's Letters）等作品。

57 「芬巴巴」（Humbaba）爲亞述語拼法（Ashrian Spelling），「胡瓦瓦」（Huwawa）則爲巴比倫語拼法（Babyrian Spelling）。

58 火男，日本常見的一種面具。容貌就像拿著管子吹火時，噘嘴臉部歪斜，兩頰鼓漲，兩眼發直的滑稽模樣。

59 羅城門，位於貫通京都南北的朱雀大道南方的大門，後世常寫作「羅生門」。

60 渡邊綱，生卒年953～1025年。平安時代中期的武將。源賴光四大天王的領頭，以武勇聞名，留下許多打退妖怪的故事。

61 浪人，指古代日本離開戶籍地到處流浪的武士，也稱「浮浪」，這些人通常沒有主君。江戶時代中期開始又稱爲「牢人」（日文發音相同）。

62 風雨之神，即塔爾渾（Tarhun或Tarhut、Taru等），經常與另一個天氣神泰舒卜（Teshub）被視同同一存在。天氣神在西台神話中乃是最高神，其象徵是手中持的雷電三叉戟。常被描述成一個騎著公牛一手持三叉戟，另一手持棍的男子。

63 犬神一族，原文「犬神筋」，「筋」在此爲家系之意。

64 鼓風，原文「一本ダタラ」中之「タタラ」漢字寫作「踏韛」，意思爲打鐵用的鼓風器。

65 盂蘭盆節，日本的節日，以農曆7月15日爲中心，據說這幾天祖先的靈魂會回到陽間探望子孫，因此人們會返鄉舉行祭祖、掃墓、誦經等儀式。

66 以津眞天，日文念作「いつまで」，乃「要到何時」之意。當時戰亂與天災不斷，京都荒廢殆盡，棄屍路旁卻無人安葬，此怪鳥嘲笑這種情形究竟要持續到何時？

67 中島敦，生卒年1909～1942年。研究漢文的學者，因氣喘而早逝。代表作有《山月記》、《李陵》等等。

68 安倍晴明，生卒年921～1005年。平安時代中期的陰陽師，善使式神驅魔，深受貴族們的信賴，在民間傳說頗多。

69 鬼門，陰陽道思想中鬼出入的方位——艮方（東北方）。

70 伐折羅，原文中寫作三叉戟，但應該是金剛杵。

71 希有希現，日文發音與「毛羽毛現」相同。

72 陰火，指鬼火之類的低溫燃燒現象。

73 俱毗羅，印度神話中的眾夜叉與緊那羅之王，同時也是司掌財富之神。在佛教中則稱爲毗沙門天，又名「多聞天」。

74 浮世繪，浮世指俗世之意。浮世繪以描寫俗世風俗，即江戶時期都市的商人階級（町人）喜好的玩樂爲主要題材，如煙花巷、戲曲、相撲等等。

75 安藤廣重，安藤爲本姓，世稱「歌川廣重」（Utagawa Hiroshige）。在浮世繪中運用西洋繪畫的技巧，開創新的風格。除了《名所江戶百景》以外，另一著名系列作品爲《東海道五十三次》，此乃以東海道（東京到京都沿著太平洋沿岸的主要幹道）共53個驛站爲題材的系列畫作。

76 安珍清姬傳說，謠曲、歌舞伎中的著名戲碼。安珍即該山伏之名。

77 海女，專門潛水入海中捕魚採海草等的女性。

78 山女魚，亦稱「佳魚」。與台灣特有種的櫻花鉤吻鮭血緣非常相近。在體形上與生長環境上也很類似。主要分布於日本東北與西部靠日本海的溪流中。

79 歷史上以黃龍爲年號的時代有兩個，分別是漢宣帝的年號（西元前49年）與三國吳大帝的年號（西元229～231年）。

80 根據《淮南子》卷4〈墜形訓〉，「介鱗生蛟龍，蛟龍生鯤鯁，鯤鯁生建邪，建邪生庶魚，凡鱗者生於庶魚」。

81 巨蛇，巨蛇名爲法拉克（Falak），乃至高無上的蛇。巴哈姆特漂浮在無盡的海上，海底下則是空氣的領域與火焰的領域。而法拉克就位於最底層，牠口中有六層地獄，連阿拉都對牠心生畏懼。

82 伊邪那美，開天闢地的最後與兄伊邪那岐一起誕生的女神。兩人生出許多日本的神祇，後來伊邪那美在生下火神時灼傷陰部而死。死後成爲黃泉國（冥府）之主宰，故別名黃泉大神（Yomotsu-Ookami）。

83 軍記物語，軍記物語（gunki-monogatari）爲流行於日本平安時代末年到室町時代的一種創作形式，以戰亂爲題材來描寫一個時代的興亡盛衰。

84 源義經，生卒年1159～1189年。源義朝的九男，曾任檢非違使尉（判官），故習稱九郎判官。平安時代末年源平之戰時於壇之浦（Dan-no-ura）大破平家一族，立下莫大功績。但後來與其兄源賴朝（Minamoto-no-Yoritomo，鎌倉幕府之開創者）對立，最後被其子泰衡背叛，自刃於衣川。其悲劇性的一生在後世物語、戲曲等文學中是極受歡迎的題材。

85 Lares，單數型爲「Lar」。

86 遊魂祭，羅馬人每年5月9、11、13日舉行之祭祀遊魂的慶典。亦拼作「Lemuralia」。

87 菲爾波茨，生卒年1862～1960年。英國小說家、詩人、劇作家。

88 幽魂，羅馬人把人死後的靈魂泛稱作幽魂。後來又進一步把幽魂區分成兩種類型，一種是家神，另一種則是遊魂。不過大部分的情形下「lemures」與「Larvae」在意義上並無差別。

89 瑪芙黛特，筆者所查到的資料與本文中的描述差異頗大，在此提供作爲參考。瑪芙黛

特爲埃及的豹頭女神，代表正義或法律的執行，因此經常是神廟等神聖場所的守護者。她經常被描寫成貓科動物（如貓、黑豹）、豹頭人身，抑或是豹身女首的形象。那是因爲貓科動物是有毒動物如蠍子、毒蛇等的天敵，而這些有毒動物經常象徵著邪惡。因此瑪芙黛特也有個別名叫作「弑蛇者」（slayer of serpents）。

90 摩迦羅，或譯作「摩羯」，常與西洋的魔羯（Capricorn）被視作同一存在。

91 伐樓那，古印度神話中的主要神祇。代表宇宙之水，乃是眞理與正義的維護者。祂同時也是創造之神，與因陀羅同爲吠陀時期的至高者。但吠陀時期之後祂的地位大不如前，僅爲水神，與道德之間的關連性也變得十分模糊。

92 北枕，佛教故事中佛陀涅盤時是頭朝北面向西而臥，故人死時會將屍體擺成這種姿勢，爲不吉利的象徵。

93 赫西奧德，生卒年不詳。希臘詩人。除了《工作與時日》以外，著名的作品還有敘述諸神的譜系與爭權奪利的《神譜》（Theogony）。

94 蛟神，「Mintsuchi」一詞是由「Mizuchi」轉變而來，即蛟龍之意。而「Kamui」則是神靈之意。根據民俗學者柳田國男的說法，河童是由蛟龍墮落變成的。

95 武器，此武器就是金剛杵（Vajra），也就是雷電。

96 貓股，或寫作「貓又」，「又」和「股」均爲「分岔」之意。

97 利根川，日本關東地方從西北流向東南的大河，爲日本流域面積爲最廣的河流。

98 《舊約聖經》中的巨人族，創世紀第6章第4節中提到「那時候有偉人在地上，後來神的兒子們和人的女子們交合生子；那就是上古英武有名的人」，在英王欽定本聖經中，此句中的「偉人」作「Giants」，指的就是尼菲力姆。

99 肘尺，古代長度單位，指手肘到中指的長度，約爲45cm。

100 尼德霍格，此名字乃是「碎屍者」（the tearer of corpes）之意。於世界末日（Ragnarök）時與邪神洛奇一決死戰。

101 梅林，亞瑟王傳奇中的巫師和賢人。這個角色的性格常隨著故事情節或版本不同而變化。他是亞瑟王父子的顧問，在許多故事中他是向亞瑟王提議建立圓桌武士團的人，也是建議尋找聖杯者。另外，向尤瑟王（Uther Pendragon，亞瑟之父）建議後繼者必須是能拔出石中劍的人也是他。

102 「襖」即紙門之意。

103 殺不死的身體，傳說中希羅尼耶格西布以苦行獲得了梵天的恩惠，許下了「不管是神是阿修羅還是人或獸，不管是白天還是晚上，不管是屋裡或屋外，不管用任何武器，都殺不了他」之願望，而最後則是在既不是夜裡也不是白天的時刻下，於既不是屋內也不是屋外的場所裡，被既不是神也不是阿修羅也不是人也不是獸的東西，用不是武器的東西所殺。

104 其他寧芙仙子，除了本文中提到的3種以外，陸上的寧芙仙子還有阿爾賽斯（Alseids，山谷、灌木林的仙子）、歐隆妮亞斯（Auloniads，牧草地的仙子）、哈莫德妮亞斯（Hamadryads，樹木的仙子）、美麗亞（Meliae，梣木仙子）、伊埃美奇斯（Ieimakids，草地的仙子）、歐莉亞斯（Oreads，山或山洞的仙子）。而水中的寧芙仙子則有俄刻妮亞斯（Oceanids，鹹水區域的仙子，她同時也是泰坦男神俄刻阿諾斯的女兒）、涅蕾斯（Nereids，地中海的仙子，爲海神涅洛斯的女兒，波賽頓之妻安芙朵琳蒂亦是其中之一）、克莉妮亞（Crinaeae，湧泉的仙子）、黎姆娜斯

（Limnades，湖泊的仙子）、佩吉亞（Pegaeae，泉水的仙子）、波塔梅斯（Potameides，河流的仙子）、艾黎翁瑪亞（Eleionomae，沼澤的仙子）。其他類的則有科西里安的寧芙仙子（Corycian Nymph，一種謬斯精靈）或蘭帕斯（Lampades，地底的仙子，爲冥府女王赫卡蒂的隨從）等等。

105 入內，指日本古代律令制度下，由外位（地方官）升爲內位（朝官）的情形。

106 藤原實方，生年不明，卒於998年。平安時期的和歌歌人，曾被譽爲中古三十六歌仙之一。風流倜儻，留下許多與女性間的問答歌。著有《實方集》。

107 佩羅，生卒年1628～1703年。法國詩人、文學評論家，曾參與十七世紀席捲英法兩國之古今文學論戰（Quarrel of the Ancients and the Moderns）。乃是支持現代的文學比希臘羅馬時代文學更優秀論點的主要人物。

108 皿屋敷傳說，女僕阿菊因爲清潔時弄丟了主人心愛的盤子而被殺死拋進井裡。後來變成了怨靈，半夜從井中傳來「一片、兩片……」的數盤子聲。日本各地均有類似的傳說。有人推測阿菊蟲可能是鳳尾蝶的蛹，其形狀與雙手被綑綁在後的人十分相似。

109 謠曲，日本的能樂由舞蹈（mai）、歌謠（utai）、伴奏（hayashi）三部分構成。其中歌謠配上曲調後亦可獨立表演，稱謠曲。

110 清尊錄，中國宋代小說家、畫家廉布所著的筆記小說。

111 菅原道眞，生卒年845～903年。平安時代前期的學者及政治家。深受宇多與醍醐兩代天皇重用，曾建議廢遣唐使，後來因爲讒言而遭流放。

112 崇德上皇，生卒年1119～1164年，在位期間1123～1141年。因引起保元之亂而遭流放。

113 日本武尊，景行天皇之子，日本神話中的英雄。乃《古事記》中王權擴張的代表性人物。曾西討九州的熊襲族、東征東國。

114 俵藤太，平安時代中期武將藤原秀鄉（Fujiwara-no-Hidesato）的別名。曾鎭壓平將門之亂而獲封下野（栃木縣）守。

115 入道，「遁入佛門」之意，指僧侶。有時也泛指光頭。

116 奧菲斯教派，奧菲斯爲希臘神話中的英雄人物，在音樂上有超乎常人的天賦。愛妻死後曾進入冥府以音樂感動黑帝斯而獲得將妻子帶回的許可，只是最後無法遵守規定，回頭看了妻子而使妻子得再度回歸冥府。至於奧菲斯教派則是指一種宗教運動，以神話中奧菲斯的詩歌與箴言爲教義，強調末世論與軀體死後靈魂的輪迴等等。

117 「裂尾入住」，原文寫爲「オサキ持ち」，即「裂尾狐住進的家族」的意思。

118 長篠之戰，1575年織田信長‧德川家康聯軍與武田勝賴軍之間的戰爭。因爲織田‧德川軍使用大量的火繩槍迎戰，而打敗了武田軍傳統的騎兵團，此戰對後世的戰法帶來相當大的影響。

119 赫密斯哲學，即傳說中由赫密斯‧特里斯密吉斯托斯（Hermes Trismegistus）所寫成的叢書《赫密斯祕義集成》中闡述的思想。除了醫藥、占星、宗教等古代學問以外，也探討了靈魂、宇宙論等思想。

120 比利賓，生卒年1876～1942年。爲二十世紀最具影響力的俄國畫家之一。曾參與美術雜誌《美術世界》（Mir iskusstva）與芭蕾舞劇團「俄羅斯芭蕾舞團」（Ballets Russes）的創辦，其作品受斯拉夫民間故事影響頗大。

121 原住民，現居於蘇格蘭境內的非塞爾特系民族。

122 波卡能巧妙地變成各種動物，如老鷹、黑馬，或巨大的黑山羊。波卡之名來自於早期

的愛爾蘭語「poc」，乃是「牡山羊」的意思。與淘氣地精波客（Puck）和希臘的山林精靈撒泰爾之間有很深的關連。

123 被神打傷，參見《舊約聖經‧約伯記》第26章第12節。聖經中也有另一個「Rahab」，即約書亞書裡的妓女喇合。

124 戒壇，舉行僧侶受戒儀式之壇。

125 印魚，乃確實存在的魚類，又稱作「吸盤魚」，是硬骨魚綱鱸目印魚科的魚類。頭上長有背鰭變化而來的吸盤，會吸附在船隻或鯊魚的底部，攝食被寄生者吃剩的殘渣或體外的寄生物為生。

126 聖靈降臨節，基督教的重要節日，為復活節後50天的第一個星期日。紀念基督復活後重新降臨的日子。原本是猶太人的五旬節。

127 藤原廣嗣，生年不詳，卒於740年。為奈良時代初期的朝臣，自北九州舉兵欲除政敵橘諸兄（Tachibana-no-Moroe）等人，後兵敗而亡。

128 鈴木牧之，生卒年1770～1842年。除了《北越雪譜》以外，還有《秋山記行》等作品。

129 《抱朴子》分為內外篇，內容各自獨立。內篇共20篇，自稱屬道家，內容多談神仙煉丹等事；外篇共50篇，以論述人事政治為主，自稱屬儒家。

130 劫，「劫波」（kalpa）之略稱，指一個極漫長的時間單位。佛教思想中世界歷經數萬年即毀滅一次，稱一劫。

131 素盞嗚尊，即須佐之男命，請見注161。

132 消火罈，一種陶壺，用來存放未用盡的炭火使之冷卻。

133 守庚申，中國、朝鮮、日本等地的一種節日。道教觀念中人身上有三蟲，這三蟲每至庚申之日就會趁著人睡覺時回到天庭稟報上帝此人的罪惡。因此這天人們會齋戒淨身，靜坐不眠。而在日本則是誦經、談笑、共食、歌舞來度過一晚。

134 源賴光，生卒年948～1021年。名字發音亦可讀作「Minamoto-no-Raikou」。平安時代中期的武將，深受當時最有權勢的關白大臣藤原道長所信賴。在民間傳說中以打退酒吞童子與土蜘蛛的故事最為有名。

135 源賴光的部下，即所謂的「賴光四天王」，乃賴光底下以渡邊綱為首的四名勇猛武將。分別是渡邊綱、坂田金時（Sakata-no-Kintoki）、卜部季武（Urabe-no-Suetake）、碓井貞光（Usui-no-Sadamitsu）。

136 在島上住下，另一種常見的說法為賽倫會誘使航海者觸礁而亡。

137 哈提狼，北歐神話中每夜追趕馬尼（月亮）的狼。這對狼據說是芬里爾狼的孩子（或說兄弟）。

138 史巴托，名字是「被種植者」的意思。

139 常世之國，古代日本人幻想中的遙遠國度，乃是一長生不老的仙境。也指黃泉之國（冥府）。

140 平將門，生年不詳，卒年940年。平安時代中期武將。因為他的叔父被朝廷所殺而引發一族的抗爭，將門到東國想成立新國家，設百官，自稱新王，最後被朝廷討滅。為日本史上少有的反抗天皇制自立新國的例子。

141 環住，他是《摩訶婆羅多》中的主角般度五王子之一的阿周那之孫，父親為激昂（Abhimanyu）。

142 物部守屋，生年不詳，卒於587年。為當時握有軍權的有力貴族，因反對從中國引進

佛教而與主張崇佛的當權者蘇我氏爆發衝突，在用明天皇駕崩後欲擁立穴穗部皇子但早一步被蘇我馬子鏟除。

143 卡利敦的野豬，故事見於《伊利亞德》。卡利敦國王忘記向阿蒂密絲獻祭，女神憤怒，因此派了一頭野豬到卡利敦來大肆破壞。最後是英雄墨勒阿革（Meleager）組成勇士團合力將牠打倒。

144 霍華，生卒年1906～1936年。美國小說家。著作豐富，最著名的作品即《蠻王柯南》系列。阿諾·史瓦辛格（Arnold Schwarzenegger）主演的電影《王者之劍》系列即改編自此一系列。

145 男女各六人，根據希臘詩人赫西奧德（Hesiod）的《神譜》，這六個男神分別是俄刻阿諾斯（Oceanus）、科厄斯（Coeus）、克里厄斯（Crius）、許珀里翁（Hyperion）、伊阿珀托斯（Iapetus）和克洛諾斯（Cronus）；女神則是忒伊亞（Thea）、瑞亞（Rhea）、忒彌斯（Themis）、摩涅莫緒涅（Mnemosyne）、福柏（Phoebe）和忒提斯（Tethys）。

146 中國地方，日本的區域名，指本州西部的岡山、廣島、山口、島根、鳥取5縣。

147 《神異經》，舊題西漢東方朔撰，實際上應為六朝文人依附東方朔之名而作。內容仿《山海經》，依東荒、東南荒、南荒、西南荒、西荒、西北荒、北荒、東北荒、中荒分為9章，保存了許多珍貴的神話資料。

148 丟卡力翁，妻子為皮拉（Pyrrha）。乃是普羅米修斯（Prometheus）之子，同時也是希臘人傳說中的祖先。宙斯曾發動一場大洪水來毀滅人類，迪卡力翁做了個大木櫃與妻子乘在上面而躲過一難。等洪水退去之後，兩人聽從神的指示撿拾石頭丟到身後。丟卡力翁丟出的石頭變成了男性，而皮拉丟的則變成女性。這就是希臘民族的由來。

149 捨身為油瓶，原文作「身を捨て油壺」。

150 注油漏斗，原文作「油差し」，乃是一種注油時使用的漏斗。

151 庫瑪爾比，為西台神話中天候神泰舒卜之父，為了從兒子手中奪回王位而與海神之女生下巨人。

152 女房，日文中的「女房」乃是女官或老婆之意。

153 座頭，指日本中世紀以後作僧人打扮，以針灸、按摩或彈琴說唱為職的盲人。後來也泛指盲人。鯨魚中的座頭鯨之所以為此名，是因為體形類似座頭說唱時使用的琵琶之故。

154 牛方，以指揮牛運送貨物為職的人。

155 膽小神，附在人身上，使人變得膽小而退縮不前的妖怪。

156 「攪乳海」神話，印度神話中的重要事件。眾神在與阿修羅爭鬥的過程中受到詛咒而失去力量，因此回到宇宙的根源處攪動乳海，試圖從中找回長生不老的甘露。眾神以平分甘露為條件，邀請阿修羅幫忙，他們以婆蘇吉為繩索，捆住支撐宇宙的曼陀羅山將之當成攪拌棒，在攪動的過程中除了甘露以外還攪出許多寶物與女神。天神們靠著甘露之力又重新取回力量。

157 屍妖，乃是古墓岡（Barrow-Downs）一帶的妖怪，因此也稱作「古墓屍妖」（Barrow-Wights）。「wight」來自於古英文，是「人類」（human being）的意思，但不包含「靈魂」（spirits）或「鬼魂」（ghost）之意。與德語中意思為「討厭鬼」的「wicht」同語源（是指一種愛惡作劇的小精靈）。

158 worm，原意爲「蠕蟲」，此字在詩與古文中常用來暗喻蛇或龍。與其說這個字是指一種龍，說是種譬喻或許比較妥當。

159 紋章學中的象徵，另外也象徵了「瘟疫」或「征服」。

160 伴善男，生卒年809～868年。平安時代初期的貴族，與當時的左大臣源信（Minamoto-no-Makoto）不和。因爲應天門之變（866年）而被流放到伊豆。所謂的應天門之變是指866年應天門發生了震驚朝廷的火燒事件。當時大納言伴善男向右大臣告發說此事件乃是源信所爲，但後來其他大臣反告善男之子中庸才是眞正的犯人，最後父子兩人被捕，被處以流放之刑。

161 須佐之男命，伊邪那岐與伊邪那美之子，太陽神天照大神之弟。以粗暴聞名，因爲在天照大神面前做出失禮的舉動而被流放到出雲國（島根縣）。在《日本書紀》中屬出雲系統神話的始祖。

162 咒語，這個咒語其實是製作雪鞋（輪かんじき，一種方便在雪地上行走的裝備，用樹枝等做成環狀綁在草鞋外面，可以防止陷入雪中）的步驟，故雪童的傳說或許也是在警惕人雪山的危險。

163 役小角，七、八世紀活動於大和（今奈良縣）一帶的咒術師。

164 安茲，波斯與蘇美人對茲的稱呼。

165 袁枚，生卒年1716～1797年。乾隆年間進士，曾任知縣，後棄官隱居江寧，世稱隨園先生。作品另有《小倉山房詩文集》、《隨園詩話》等等。

166 足利尊氏，生卒年1305～1358年。剛開始應後醍醐天皇之詔推翻鐮倉幕府，但後來不滿後醍醐天皇推行的建武新政，而另擁立光明天皇成立室町幕府。後醍醐則逃離京都，於奈良的吉野成立新政府，是爲南朝，南北朝時代於焉展開。

167 柯南道爾，生卒年1859～1930年。英國著名作家，筆下的人物偵探福爾摩斯與其助手華生風靡全球，至今仍頗受歡迎。除了福爾摩斯系列以外，另著有科幻小說《失落的世界》（The Lost World）及歷史小說《白衣騎士團》（The White Company）等等。因參與英國與南非之間的布爾戰爭（The Bure War）有功而獲封爵。晚年喪子後沉迷於神祕主義，亦曾以此爲題材發表過數篇作品。

168 日本最古的史書，正確來說，應是最早的敕撰史書。統一國家意識、宣揚國威的意味濃厚。格式仿中國史書，全篇以漢文寫成。

169 神代，尚未有歷史記載的神話時代。

170 Shah-nameh，「shah」即國王，而「nameh」乃書的意思。

171 菲爾多西，生卒年約940～1020年。波斯詩人，其名廣爲人知，但生平不詳。他的作品《王書》多參考以中古波斯語寫成的史詩《列王記》（Khvatay-namak），在波斯世界裡流傳了千年之久，對今日的伊朗人而言，就像歐美文化圈中的《聖經》般朗朗上口。

172 雪鄉，泛指下雪量豐沛的地方。

173 歷史故事集，稱其爲歷史故事集並不恰當。《古事記》雖不像《日本書紀》（Nihonshoki）那般具有濃厚的官修史書性格，但可說是日本最早的史書。乃是由稗田阿禮（Hieda-no-Are）背誦帝記（天皇家的大事記）與舊辭（史料），並由太安萬侶（Oo-no-Yasumaro）編纂撰寫而成。內容上中下3卷，包含大量的神話與傳說故事，爲研究日本神話者必參考的典籍。

174 壬申之亂，壬申之亂爲大友皇子（Ootomo-no-ouji）與大海人皇子（Ooama-no-ouji）間的皇位繼承政爭。最後由大海人皇子獲勝，即後來的天武天皇。此亂對日本的中央集權制之推進有重大的影響。

175 平清盛，生卒年1118～1181年。平安時期末年的武將。在保元之亂中得到後白河天皇的信任，又於平治之亂平定源義朝（賴朝、義經等人之父）而晉身爲太政大臣掌握朝政，後因過於驕奢而招來朝野不滿，遭到以源氏一族爲首的武士集團舉兵討伐。

176 曲亭馬琴，生卒年1767～1848年。本姓瀧澤，故又稱「瀧澤馬琴」（Takizawa Bakin）。江戶時代後期的作家，作品中最著名的是費時28年的《南總里見八犬傳》（The Hakkenden），共98卷、106冊。

177 作者不詳，或說是世阿彌（Zeami）所作。

178 松浦靜山，生卒年1760～1841年。江戶時代後期的大名，平戶藩（位於今長崎）第9代藩主，退位後多與文人交遊。《甲子夜話》爲其62歲時起稿的作品。

179 實際上不存在，《白澤圖》作者不詳，共1卷，原書已亡軼。但《隋書經籍志》、《新唐書藝文志》均有記載此書的存在。

180 希西阿斯與希波麗姐，此處借用了希臘神話中雅典國王特修斯（Theseus）與亞瑪遜女王希波呂黛（Hippolyte）的故事爲背景。

181 巴比倫因虜，指猶太王國於西元前六世紀被新巴比倫王國征服後，大量的猶太人被擄往巴比倫的事件。又稱爲「巴比倫流亡」（Babylonian Exile）。

182 前先知書，希伯來聖經把《舊約聖經》分爲律法、先知和聖卷三部分。其中先知又分爲前先知書和後先知書。前先知書包括〈約書亞記〉、〈士師記〉、〈撒母耳記〉、〈列王記〉；後先知書包括〈以賽亞書〉、〈耶利米書〉、〈以西結書〉和十二卷小先知書。

183 王子裝束（下略），原文爲「王子裝束ゑの木大晦日の狐火」。王子稻荷爲關東地方祭拜稻荷神（穀神）的主神社。傳說中狐狸爲稻荷神的使者，每年除夕會從遠地集合來神社附近的樸樹下點燈排隊，等著新年參拜。

184 根岸鎭衛，生卒年1737～1815年。江戶時期的幕臣。亦曾任江戶町奉行。

185 佐渡奉行，佐渡島，位於今日新潟縣內。奉行，乃是日本武家執政時期的官職名，起於鎌倉時期，依照職等掌管各種職務。到了江戶時代有三大奉行職，分別是寺社、町、堪定。此處是指町奉行，負責實行都市的行政、司法、警察等職責。

186 諸國，諸國是指日本國內的諸藩國，而非世界各國。

187 井原西鶴，生卒年1642～1693年。江戶前期的浮世草子（刻畫煙花巷內人生百態的小說）、俳句作家，文體雅俗共賞，刻畫細膩。著作豐富，最著名的代表作爲《好色一代男》、《好色五人女》等等。

188 《剪燈新話》等，明代瞿佑撰，體裁模仿唐代的傳奇小說。內容多託靈怪寫人情。

189 《南部叢書》，集結日本岩守縣內古文及相關文書資料的叢書。由南部叢書刊行會·歷史圖書會發行。原刊發行於昭和2年，新版於昭和45年發行。

190 小孩離奇失蹤，原文作「神隱し」，意謂著小孩莫名其妙地消失，找到之後又不記得失蹤期間究竟發生了什麼事，日本人認爲這是被神明帶走，故名爲「神隱」。

191 希臘神話，或名「Library」，意思爲希臘神話百科（the Encyclopaedia of Greek Mythology）。本文中雖稱此爲阿波羅多羅斯的作品，但文本的年代包含了西元一～

二世紀之間的作品，因此可知編纂者另有其人。

192 亞瑟王之死，初版書名拼作「Le Morte Darthur」，英文書名爲「The Death of Arthur」。

193 馬洛禮爵士，生卒年不詳。據說是威爾斯人，關於他的生平資料非常稀少。不過他在書末署名爲「湯馬仕·馬洛禮爵士」，並提及此書完成於1470年前後。

194 《鵝媽媽故事集》，法文原書名爲「Histoires ou contes du temps passé.Avec de moralités : Contes de ma mère l'Oye」。

195 但丁，生卒年1265～1321年。義大利詩人、散文作家、道德哲學家。除了《神曲》外，尚有帶自傳色彩的《新生》（La Vita Nouva）等名作。

196 維吉爾，或譯作「維其略」。生卒年西元前70～西元前19年，拉丁文全名「Publius Vergilius Maro」。爲古羅馬最偉大的詩人。史詩《埃涅阿斯紀》（Aeneid）爲其作品中的最高成就。

197 Il Milione，「The Million」之意，英譯名「The Travels of Marco Polo」。

198 法國人，本書以法文寫成，但在書中則自述爲英國人。

199 《風土記》，現存的風土記只有出雲（島根縣）、常陸（Hitachi）、播磨（Harima，兵庫縣）、豐後（Bungo，大分縣）、肥前（Hizen，佐賀縣）5國的風土記。書中除了該地風土民情外，也保留了不少當地的神話傳說。相較於日本書紀中官方編纂的神話，在風土記中較可見到地方傳說的原貌。

200 草子，江戶時代以假名書寫的帶圖小說。

201 《吠陀》，吠陀原意爲知識或光明，分爲《吠陀本集》（Samhitas）、《梵書》（Brahmanas）、《森林書》（Aranyakas）、《奧義書》（Upanishads）四種；而本集又有《黎俱吠陀》、《婆摩吠陀》（Sama-Veda）、《耶柔吠陀》（Yajur-Veda）和《阿闥婆吠陀》（Atharva-Veda）四冊，以《黎俱吠陀》爲最早。本集的內容主要是稱頌神的讚美詩。早在婆羅門教時代，《吠陀》就已是闡述教義的經典，後來發展成印度教後，《吠陀》仍然佔有重要地位。

202 《淮南子》，內容以道家思想爲本，雜糅先秦各家學說。原書分內外篇，今只存內篇。西漢的許愼與高誘均曾爲之作注，今日僅傳高誘注本。

203 國書刊行會，原以出版日本學術資料典籍爲主的出版社，後來又跨足奇幻文學、妖怪圖書等領域。

204 沃拉吉納之雅各，生卒年1228～1298年，義大利熱內亞大主教，同時也是史學家、文學家。除了《黃金傳說》以外，還著有《熱內亞通史》等作品。

205 觀世流，日本傳統戲劇能樂的五大流派之一。由室町時代的觀阿彌、世阿彌父子創立。

206 奧州，陸奧（Mutsu）的別名。相當於今日青森縣全境與岩手縣的一部分。

207 荷馬所作，荷馬的生平史料貧乏，一般認爲《伊利亞德》（Iliad）與《奧德賽》爲荷馬所作。但持反論者亦不在少數。甚至有人認爲此兩部作品非同一人所作。亞里斯多德（Aristotle）則認爲《伊利亞德》爲荷馬中年所作，後者則是其老年時的作品。姑且不論作者爲誰，由於希臘要到西元前九世紀或前八世紀時才有一套拼寫字母，故本作品很有可能是經口述，再由他人整理成文字。

208 奧德修斯，英語寫作「尤里西斯」（Ulysses），希臘神話中著名的英雄，亦是卓越的政治家，兼具機智與勇氣。

209 《想像的動物》，日本晶文社的譯名為《幻獸辭典》。此書於台灣也有譯本，由志文出版社出版，收於新潮文庫中，楊耐冬譯，書名為《想像的動物》。

210 波赫士，生卒年1899～1986年。文筆獨特，充滿幻想風格。為拉丁美洲魔幻寫實文學的代表性作家。

211 辭典，內容不只限於神話傳說，甚至取材自近代的文學作品。與其說是辭典，其實更像是散文隨筆。

212 路易斯·卡羅爾，本文中說卡羅爾為童話作家其實不算完全正確，卡羅爾本名查理·路特威奇·道奇生（Charles Lutwidge Dodgson），為英國數學家、邏輯學家，生卒年1832～1898年。卡羅爾乃是他發表非數學邏輯類著作時使用的筆名。愛麗絲系列故事原為卡羅爾向友人女兒講述的故事，在朋友的鼓勵下出版後大獲好評。內容加入了多數本業的知識與暗示，如《愛莉絲夢遊仙境》的故事是以一組撲克牌為主題，而鏡國則是以一盤西洋棋（chess）的對奕來設計。愛麗絲系列除了上述兩作外，他在晚年又續寫了其他兩篇，但不甚成功。

213 干寶，生年不詳，卒於335年。東晉初年史學家，生平不詳，《晉書·干寶傳》說他有感於生死之事，遂撰《搜神記》。本書除了神怪以外，亦收錄了大量民間傳說，如耳熟能詳的竇娥冤、裹馬皮遂成蠶的少女等故事，為六朝志怪小說中的傑作。

214 紫式部，生卒年約為973～1014年。平安朝中期的女作家、和歌歌人。除了《源氏物語》之外，尚有《紫式部日記》、《紫式部集》等作品。

215 《平家物語》，成書於十三世紀的軍記物語，作者不詳，全書以平氏一族興亡為主軸，西方人將之比喻為「日本的《伊利亞德》」。

216 異本，意指原本為同一部作品，經傳抄後在文字或組織上產生差異者。

217 《瘋狂的羅蘭》，阿里奧斯托自1505年至1533年死前，費時30年創作而成，為博亞爾多（Matteo Maria Boiardo）的《熱戀的羅蘭》（Orlando innamorato）之續集，但兩者風格差異頗大。本書內容圍繞著三個核心，其中最重要的部分即羅蘭與安潔莉卡（Angelica）間的戀情，接著就是與異教徒間的戰爭，以及異教戰士魯傑羅（Rugiero，英文作Rogero）與女騎士布拉妲曼黛（Bradamante，或Bradamant）間的戀情。

218 蒙古帝國，此處應為作者誤植。本故事是以查理曼大帝與異教徒撒拉森人之間的戰爭為背景。

219 遠野，岩手（Iwate）縣內東部之城市。

220 作者不詳，或說是宮增（Miyamasu）之作。

221 波希戰爭，西元前492～西元前449年，希臘城邦反抗波斯帝國侵略的戰爭。希臘最後成功地抵禦波斯的侵略，保持住希臘文化與政治體制。

222 拉福卡迪歐·漢，生卒年1850～1904年。英國的旅行隨筆作家，本名派崔克·拉福卡迪歐·漢（Patrick Lafcadio Hearn）。曾於東京帝國大學擔任英文學講師，深受學生歡迎，甚至在名作家夏目漱石接替其位時引發學生不滿。代表作品有《怪談》、《日本雜錄》等等。

223 《魔戒》內容，可能為作者誤植。《魔戒》並非敘述比爾博與甘道夫的冒險故事，而是敘述前傳中比爾博偶然獲得至尊魔戒，在他111歲生日時把戒指轉交給姪兒佛羅多（Frodo），佛羅多因此而踏上毀滅魔戒以防魔君索倫再次復活的艱苦旅程的故事。

地域別索引

中文筆劃索引

■十劃

■十一劃

英文字母A～Z索引

N

參考文獻

日本相關

●アイヌ民譚集／知里真志保 編訳／岩波書店（岩波文庫）／1981

●悪路王伝説／定村忠士 著／日本エディタースクール出版部／1992

●あの世からのことづて／松谷みよ子 著／筑摩書房／1984

●井上円了 妖怪学講義／平野威馬雄 編著／リブロポート／1983

●井上円了 新編妖怪叢書4 通俗繪入 妖怪談／国書刊行会／1986（大正5,2,10原本発行）

●井上円了 新編妖怪叢書5 妖怪玄談／国書刊行会／1986（明治33,11,22原本発行）

●井上円了 新編妖怪叢書6 お化けの正体／国書刊行会／1986（大正3,7,5原本発行）

●伽婢子1／浅井了意 著／江本 裕 校訂／平凡社（東洋文庫）／1987

●伽婢子2／浅井了意 著／江本 裕 校訂／平凡社（東洋文庫）／1988

●鬼と天皇／大和岩雄 著／白水社／1992

●鬼の系譜／中村光行 著／五月書房／1993

●鬼の研究／知切光歳 著／大陸書房／1978

●鬼の研究／馬場あき子 著／三一書房／1985

●鬼の風土記／服部邦夫 著／青弓社／1993

●海神の贈物／谷川健一 著／小学館／1994

●画図百鬼夜行／鳥山石燕 画／高田 衛 監修／稲田篤信・田中直日 偏／国書刊行会／1993

●甲子夜話1／松浦静山 著／中村幸彦・中野三敏 校訂／平凡社（東洋文庫）／1977

●神々の誕生（易・五行と日本の神々）／吉野裕子 著／岩波書店／1990

●神々の風景／野本寛一 著／白水社／1990

●鬼譚／夢枕 獏 編／天山出版／1991（台版：鬼譚草紙／遠流／2009）

●暮らしの中の妖怪たち／岩井宏實 著／文化出版局／1986

●源氏物語 第二巻／玉上琢彌 訳注／角川書店（角川文庫）／1987（台版：源氏物語〈全三冊〉／
　木馬文化／2002）

●現代民話考I　河童・天狗・神かくし／松谷みよ子 著／立風書房／1985

●現代語訳・西鶴 西鶴諸国ばなし／暉峻康隆 訳注／小学館（小学館ライブラリー）／1992

●心のふるさとをもとめて日本発見16　ふるさとの伝説／暁教育図書／1985

●狛犬学事始／ねずてつや 著／ナカニシヤ出版／1994

●今昔物語集（1）日本古典文学全集21／小学館／1993

●今昔物語集（3）日本古典文学全集23／小学館／1993

●今昔物語集（4）日本古典文学全集24／小学館／1992

●魚と伝説／末広恭雄 著／新潮社／1977

●自然の怪異──火の玉伝承の七不思議／角田義治 著／創樹社／1990

●修訂 鬼趣談義／澤田瑞穂 著／平河出版社／1990

●十二支考（上）（下）／南方熊楠 著／岩波書店（岩波文庫）／1994

●不知火・人魂・狐火／神田左京 著／中央公論社（中公文庫）／1992

●新潮日本古典集成（第57回）謡曲集 上／新潮社／1983

●新潮日本古典集成（第73回）謡曲集 中／新潮社／1986

●新潮日本古典集成（第79回）謡曲集 下／新潮社／1988

●新定 源平盛衰記 第二巻／水原 一 考定／新人物往来社／1988

●新版 河童駒引考／石田英一郎 著／東京大学出版会／1980

●叢書江戸文庫（２）百物語怪談集成／高田 衛・原 道生 責任編集／太刀川 清 校訂／国書刊行会／1988

●叢書江戸文庫（３）前太平記（上）／高田 衛・原 道生 責任編集／板垣俊一 校訂／国書刊行会／1988

●叢書江戸文庫（４）前太平記（下）／高田 衛・原 道生 責任編集／板垣俊一 校訂／国書刊行会／1989

●叢書江戸文庫（11）豊竹座浄瑠璃集［２］／高田 衛・原 道生 責任編集／向井芳樹 校訂代表／国書刊行会／1990

●叢書江戸文庫（18）山東京伝集／高田 衛・原 道生 責任編集／佐藤深雪 校訂／国書刊行会／1987

●叢書江戸文庫（27）続百物語怪談集成／高田 衛・原 道生 責任編集／太刀川 清 校訂／国書刊行会／1993

●増補 山島民譚集／柳田国男 著／平凡社（東洋文庫）／1969

●続妖怪画談／水木しげる 著／岩波書店（岩波新書）／1993

●鶴屋南北全集 第四巻／大久保忠国 編集／三一書房／1972

●定本 柳田国男集 第四巻・五巻／筑摩書房

●伝説の女たち／毎日新聞社特集版編集部 編／毎日新聞社／1992

●東海道四谷怪談 新潮日本古典集成（第45回）／新潮社／1981

●東北の伝奇／畠山 弘 著／大陸書房／1977

●鯰絵／C.アウエハント 著／小松和彦・中沢新一・飯島吉晴・古家信平 共訳／せりか書房／1986

●鯰絵新考／気谷 誠 著／筑波書林／1984

●南総里見八犬伝（一）／曲亭馬琴 作／小池藤五郎 校訂／岩波書店／1984

●日本異界絵巻／宮田 登・小松和彦・鎌田東二 著／河出書房新社／1990

●日本絵巻大成7 餓鬼草子 地獄草子 病草子 九相詩絵巻／小松茂美 編／秋山 虔・小松茂美・高崎富士彦・古谷 稔・中村溪男 執筆／中央公論社／1977

●日本絵巻大成21 北野天神縁起／小松茂美 編／小松茂美・中野玄三・松原 茂 執筆／中央公論社／1987

●日本怪奇集成 江戸時代編／富岡直方 編著／宝文館出版／1975

●日本書記（上）（下）全現代語訳／宇治谷 孟 訳／講談社（講談社学術文庫）／1993

●日本「神話・伝説」総覧／宮田 登 他著／新人物往来社／1993

●日本人の霊魂観 厄徐け／佐々木 勝 著／名著出版／1988

●日本伝説大系（第６巻 北陸編）／伊藤曙覧・藤島秀隆・松本孝三 著／福田 晃 編／みずうみ書房／1987

●日本の世間話3 沖縄の世間話／新成真恵 編／青弓社／1993

●日本の世間話4 土佐の世間話 今朝道爺異聞／常光 徹 編／青弓社／1993

●日本の伝説を探る／本間正樹 著／御所野洋幸 写真／1986

●日本の民話 第6巻・北陸／研秀出版／（C）1977

●日本民族文化体系4　神と仏／宮田登（著者代表）／小学館／1983

●日本民俗文化資料集成8　妖怪／谷川健一 編／三一書房／1988

●日本民俗文化資料集成12　動植物のフォークロアⅡ／谷川健一 編／三一書房／1993

●日本幽霊百科／佐藤有文 著／講談社／1975

●日本妖怪異聞録／小松和彦 著／小学館／1992

●日本霊異記／原田敏明・高橋貢 訳／平凡社（東洋文庫）／1992

●日本を創った人びと4　菅原道真／高取正男 著／平凡社／1978

●人・他界・馬／小島瓔禮 編著／東京美術／1991

●風土記　日本古典文学体系2／岩波書店／1986

●ふるさとの伝説2　英雄・豪傑／伊藤清司 監修／ぎょうせい／1990

●ふるさとの伝説3　幽霊・怨霊／ぎょうせい／1989

●ふるさとの伝説9　鳥獣・草木／伊藤清司 監修／大島広志 責任編集／ぎょうせい／1990

●ふるさとの妖怪考／水木しげる 著／じゃこめてい出版

●平家物語（一）日本古典文学全集29／小学館／1993

●別冊太陽　日本の妖怪／谷川健一 編／平凡社／1987

●蛇物語／笠間良彦 著／第一書房／1991

●将門記1・2／梶原正昭 訳注／平凡社（東洋文庫）／1975

●魔の系譜／谷川健一 著／講談社（講談社学術文庫）／1992

●水木しげるの妖怪事典／水木しげる 著／東京堂出版／1985

●水木しげるの続妖怪事典／水木しげる 著／東京堂出版／1985

●水木しげるの中国妖怪事典／水木しげる 著／東京堂出版／1990

●南方熊楠文集1・2／岩村忍 編／平凡社（東洋文庫）／1992

●民俗民芸叢書98　疫神とその周辺／大島建彦 著／岩島美術社／1985

●名作歌舞伎全集 第十七巻　江戸世話狂言集 三／郡司正勝 他監修／東京創元社／1971

●目で見る民俗神 第一巻　山と森の神／萩原秀三郎 写真・文／東京美術／1988

●ものと人間の文化史32　蛇／吉野裕子 著／法政大学出版局／1979

●ものと人間の文化史64　蛙（かえる）／碓井益雄 著／法政大学出版局／1989

●山の怪奇・百物語／山村民俗の会 編／エンタプライズ／1989

●山の神とヲコゼ／山村民俗の会 編／エンタプライズ／1990

●幽霊／暉峻康隆 著／桐原書店／1991

●妖怪学入門／阿部主計 著／雄山閣出版／1992

●妖怪画談／水木しげる 著／岩波書店（岩波新書）／1993

●妖怪談義／柳田国男 著／講談社（講談社学術文庫）／1993

●妖怪伝／水木しげる 著／講談社／1985

●羅生門の鬼／島津久基 著／平凡社（東洋文庫）／1975

中國相關

●アジアの龍蛇 造形と象徴／アジア民族造形文化研究所 編／雄山閣／1992

●淮南子 説苑（抄）中国古典文学体系／平凡社／1979（台版：新編淮南子／鼎文／2002）

●五色と五行／中島洋典 著／世界聖典刊行協会／1986

●西遊記 上・下／太田辰夫・鳥居久靖 訳／平凡社／1994（台版：西遊記／世一／2008）

●新釈漢文体系 礼記 上／竹内照夫 著／明治書院／1971

●新釈漢文体系 礼記 中／竹内照夫 著／明治書院／1977

●新釈漢文体系 礼記 下／竹内照夫 著／明治書院／1979

●世界の神話7・中国の神話／君島久子 著／筑摩書房／1983

●山海経／高馬三良 訳／平凡社（平凡社ライブラリー）／1994

●全釈漢文体系 第二十六巻 文選（文章編）一／小尾郊一 著／全釈漢文体系刊行会 編集／集英社／1974

●剪燈新話／飯塚 朗 訳／平凡社（東洋文庫）／1965

●捜神記／竹田 晃 訳／平凡社（東洋文庫）／1992（台版：搜神記／台灣書房／2007）

●中国古典新書 五行大義／中村璋八 著／明徳出版社／1991

●中国古典文学体系 第8巻 抱朴子・列仙伝・神仙伝・山海経／本田 済・沢田瑞穂・高馬三良 訳／平凡社／1979

●中国の神獣・悪鬼たち 山海経の世界／伊藤清司 著／東方書店／1987

●中国の神話伝説（上）（下）／袁珂 著／鈴木 博 訳／青土社／1993（台版：中國神話傳説／里仁書局／1987）

●中国の妖怪／中野美代子 著／岩波書店（岩波新書）／1983

●中国妖怪人物事典／実吉達郎 著／講談社／1996

●酉陽雑俎3・4／段成式 著／今村与志雄 訳注／平凡社（東洋文庫）／1981（爲唐代的志怪小說）

●龍の話／林 巳奈夫 著／中央公論社（中公新書）／1993

●聊斎志異 上・下 中国古典文学大系／常石 茂 訳／平凡社／1994（台版：聊齋誌異／台灣東方／2007）

亞洲相關

●インド・アート[神話と象徴]／ハインリッヒ・ツィンマー 著／宮本啓一 訳／せりか書房／1988

●インド神話／上村勝彦 著／東京書籍／1991

●インド神話／ヴェロニカ・イオンズ 著／酒井傳六 訳／青土社／1993

●インド神話入門／長谷川明 著／新潮社／1987

●インドの神々／斎藤昭俊 著／吉川弘文館／1986

●インドの民俗宗教／斉藤昭俊 著／吉川弘文館／昭和59

●オリエント神話／ジョン・グレイ 著／森 雅子 訳／青土社／1993

●シリーズ世界の宗教 ヒンドゥー教／M.B.ワング 著／山口泰司 訳／青土社／1994

●世界の神話1 メソポタミアの神話／矢島文夫 訳／筑摩書房／1987

●世界の神話5 ペルシアの神話／岡田恵美子 訳／筑摩書房／1987

●世界の神話6 インドの神話／田中於菟弥 著／筑摩書房／1987

●世界の名著1 バラモン教典・原始仏典／長尾雅人 責任編集／中央公論社／1978

●世界の歴史9 ペルシア帝国／足利惇氏 著／講談社／1977

●ゾロアスターの神秘思想／岡田昭憲 著／講談社（講談社現代新書）／1993

●筑摩世界文学体系1 古代オリエント集／杉勇・後藤光一郎・柴山栄 他訳／筑摩書房／1980

●筑摩世界文学体系9 インド・アラビア・ペルシア集／辻直四郎 他訳／筑摩書房／1974

●バガヴァッド・ギーター／上村勝彦 訳／岩波書店（岩波文庫）／1992

●ヒンドゥー教／マドゥ・バザーズ・ワング 著／山口泰司 訳／青土社／1994

●仏教動物散策／中村元 著／東京書籍／1988

●ペルシア神話／ジョン.R.ヒネルズ著／井本英一・奥西俊介 訳／青土社／1993

●ペルシアの神話（「王書」（シャーナーメ）より）／黒柳恒男 著／泰流社／1989

●ラーマーヤナ（1）（2）／岩本裕 訳／平凡社（東洋文庫）／1980・1985

●リグ・ヴェーダ賛歌／辻直四郎 訳／岩波書店（岩波文庫）／1992

埃及相關

●THE EGYPTIAN BOOK OF THE DEAD／by E.A.WALLIS BUDGE／DOVER PUBLICATIONS／1967

●THE GODS OF THE EGYPTIANS VOLUME1,2／by E.A.WALLIS BUDGE／DOVER
  PUBLICATIONS／1969

●エジプト学夜話／酒井傳六 著／青土社／1982

●エジプト神話／ヴェロニカ・イオンズ 著／酒井傳六 訳／青土社／1988

●エジプトの神々／フランソワ・ドマ 著／大島清次 訳／白水社（文庫クセジュ）／1991

●エジプトの死者の書／石上玄一郎 著／人文書院／1980

●エジプトミイラの話／ミルドレッド・マスティン・ペイス 著／清水雄次郎 訳／（株）夜呂久／1993

●（カラー版）死者の書—古代エジプトの遺産パピルス／矢島文夫 著／社会思想社／1986

●古代エジプト人 その神々と生活／ロザリー・デイヴィッド 著／近藤二郎 訳／筑摩書房／1986

●古代エジプトの神々—その誕生と発生—／三笠宮崇仁 著／日本放送出版協会／1988

●古代エジプトの秘教魔術／吉村作治 著／大陸書房／1988

●[図説]エジプトの動物／黒川哲朗 著／六興出版／1987

●世界の神話2 エジプトの神話／矢島文夫 著／筑摩書房／1983

●千夜一夜物語5／豊島与志雄 他訳／岩波書店（岩波文庫）／1988

●太陽と墓と人間と／酒井傳六 著／青土社／1984

●ナイルの遺産 エジプト歴史の旅／屋形禎亮 監修／仁田三夫 写真／山川出版社／1995

歐洲相關

●Good News Bible／The Bible Societies／1976

●THE DIVINE COMEDY・1 HELL／by DANTE／translated by DOROTHY L.SAYERS／PENGUIN BOOKS／1949
  （台版：神曲／但丁／好讀）

●THE DIVINE COMEDY・2 PURGATORY／by DANTE／translated by DOROTHY L.SAYERS／PENGUIN BOOKS／1955（台版：神曲／但丁／好讀）

●黄金伝説 1 〜 4／ヤコブス・デ・ウォラギネ 著／前田敬作・山口 裕 訳／人文書院／1979（1）・1984（2）・1986（3）・1987（4）

●カバラとその象徴的表現／ゲルムショ・ショーレム 著／小岸 昭・岡部 仁 訳／法政大学出版局／1985

●キリスト教の神話伝説／ジョージ・エヴリー 著／今井正浩 訳／青土社／1994

●グノーシスの宗教／ハンス・ヨナス 著／秋山さと子・入江良平 訳／人文書院／1986

●聖書／日本聖書協会／1987

●聖書外典偽典 1　旧約外典 I ／教文館／1975

●聖書外典偽典 3　旧約偽典 I ／教文館／1975

●聖書外典偽典 4　旧約偽典 II ／教文館／1975

●聖書外典偽典 6　新約外典 I ／教文館／1976

●聖書外典偽典別巻　補遺 II ／教文館／1982

●聖書の世界（総解説）／自由国民社／1992

●筑摩世界文学体系12　チョーサー ラブレー／西脇順三郎 他訳／筑摩書房／1972

●中世ヨーロッパの説話／松原秀一 著／中央公論社（中公文庫）／1992

●天使の事典／ジョン・ロナー 著／鏡リュウジ・宇佐和通 訳／柏書房／1994

●天使の世界／マルコム・ゴドウィン 著／大瀧啓裕 訳／青土社／1993

●尼伯龍根之歌／相良守峯 訳／岩波書店（岩波文庫）／1992

●人魚伝説／ヴィック・ド・ドンデ 著／荒俣 宏 監修／創元社／1993

●パラケルスス（自然と啓示）／K.ゴルトアンマー 著／柴田健策・榎木真吉 訳／みすず書房／1986

●パラケルススとその周辺／アレクサンドル・コイレ 著／鶴岡賀雄 訳／白馬書房／1987

●ファウスト／ゲーテ 著／高橋健二 訳／角川書店（角川文庫）／1975

●フランケンシュタイン／メアリー・シェリー 著／森下弓子 訳／東京創元社（創元推理文庫）

●ヨーロッパの神話伝説／ジャックリーン・シンプソン 著／橋本槙矩 訳／青土社／1991

●錬金術／セルジュ・ユタン 著／有田忠郎 訳／白水社（文庫クセジュ）／1991

英國・塞爾特神話・妖精相關

●イギリスの妖精／キャサリン・ブリッグズ 著／石井美樹子 他訳／筑摩書房／1991

●ガリヴァー旅行記／スウィフト 著／平井正穂 訳／岩波書店（岩波文庫）／1980（台版：格列佛遊記／商周／2005）

●ケルト神話／プロインシャス・マッカーナ 著／松田幸雄 訳／青土社／1991

●失楽園／ミルトン 著／平井正穂 訳／岩波書店（岩波文庫）／1992（台版：失樂園／桂冠／1994）

●世界の神話9 ケルトの神話／井村君江 著／筑摩書房／1987

●中世騎士物語／ブルフィンチ 著／野上弥生子 訳／岩波書店（岩波文庫）／1992

●バスカビル家の犬／コナン・ドイル 著／鮎川信夫 訳／講談社（講談社文庫）／1980

●フェアリーのおくりもの／トマス・カイトリー 著／市場泰男 訳編／社会思想社／1990

●ベーオウルフ／忍足欣四郎 訳／岩波書店（岩波文庫）／1992（台版：魔戒前傳：哈比人歷險／
聯經／2001）
●ホビットの冒険／Ｊ．Ｒ．Ｒ．トールキン著／瀬田貞二 訳／岩波書店／1965
●指輪物語１～６／Ｊ．Ｒ．Ｒ．トールキン著／瀬田貞二 訳／評論社（評論社文庫）／1977（台版：魔
戒首部曲：魔戒現身、魔戒二部曲：雙城奇謀、魔戒三部曲：亡者再臨／聯經）
●妖精とその仲間たち／井村君江 著／河出書房新社／1992
●妖精の国／井村君江 著／新書館／1988
●妖精の国の住民／キャサリン.M.ブリッグズ 著／井村君江 訳／研究社出版／1981
●妖精の誕生──フェアリーの神話学／トマス・カイトリー 著／市場泰男 訳／社会思想社（現代教養文庫）／
1989
●妖精Who's Who／キャサリン・ブリッグズ 著／井村君江 訳／筑摩書房／1990

希臘・羅馬相關

●イーリアス／ホメーロス 著／呉 茂一 訳／岩波書店（岩波文庫）／1989（台版：伊利亞特／貓頭
鷹／2000）
●オデュッセイアー／ホメーロス 著／呉 茂一 訳／岩波書店（岩波文庫）／1989（台版：奥德塞／譯
林／2003）
●ギリシア案内記／パウサニアス 著／馬場恵二 訳／岩波書店（岩波文庫）／1992
●ギリシア神話／アポロドーロス 著／高津春繁 訳／岩波書店（岩波文庫）／1989
●ギリシア神話／ピエール・グリマル 著／高津春繁 訳／白水社（文庫クセジュ）／1989
●ギリシア神話　愛の星座物語／林 完次 著／主婦と生活社／1986
●ギリシア神話・英雄の時代／カール・ケレーニイ 著／植田兼義 訳／中央公論社（中公文庫）／
1992
●ギリシア神話・神々の時代／カール・ケレーニイ 著／植田兼義 訳／中央公論社（中公文庫）／
1992
●ギリシア神話と英米文化／新井 明・新倉俊一・丹羽隆子 共編／大修館書店／1991
●ギリシア・ローマ神話／ブルフィンチ 著／野上弥生子 訳／岩波書店（岩波文庫）／1992
●ギリシア悲劇Ⅰ アイスキュロス／呉 茂一・高津春繁 訳／筑摩書房（ちくま文庫）／1991
●ギリシア悲劇Ⅱ ソポクレス／呉 茂一・高津春繁 他訳／筑摩書房（ちくま文庫）／1991
●仕事と日／ヘーシオドス 著／松平千秋 訳／岩波書店（岩波文庫）／1989（台版：工作與時日、
神譜／台灣商務／1999）
●新装版ギリシア神話／呉 茂一 著／新潮社／1994
●神統記／ヘシオドス 著／横川洋一 訳／岩波書店（岩波文庫）／1992
●世界古典文学全集 第21巻　ウェルギリウス ルクレティウス／泉井久之助・岩田義一・藤沢令夫 訳／筑摩書房／1965
●星のギリシア神話／シャーデヴァルト 著／河原忠彦 訳／白水社／1988
●歴史／ヘロドトス 著／松平千秋 訳／岩波文庫／1992（台版：歷史／商務〈香港〉／2000）
●ローマ神話／丹羽隆子 著／大修館書店／1989

北歐相關

●The Penguin Book of NORSE MYTHS／Introduced and retold by Kevin Crosseley-Holland／
　PENGUIN BOOKS／1993
●アイスランド・サガ／谷口幸男 訳／新潮社／1979
●エッダ　グレティルのサガ（中世文学集Ⅲ）／松谷健二. 訳／筑摩書房（ちくま文庫）／1992
●虚空の神々／建部伸明と怪兵隊 著／新紀元社／1990
●世界の民話・北欧／櫛田照男 訳／ぎょうせい／1976
●北欧神話／菅原邦城 著／東京書籍／1984
●北欧神話／H.R.エリス・デイヴィッドソン 著／米原まり子 他訳／青土社／1992
●北欧神話物語／K.クロスリィーホランド 著／山室 静・米原まり子 訳／青土社／1983

美洲相關

●アメリカ・インディアン神話／C.バーランド 著／松田幸雄 訳／1990
●アメリカ先住民の住まい／L.H.モーガン 著／古代社会研究会 訳／上田 篤 監修／岩波書店（岩波文庫）／
　1990
●新世界の挑戦9　神々とのたたかいⅠ／サアグン 著／篠原愛人・染田秀藤 訳／岩波書店／1992
●ペルー・インカの神話／ハロルド・オズボーン 著／田中 梓 訳／青土社／1992
●マヤ・アステカの神話／アイリーン・ニコルソン 著／松田幸雄 訳／青土社／1992
●マヤ文明—失われた都市を求めて／クロード・ボーデ, シドニー・ピカソ 著／落合一泰 訳／創元社／
　1991

其他

●PLINY NATURAL HISUTORYⅡ／Translated by H.RACKHAM／LOEB CKASSICAL LIBRARY／1989
●PLINY NATURAL HISUTORYⅢ／Translated by H.RACKHAM／LOEB CKASSICAL LIBRARY／1983
●PLINY NATURAL HISUTORYⅣ／Translated by H.RACKHAM／LOEB CKASSICAL LIBRARY／1986
●悪魔の歴史／ポール・ケーラス 著／舟木 裕 訳／青土社／1994
●アフリカ神話／ジフリー・パリンダー 著／松田幸雄 訳／青土社／1991
●イメージの博物史／山下主一郎 著／大修館書店／1985
●イメージの博物誌13　龍とドラゴン・幻獣の図像学／フランシス・ハックスリー 著／中野美代子
　訳／平凡社／1982
●オセアニア神話／ロリンズ・ポイニャント 著／豊田由貴夫 訳／青土社／1993
●神の仮面／J.キャンベル 著／山室 静 訳／青土社／1992
●空想動物園／アンソニー.S.マーカンテ 著／中村保男 訳／法政大学出版局／1988
●幻獣の話／池内 紀 著／講談社（講談社現代新書）／1994
●口承文芸——ロシア／N.クラフツォフ 著／中田 甫 訳／ジャパン・パブリッシャーズ 発行／1979
●子供の喜ぶ星の神話・星の伝説／山田 博 著／黎明書房／1987
●死後の世界／岡田昭憲 著／講談社（講談社現代新書）／1992

- 死と再生（ユーラシアの信仰と習俗）／井本英一 著／人文書院／1982
- 死と来世の系譜／ヒロシ・オオバヤシ 編／安藤泰至 訳／時事通信社／1995
- 神話のイメージ／ジョセフ・キャンベル 著／大修館書店／1991
- スラブ吸血鬼伝説考／栗原茂郎 著／河出書房新社／1991
- 世界空想動物記／実吉達郎 著／ＰＨＰ研究所／1992
- 世界創造の神話／M＝L.フォン・フランツ 著／富山太佳夫・富山芳子 訳／人文書院／1990
- （世界の怪奇民話３）ロシアの怪奇民話／金本源之助 訳／評論社／1982
- 世界の神話伝説（総解説）／自由国民社／1992
- 動物妖怪譚／日野 巖 著／有明書房／1979
- 東洋文庫 19 東方旅行記／J.マンディビル 著／大場正文 訳／平凡社／1987
- 東洋文庫183 東方見聞録１・２／マルコ・ポーロ 著／愛宕松男 訳／平凡社／1987
- 花の神話と伝説／C.M.スキナー 著／垂水雄二 他訳／八坂書房／1985
- パラオの神話伝説／土方久功 著／三一書房／1985
- 魔術師の饗宴／山北篤と怪兵隊 著／新紀元社／1991
- ロシアの民話Ｉ／ヴィクトル・ガツァーク 編／渡辺節子 訳／恒文社／1978
- ロシアの民話Ⅱ／ヴィクトル・ガツァーク 編／渡辺節子 訳／恒文社／1979
- ロシア昔話／ウラジミール・プロップ 著／斉藤君子 訳／せりか書房／1986

事典相關

- A DICTIONARY OF FARIES／WRITTEN BY KATHARINE BRIGGS／PENGUIN BOOKS／1977
- MYTH（MYTHS & LEGENDS OF THE WORLD EXPLORED）／WRITTEN BY KENNETH McLEISH／Facts On File／1996
- THE DICTIONARY OF Classical MYTHOLOGY／WRITTEN BY Pierre Grimal／Translated by A.R.Maxwell-Hyslop／Blackwell Publishers／1996
- THE GREEK MYTHS（COMPLETE EDITION）／WRITTEN BY RONERT GRAVES／PENGUIN BOOKS／1992
- THE PENGUIN DICTIONARY OF RELIGION／EDITED BY John R.Hinnells／PENGUIN BOOKS／1984
- 悪魔の事典／フレッド・ゲティングス 著／大瀧啓裕 訳／青土社／1992
- インド神話伝説辞典／菅沼 晃 編／東京堂出版／昭和62
- オカルトの事典／フレッド・ゲティングス 著／松田幸雄 訳／青土社／1993
- 奇怪動物百科／ジョン・アシュトン 著／高橋宣勝 訳／博品社／1992
- 吸血鬼の事典／マシュー・バンソン 著／松田和也 訳／青土社／1994
- ギリシア神話小辞典／バードナード・エヴスリン 著／小林 稔 訳／社会思想社／1986
- ギリシア・ローマ神話辞典／マイケル・グラント, ジョン・ヘイゼル 共著／西田 実 他訳／大修館書店／1990
- 地獄辞典／Collin de Plancy 著／床鍋剛彦 訳／吉田八岑 協力／講談社／1995
- 神話・伝承事典／バーバラ・ウォーカー 著／山下主一郎 他訳／大修館書店／1990
- 図説 日本未確認生物事典／笠間良彦 著／柏美術出版／1994
- 聖書の動物辞典／ピーター・ミルワード 著／中山 理 訳／大修館書店／1992
- 世界神話事典／アーサー・コッテル 著／左近司祥子 他訳／柏書房／1993

●世界動物発見史／ヘルベルト・ヴェント 著／小原秀男 他訳／平凡社／1988

●動物シンボル辞典／ジャン＝ポール・クレベール 著／竹内信夫・渋谷 巌 他訳／大修館書店／1989

●日本伝奇伝説大辞典／角川書店／1992

●民俗の事典／岩崎美術社／1984

●妖精辞典／キャサリン・ブリッグズ 編著／平野敬一・井村君江 他共訳／冨山房／1992

●和漢三才図会6・7・8／寺島良安 著／島田勇雄・竹島淳夫・樋口元巳 訳注／平凡社（東洋文庫）／1987

國家圖書館出版品預行編目資料

幻獸事典／草野巧著；林哲逸譯 - 初版 - 台北
　市：奇幻基地出版；家庭傳媒城邦分公司
　發行；2010（民99）
　面：公分. -（聖典：31）
　譯自：幻想動物事典
　ISBN 978-986-6275-01-2（精裝）

1. 妖怪

298.6　　　　　　　　　　　　　　98024570

城邦讀書花園
www.cite.com.tw

聖典 31

幻獸事典

原 著 書 名／幻想動物事典
作　　　者／草野巧
繪　　　者／シブヤ ユウジ（SHIBUYA Yuji）
譯　　　者／林哲逸
企劃選書人／楊秀真
責 任 編 輯／劉懿嫻
版權行政暨數位業務專員／陳玉鈴
資深版權專員／許儀盈
行 銷 企 劃／陳姿億
行銷業務經理／李振東
總 編 輯／王雪莉
發 行 人／何飛鵬
法 律 顧 問／元禾法律事務所　王子文律師
出版／奇幻基地出版
　　　城邦文化事業股份有限公司
　　　台北市 104 民生東路二段 141 號 5 樓
　　　電話：(02)25007008　　傳真：(02)25027676
　　　e-mail：ffoundation@cite.com.tw
發行／英屬蓋曼群島商家庭傳媒股份有限公司城邦分公司
　　　台北市 104 民生東路二段 141 號 11 樓
　　　書虫客服服務專線：(02)25007718・(02)25007719
　　　24 小時傳真服務：(02)25170999・(02)25001991
　　　服務時間：週一至週五09:30-12:00・13:30-17:00
　　　郵撥帳號：19863813　戶名：書虫股份有限公司
　　　讀者服務信箱 E-mail：service@readingclub.com.tw
　　　歡迎光臨城邦讀書花園 網址：www.cite.com.tw
香港發行所／城邦（香港）出版集團有限公司
　　　　　　香港灣仔駱克道193號東超商業中心1樓
　　　　　　電話：(852) 25086231　　傳真：(852) 25789337
　　　　　　e-mail：hkcite@biznetvigator.com
馬新發行所／城邦（馬新）出版集團【Cite(M)Sdn. Bhd.(458372U
　　　　　　11, Jalan 30D/146, DesaTasik,
　　　　　　Sungai Besi, 57000 Kuala Lumpur, Malaysia.
　　　　　　電話：(603) 90563833 傳真：(603) 90562833
封面設計／李東記
排　　版／浩瀚電腦排版股份有限公司
印　　刷／高典印刷有限公司
■2010 年（民99）1 月 26 日初版
■2022 年（民111）6 月 10 日初版7刷

特價／499元

104台北市民生東路二段141號11樓

英屬蓋曼群島商家庭傳媒股份有限公司城邦分公司 收

請沿虛線對摺，謝謝

每個人都有一本奇幻文學的啓蒙書

網　　　　站：http://www.ffoundation.com.tw
奇幻基地部落格：http://ffoundation.pixnet.net/blog

書號：1HR031　　　書名：幻獸事典

請於此處用膠水黏貼

讀者回函卡

謝謝您購買我們出版的書籍！我們誠摯希望能分享您對本書的看法。請將您的書評寫於下方稿紙中（100字為限），寄回本社。本社保留刊登權利。一經使用（網站、文宣），將致贈您一份精美小禮。

姓名：＿＿＿＿＿＿＿＿＿＿＿＿＿＿＿＿＿＿＿＿＿＿＿＿ 性別：□男 □女
生日：西元＿＿＿＿＿＿＿＿年＿＿＿＿＿＿＿＿月＿＿＿＿＿＿＿＿日
地址：＿＿＿＿＿＿＿＿＿＿＿＿＿＿＿＿＿＿＿＿＿＿＿＿＿＿＿＿＿＿＿
聯絡電話：＿＿＿＿＿＿＿＿＿＿＿＿＿＿ 傳真：＿＿＿＿＿＿＿＿＿＿＿＿
E-mail：＿＿＿＿＿＿＿＿＿＿＿＿＿＿＿＿＿＿＿＿＿＿＿＿＿＿＿＿＿＿
您是否曾買過本作者的作品呢？□是 書名：＿＿＿＿＿＿＿＿＿＿＿＿ □否
您是否為奇幻基地網站會員？□是 □否（歡迎至http://www.ffoundation.com.tw免費加入）

請於此處用膠水黏貼